XIAOGUSHI
DAZHONGGUO

小故事 大中国

四川大学马克思主义学院马克思主义中国化教研室　形势政策教研室　编

四川大学出版社

项目策划：杨　果
责任编辑：杨　果
责任校对：孙滨蓉
封面设计：璞信文化
责任印制：王　炜

图书在版编目（CIP）数据

小故事　大中国 / 四川大学马克思主义学院马克思主义中国化教研室，形势政策教研室编．— 成都：四川大学出版社，2020.12

ISBN 978-7-5690-4127-9

Ⅰ．①小… Ⅱ．①四… ②形… Ⅲ．①中国文学—当代文学—作品综合集 Ⅳ．①I217.1

中国版本图书馆 CIP 数据核字（2021）第 001133 号

书名　小故事　大中国

编　者	四川大学马克思主义学院马克思主义中国化教研室　形势政策教研室
出　版	四川大学出版社
地　址	成都市一环路南一段 24 号（610065）
发　行	四川大学出版社
书　号	ISBN 978-7-5690-4127-9
印前制作	四川胜翔数码印务设计有限公司
印　刷	成都金龙印务有限责任公司
成品尺寸	185mm×260mm
印　张	15.5
字　数	379 千字
版　次	2021 年 1 月第 1 版
印　次	2021 年 1 月第 1 次印刷
定　价	68.00 元

◆ 读者邮购本书，请与本社发行科联系。
电话：(028)85408408/(028)85401670/
(028)86408023　邮政编码：610065
◆ 本社图书如有印装质量问题，请寄回出版社调换。
◆ 网址：http://press.scu.edu.cn

四川大学出版社
微信公众号

目　录

诗词歌赋

剧　本

散　文

小　说

其　他

诗词歌赋

听爷爷讲祖国母亲故事

外国语学院　马林涛　王安澜

月亮在白莲花般的云朵里穿行，
晚风吹来一阵阵快乐的歌声。
我坐在月明风清的庭院中间，
听爷爷讲那可爱的母亲。
爷爷说：
囡囡，你看，
那老梧桐树上的蝉，
在与夜色对抗里，
活下去是希望的动力。
就像黑夜里，
月边轻绕着的云衣，
像凤凰的尾翼。
那是我们襁褓中的母亲。
那夜里，
星星们像火燃起，
燎破夜的边际。
董存瑞，义无反顾冲向前；
刘胡兰，视死如归指穹天。
生的伟大，亦死的光荣。
黄继光大勇无声志比钢；
赵一曼白山黑水血沃沙。
万里埋坚骨，千载记忠魂。

他们是母亲无助时最亮的灯呀，深渊里沐浴光明。
他们是母亲脆弱时最硬的甲呀，荆棘中浴血前行。
你听！
子规在哀唤，那是啼哭的声音啊！
爷爷说：
那是浴火重生的凤鸣！

会聚各路豪杰，高举马列旌旗；
皑皑千山老雪，漫漫长征新里。
击日寇，斗蒋匪。
终破晓，举国欢庆东方红。
昔日雄狮已渐醒，
时代卷录启新章。
世界潮流，且看今朝！

今朝？
今朝春燕新生小宝，
小家伙在那里探头探脑。
那是重生的母亲还是蹒跚学步的孩童呀！
爷爷说：
天命玄鸟，凤鸣岐山。
我们的祖国母亲张开了翅膀，
万里远航！
公私合营，互助合作；
浩浩汤汤，开辟新航！

波水藏暗涡，云中卷流风。
羽翼没有丰满的小鸟呀！
她好像摔倒了。
爷爷说：
唉，可惜啊！
……
凤凰虽被折翼，
终将冲向九天。
爷爷说：
全国一心，奏响时代强音；
东方巨龙，腾飞九霄北冥。
青藏铁路，穿越世界屋脊；
西气东输，延伸地底脉络。
三峡大坝，砥砺碧浪苍天；
浦东新区，坐看东海日出。
紫荆金莲，辉映香飘故里；
两岸通航，维系同胞亲情。
一带一路，勾勒世界蓝图；
辽宁蛟龙，御守祖国疆土。

中华儿女，屹立民族之林；
伟大复兴，圆我们中国梦！

凤凰涅槃，羽更明，音更清！
她一定能去看看九霄之上的风景吧？
爷爷说：
奋勇展翼，百年目标立！
和平发展，大国形象提！
七十年中国故事，多少史诗佳话，
囡囡，未来的故事由你们续写。
合：
我们可爱的母亲，必将不断前进！
我们可爱的母亲，必将再写辉煌！
我们可爱的母亲，必将乘风而翔！

我有一个故事讲给中国听

艺术学院　张嘉迅　黄　青

从时光岁月中
偷出七十年光阴
编写一个长篇剧本
用红色的心
就着蓝色的梦
演绎春天的故事

故事藏进麦田
卸下厚重的犁
自动化操作扭转乾坤
长出金灿灿的稻谷

故事开进码头
是眉飞色舞的商贩
也是挑夫和装卸工脚下
颤抖的跳板
驶入崭新而宽广的天地

故事飘进案牍
自由的思想百花齐放
带着共同的愿望
呼喊出人民的心意

沐浴着金色的晨曦
唱着春天的故事
纸笔把墨言欢
百折不挠带来繁荣富强

七十年的剧本

在东方上演
七十年的故事
从春天开始

故事
仍在继续
而它
属于中国

有一句话让我刻骨铭心——哪有什么岁月静好，只是有人替你负重前行。

我们坐在教室享受安逸的每个日子，都有一群最可爱的人，在某个角落、某个岗位上默默坚守，守一方平安，他们用青春、热情甚至是生命诠释了对祖国和人民的热爱。

与军约

华西临床医学院　杨转花

八月的那场风，
拂过万里河山，
送给异乡人
——生命，安好。
随风，我穿越千年湖畔，
与你，
相约八月。

幽幽岁月，
你踏上了那只红色的船，
你说：这湖面好宽，
囊括四海八荒，
容得千军万马。
泱泱海风拂过，
你说：保家卫国，驰骋疆场，
你说：固守边关，挥洒热血。

从此，
你出现在前进的号角声里，
飞沙走石的荒滩里，
巍峨的群山里，
在雪原上，在荒岛里，
在海浪里，还有热带丛林里。
担当，
让你铭记使命，
飞沙走石，巍峨群山，
我看到的是永不放弃，
雪原，荒岛，
是你温柔的醉梦乡，

你是我生命的里程碑，
有你，孤独的灵魂有处安放。

总想亲手，
绣一个平安符，
系在你铮铮铁骨的身躯上，
表达对你的敬慕。
总想用心，
沏一杯醇香的热茶，
送给寒风冽雪中站岗的你，
帮你驱走寒冷。
总想对你表白，
有你，
国泰民安，
有你，
山清水秀。

天地无情，人间有爱，
水灾，你大义凛然，一句“把机会留给最需要的人”
让无数人潸然泪下。
雪灾，你奋不顾身，夜以继日，
地震没有撼动你刚直的身躯，
你前赴后继，舍生忘死。
火灾，你赴汤蹈火，威武雄壮，
用生命和青春印证了：
“我是中国人的儿子，我深深地爱着我的祖国和人民”
用青春诠释了人间大爱。

曾经风华正茂，归来岁月青葱，
因为你，抚慰了无数漂泊的心灵。
烈风未能动你丝毫，
骄阳未能伤你半分。

远方的人儿，建起了木房，
嘿，屋子外冒出缕缕炊烟，
你说：那是你的理想。

你如此平静地走来，

沧海桑田，唯你依旧，
湖光、松影、明月，一生无悔，
界河为弦，浪花谱曲，
唤醒你温柔的醉乡梦。
你说：一面旗帜，还有一种精神，
是你毕生的追求。

随风的约定是冥冥之中的梦，
跟随着梦，走过八月，
生命竟如此丰盈，
我自豪，
因为你像山一样伟岸，
像铁一样刚强，
像海一样博大。
我骄傲，
因为你如大地一般无私。
感谢你，你是前进的冲锋号，
是时代的楷模，
此生因你，生命与众不同。

注释：

“八月”寓意八一建军节。

“红色的船”寓意1921年7月23日浙江嘉兴一条游船上召开了中共一大，宣布中国共产党正式成立。

“把机会留给最需要的人”是一次火灾中一位消防队员说的最触动人心的话。

“我是中国人民的儿子，我深深地爱着我的祖国和人民”是邓小平说的最打动人心的一句话。

写诗歌的初衷：

最近大凉山发生的森林火灾夺走了30条年轻的生命，当看到报道的时候，我不由潸然泪下，甚是感触，以此诗歌献给那些在背后默默奉献、默默坚守，甚至付出生命的军人，表达我最诚挚的问候和敬慕。

我是一粒土

华西口腔医学院　丁若邻

我是一粒土
被风吹落在天安门城楼
沉睡了千年之后
被一九四九年的豪言壮语惊醒
我曾随着中国志愿军的脚步
雄赳赳地跨过鸭绿江
凯旋的时候
听到了他们响遏行云的歌声
我曾路过戈壁滩边
被腾空而起的巨大蘑菇云震撼
我曾安居于南海边的渔村
在《春天的故事》动人的歌声里
见证了一座现代化城市的崛起
我曾被一场特大地震卷上地面
却意外看到了一个民族的团结勇毅
作为混凝土的一份子
我曾落到一面巨大的镜子上
后来才知道
那是世界上最大的射电望远镜
我曾凝入一个像鸟巢的建筑里
在雄雄击缶声后
听见了国歌一次次响起
听我的兄弟说
他还见过高耸的东方明珠
在夜晚点亮星空
而我只在小学生的简笔画上见过
旁边还稚嫩地写着
为中华之崛起而读书
听我的兄弟说

他还看到一位领袖
目光沉毅地说
我将无我，不负人民
听我的兄弟说
他曾随着一辆辆国产汽车
跨过了新建的港珠澳大桥
体验了城市生活圈的便捷
哦
在醒来的七十年里
这个国家已变得如此繁荣
其实
我还有好多地方没有去到
我想去感受太湖之光的跳动
领略超级速度的快感
我想随着蛟龙号潜入海底
看一看大海的瑰绮与壮丽
我想坐上长征系列火箭
到天宫做客，问候玉兔
我虽然是一粒土
却组成了山川，围成了河流湖泊
我虽然是一粒土
却建成了高楼，铺成了桥梁道路
十三亿多粒土
组成了一个国家——中国！

嫁 妆

水利水电学院 唐诗佳 刘小玲

引言：

新中国成立至今，从包办婚姻到自由恋爱，关于嫁妆、关于婚礼、关于喜服，都已经发生了巨大的变化。无论是哪个年代，虽然形式不同，发展程度不一样，但感情同样真挚。简短的诗里，以一个真实的家庭为原型，书写了一个家庭、三段姻缘、六位佳人的故事。谨以此诗，展现这 70 年间婚俗之变。

（一）

听说
他住在不远的北村
一个爱读书的穷文青
姓唐名华
但不知他的模样
或高或矮
或胖或瘦
或俊朗或平凡

民政局内登记处初见
奶奶穿着花褂
羞红了脸颊
他穿着青衫
带笑的眉眼
泛黄的纸上
落下红色印章
起身，分开
太姥姥甚至不许奶奶语言

锣鼓声响起
太姥姥叮咛

"走吧走吧
出去就不要再回头啦"
两把吱呀作响的木椅
一床正红的喜被
木箱穿上红漆
牡丹花样的脸盆
七八寸的小镜子
赶制的鞋袜
积灰的门槛
抬脚
落下

（二）

母亲说，初见父亲
古铜色的双手
正轻轻为小侄搓洗
他微蹲着
温柔而细致

后来
他奔赴繁华的北京
留下一句承诺
数月的时光
杳无音讯
一张南下的车票放入行囊
所幸，启程那日
他的书信姗姗来迟
南下转北上

两个喇叭的音响
十二厘米的 DVD
缎面的棉被
成对的枕头
实木的梳妆台
茶杯茶台热水壶

一袭军绿的西装

胸前戴花
新烫的翻盖
走向他
一步一生

（三）

姐姐同母亲讲他的故事
姓杨名扬
家住北方
依山傍水
温暖而阳光
愿为姐姐熨衣裳
愿为姐姐洗手做羹汤

一起买的小窝
角落里五度的冰箱
米色的沙发
墙上的电视
录下的回忆

没有酒席
没有殿堂
他们去了期待的远方
夜行的玫瑰鱼
仙本那的海草和珊瑚
棕色的木屐
木地板清脆的声响
落雁峰的篷帐
五六点钟的晨光

新中国七十周年礼赞

华西口腔医学院　吴嘉诚

问道羲和枝未扬，盘古斧凿开天光。
江河波涌汇四海，日月更替兴华夏。
郑和宝船驶万里，奈良城里论汉唐。
闭关不知天下事，士马齐喑一朝衰。
当年鼎礼进奉去，今朝化作虎狼来。
铁舰磨牙阴风凛，枪炮响处鬼神哀。
五湖皆染鲜红血，四海尽弥亡人烟。
万里沃野化焦土，千门一户无壮年。
路上行人皆饥色，门阀府里尤晏晏。
有感国家生死难，拍案投笔撰青年。
泠泠细雨画舫里，落落宏图天下间。
奔走呼号惊雷破，宛转良言润雨声。
辗转堪败千军阵，烛酒轻烟谈笑人。
嘉兴南湖舟上日，煌煌大堂聚会时。
风雨曲折救国路，同舟矻矻业初成。
大漠惊雷国威振，寰宇尤奏东方红。
青青早苗稻香村，甸甸熟穗荷锄人。
蛟龙入冥临海旷，神舟扶摇谈天奇。
丝路重开长疆拓，轩辕飞掣通有无。
举头两岸一轮月，听海峡边同心人。
岁月如梭光阴换，尔来匆匆七十载。
南柯一梦恍隔世，竞发千帆正复兴。

献给祖国七十年

文学与新闻学院　张　倩

你风尘仆仆带着千年沉重向我们走来
你满面沧桑又充满渴望
你红色鲜血充盈上天空
——狂欢——狂欢
你沸腾着心中热浪迫不及待向世界呐喊
我是中国！我是中国
我是新的！我是新的
你嗅到新的春天
柔韧的油绿绿的草的清香
你凝望新的开垦
广袤无垠的北大仓喜出望外
你抬头仰望新的飞翔
一头扎进漫漫星河的东方红的神威
你更加坚韧
你更加富饶
你更加嘹亮
——快进——快进
潺潺的江水悠然悠然
时代的列车轰隆轰隆
你要摆脱封闭、摆脱盲目、摆脱冲动
全球的朝阳的光辉再一次闪亮着时代
成千上万的莘莘学子在世界知识的海洋漫游
孔夫子的声音穿越千年振聋发聩
你说这是我们的厚度与深度
奥运是世界的集体狂欢
你微笑着说北京欢迎你
高铁于神奇广袤中自如穿梭
——宛若游龙
港珠澳大桥茫茫江面大风起兮

——翩若惊鸿
大山深处亮起彩灯
海洋之底揭开面纱
去到月球与嫦娥约会
七十古来稀
不，绝不是
你叹息一声就是几百年
你一翻身就是几千年
仰天长啸大步向前
不惧谗言，不畏悲伤
——因为你是
中国！中国！

70年·中国故事

化学学院　龚钰扉　车永杰

我们未曾经历黑暗，
可我们依旧珍惜光明。
我们是在中国故事中，
成长起来的一代！

我们想重温过去，
追溯你所带给我们的点滴变化；
我们想借此机会，
向你表达我们最为真挚的感情！

你，有壮美广阔的山河；
你，有灿烂辉煌的文明。
翻开你厚重的历史，
似乎每一页，
都在求索与抗争、
奋斗与崛起的辉映中，
坚韧前行，磅礴不息……

1949年10月1日15时，
中华人民共和国的开国大典，
在北京天安门举行，
占人类总数四分之一的中国人从此站立起来了。
70年前的话语，
时至今日，依旧掷地有声！

中国共产党以“站起来—富起来—强起来”的庄严承诺，
带领中国走进了一个崭新的时代！
这，是一次伟大的转折；
这，是一次嘹亮的唤醒；

这，是一场史无前例的伟大实践和深刻变革。
前五十年，我没能参与，
后二十年，我亲身经历。
我用稚嫩的眼睛，
见证着你的日新月异：
深圳的夜景，
汇聚着梦想，
诉说着繁华，
街道旁的霓虹灯因你而更加璀璨夺目！
西南明星，天府沃土，
承载着中国故事，
温文尔雅的她，
更加的底气十足。

神舟上天，航母下水，
高铁飞驰，蛟龙深潜，
天眼探空，墨子传信，
北斗组网，超算发威……
70 年来，
我们有了越来越多的国之重器，
有了越来越强的民族自信。

青蒿素，杂交稻，
云计算，物联网，
3D 打印，G20 峰会，
人工智能，移动支付……
全球都聚焦于中国，
世界的未来在东方！
沉睡了千年的丝绸古路，
重新焕发生机，
承载着民族复兴使命的东方巨轮，
正式起航！
70 年来，
我们踏遍大好山河，
我们搏击万里长空，
我们遨游璀璨星河，
我们探寻深洋大海，
我们见证无数辉煌……

回首过去，大幕开启，风云际会。
从农村到城市，
从集体到个人，
中国故事，风起云涌，
涌动着生产力的释放，
释放着强国富民的愿景！
展望未来，中国故事，
只有进行时，没有完成时。
精心布局，运筹帷幄，
谋定后动，蹄疾步稳，
踏石留印，抓铁有痕，
不忘初心，砥砺前行！
这是，时代的呼唤，
这是，人民的期盼！
谨以此文，恭贺共和国 70 华诞！

沁园春·忆长安

电气工程学院　李轶恒

北临渭河，南依秦岭，八水西京。昔汉祖刘邦，逐鹿中原；楚汉之战，一决雌雄。建都长安，民康物阜，丝绸之路拓西疆。踏古道，望河西走廊，黄土飞扬。

山河如此壮美，倚雕栏玉砌思今朝。念改革开放，高楼林立；火树银花，大唐不夜。一带一路，改天换地，神州大地辟新篇。眺来者，旭日出峰巅，尚可小觑？

“70年”云与月

——献给为新中国的发展振兴而不懈努力的劳动人民

经济学院　黄　昱
文学与新闻学院　王逸凡
电气工程学院　杨清爽

1949年

在那最黑暗的日子里
俺给红军送过麦子和枣子
他们说不能白收老百姓的一针一线
非得把钱给俺
可俺不好意思收他们的钱
因为俺只守着家门口的两亩地
勤勤恳恳地日出而作，日落而息
在他们舍小我、忘生死之时
在他们抛头颅、洒热血之际
俺弓着身子，屈着膝
忍耐着地主的皮鞭
承受着侵略者的侮辱
却没有知识和力量去反击
“三座大山”像是沉重的铁块
俺被压得喘不过气

俺一直在期盼大救星
共产党，毛主席
带领着一批又一批的红色军队
像是黎明的光芒
把一切污秽妖魔全扫清
躬身来到田间地头
替俺们拾起散落的麦子
扛上枪杆子
为俺们重铸有国有家的心

一九四九年十月一日
毛主席带领俺们昂首挺胸地站立
站在这片古老而年轻的土地
俺永远铭记这一刻自豪而沸腾的
红色中国心

1979 年

今年的冬天格外的漫长
我抽着有些受潮的烟草
来回踱步在村公所旁
去年前年连续的干旱
大队已经没有了余粮
作为生产队长
我有责任
不辜负国家和社员的期望
可是春天再不来临
我也只能眼睁睁地看着
地里的麦苗枯萎变黄

改革开放的政策
像春雨一般降临在乡间的土地上
人们仿佛全都变成了孩子
激动地欢呼着
或是天不亮就去刚承包的地里劳作
或是努力学习，寻找致富的良方
我开心地笑了
今年收成一定不错
村里招商引资的工厂
使村民们收入几倍增长
集资修建的水泥路
远比过去的土路宽敞
这一切的一切
都要感谢党和国家的政策
迎来了春天，点燃了希望
在困难时刻总能为人民指引光明幸福的方向

2019 年

乡村振兴战略无声来到身旁

特色新农村建设如火如荼
政府帮助我们添砖加瓦
统一的墙砖上了新家
村边上的几家低保户住进了新房
整齐的街道路灯彻亮
电视可以直接联网
不用再搬梯子调天锅的方向
去年轮到我们村量地
一棵青苗也没有给咱们少算
可能过几年就不用亲自种地了
咱们的双手也要从土地中解放
宅基地政策改革
村里也有了供村民娱乐的公园
奶奶最爱去新建的小广场
收音机播放的是
《在希望的田野上》

我家的几亩地在山腰上
割地埂的也不是磨了又磨的镰刀
是那种加油就可以用
换个刀头就能飞快耕地的神奇机械
村里面开了讲座
学习种植技术
播下的玉米听说是新研发的良种
引进的李子树去年也开始挂果
那个除草的药水真的很好
新尝试的菜种也赚了不少
坐车去外婆家的路终于不再坑坑洼洼
早在二〇一九年的年初
她自己就盖上了两间平房
白天村口会有人收桃子
也不用半夜就起来去镇上赶场
隔壁家的果子园栽种了新品种
姨父家的板栗网上都可以买到
他们又在聊哪家的孩子考上了大学
激动又满怀憧憬地说
我们当时一切哪有现在这么好?

七十华诞，赞颂未来

物理学院 周 展 余璇池

我听着，汩汩的长江之水，
千百年传唱着，
震人心魄的神州歌谣。
我望着，
九百六十万平方公里的湛蓝长空，
划过一道，
绚丽的万丈光芒。
远方响起了钧天广乐，
用婉转的曲调，
将传奇的中国故事一一传唱。
我们唱着，
那七十年前在沉睡中唤醒的雄狮，
独立自强，
昂首阔步在世界舞台之上。
两弹一星的震响，
神舟天宫的缔造，
昭示着华夏奋起的科技荣光。
我们唱着，
那前无古人在黑暗中摸索的儿女，
改革开放，
是经济腾飞的史诗，
是创新智造的诗篇，
激扬高奏，
凯歌回旋。
我们唱着，
那勤劳朴实奋斗在建设一线的龙的传人，
砥砺进取，
牢记初心刷新了无限的未来。
无怨无悔的平凡，

辛勤开拓的伟大，
谱写着青春的无悔贡献。
七十年的历史，
是永不褪色的诗篇。
我们站在历史的潮头眺望，
期待不落的朝阳。
初心不改，砥砺未来，
我们面向时代的大潮，
迎接无限光明的明天。

风继续吹

华西公共卫生学院　郭智源　罗贤峰

风中掺杂着血腥与尘埃
丝丝缕缕，盘旋着、滚动着……
历经了十四年的风霜和雨雪
在这一刻，终于刮起了大风
刮到了那巍巍然的城墙之上

那一天，风变得和煦
从一位老人身边微微吹过
而老人就站立在那座城墙上
他远远地望向四方
目光中充满了力量和自信
对着世界喊出
中国人民从此站起来了
就这样，风越刮越大……

这风越过城市，越过乡村
吹在每一个人的脸上
这不是如寒风一般的刀割
而是抚摸，是亲吻
是草地旱后获得的雨露

从那天过后
风吹去了血腥、灰尘
载满着春天的味道
继续吹着，吹着
翻过一个山头
跨过一条大河
它不像云那般急切地会散去
它温柔，和蔼，更是那么美丽
像永恒
即使被冲散，也会带走身上的污垢

多年之后
风吹到又一位老人的身边
他屹立在海边
聆听着、感受着
面向迎面而来的清风
他毅然画了一个圈
随着时光匆匆
这个圈被风越吹越大，越吹越大
吹来了中国经济的繁荣

现实与未来，被风贯穿着
途经七十年
再一次吹到了又一高峰
这风吹响了新时代的号角
吹响了全面建成小康社会胜利的号角
它在神州大地散开
特色时代之风与之缠绕融合
吹散了腐败
刮走了贫穷
带来了公正、法治
带来了民主与富强
它深深地吹进人民的心底

它继续吹着
带着果实与甘露
走出了家门
吹向丝绸之路
吹起了“一带一路”的大风

大风起，卷四方
浩浩荡荡，云涌动
风继续吹着，永不停息
且终将吹奏出中华民族伟大复兴的新篇章

70年·四季故事

华西临床医学院　龙雅静　李文君

春

犹记当年
格桑花事艳春景，百万农奴迎曙光。
边邑冰雪始消融，神州大地满辉煌。

华夏兄弟众志诚，呕心钻研十二载。
长征号起震酒泉，东方红光耀星河。

“九二共识”归一心，“一国两制”齐繁荣。
海峡不斩同根生，莫让无情负汪辜。

夏

至今未忘
紫荆花开香港归，排除万难千秋业。
香江翻涌庆回归，共谋发展同舟济。

鹰披霞光似祥云，一条天路贯青藏。
翻山越岭似神龙，幸福歌声传四方。

灯火流溢乐欢天，奥运圣火燃北京。
四十亿人襄盛举，九州今朝融寰宇。

秋

忆往昔
战火纷飞长城红，救国救民党旗飘。
百年探索九州同，国盛家强民安康。

杂交水稻产超千，袁老躬行苦精研。
耄耋年踏风雨路，功在沃野稻浪中。

秋意浓浓阵香袭，神五成功世界惊。
遨游太空谱新章，中华古梦终成真。

冬

看今朝

寒风暮雪折白草，入贸盛事令人暖。
雄狮苏醒日月明，脱贫发展看今朝。

濠江妈祖思念长，乳名不断百代传。
欢乐焕发大三巴，十年发展胜百年。

绝处逢生冬迎春，累累梅花映沉疴。
力倡改革创幸福，凡是沧海变桑田。

沁园春·祖国

华西口腔医学院　蒋青松

七十春秋，砥砺奋进，岁月峥嵘。俯九州大地，邦宁物丰；黎民熙攘，其乐融融。伟大复兴，惊天动地，亿万人民造苍穹。洪涛里，有神舟劈浪，艳洒长空。

原子氢弹轰隆，龙传人争相报忠。顾改革春风，福泽万世；港澳回归，志在一统。航母出海，北斗指路，科教兴国千秋颂。新时代，续毓秀山河，后我先公。

我的二十岁，祖国的七十岁

经济学院　韩梦珂

我二十岁这一年，恰是新中国成立七十周年，
她多我品尝五十年的风霜雨雪，沧桑长共此山河，
也久我笑看五十年的风起云涌，锦绣河山万民贺。
在这一年里，有许多个纪念日：
幕幕与帧帧，朝朝和暮暮，都是她发生的故事啊！

我二十岁这一年的第一天，是她与美国建交四十周年，
她为两个意识形态截然不同的国家间的友谊，呕心沥血，
她凭借着自己非凡的战略眼光和卓越的政治勇气，砥砺前行，
一年伊始，万象更新：
四十年前的她，在国际上有了崭新的地位！

我二十岁这一年的四月二十三日，是她海军建军七十周年纪念日，
她以慈母的身份在战火中孕育中国海军的生命，
又如严师般授予中国海军无限光荣和庄严使命，
七十周年，无数瞬间：
她有了中国海军这一坚强后盾捍卫她的尊严！

我二十岁这一年的十月一日，是她的七十周岁生日，
她在那一排铜质编钟浑厚清亮的敲击声中站起来了，
又一步一个脚印地从站起来到富起来再迈向强起来，
披荆斩棘，生生不息：
七十年如一日，她为她的子民一往无前！

我二十岁这一年的十二月二十日，是她的骨肉至亲澳门回归二十周年，
在四轮会谈和十二年的过渡期之后终于一家圆满，
她以“一国两制”的伟大构想促进着澳门的全方位发展，
风雨同舟，同力协契：
掳去的是肉体而她保管的是万千子民内心的灵魂啊！

我的二十岁，祖国的七十岁，我与祖国共青春，
不谋全局者，不足谋一隅：
她建设现代化经济体系的过程离不了人民的添砖加瓦，
她发展社会主义民主政治是为了给我们一个完美的家，
我们要与她一起同心协力推动社会主义文化繁荣兴盛，
和她一起坚持在发展中保障和改善民生！

二十岁的我铭感五内回忆着她七十岁前的故事，
二十岁的我又满心希冀盼着她有更璀璨的未来。
中国的故事由中国人谱写，她的愿望由我们实现，
希望这故事，不仅源远，更能流长，
相信这故事，写得辉煌，传得响亮！

中国故事

高分子科学与工程学院　黄雪冰　窦正力

无数捐躯者用鲜血染红希望的徽章
1949 年，五星红旗升起在天安门广场
新中国成立的号角声飞扬
点燃无数国人心中的梦想
泱泱华夏，地阔天长
自此翻开壮丽的中国篇章

罗布泊上空接连两声巨响
长征一号随即也向着云霄直上
两弹一星只为定国安邦
元勋的功劳值得最高赞扬
殚精竭虑，初心不忘
所有一切，承载民族复兴的希望

辽宁舰一身正气，巡行在辽阔海洋
歼－20 技艺非常，翱翔于白云之上
“99 式”坦克意气风发，驰骋在广袤疆场
这不是剑拔弩张，而是国家兴富的保障
人民军队，百炼成钢
成就最强大的中国力量

归家归家，随着钟声的敲响，
整个国家都喜悦于实现港澳回归的理想
一条铁路直通西藏
为高原民众带来新的未来和向往
在和平统一，一个中国的路上
七十年间我们不惧艰辛，乘风破浪

从千年前古人智慧的一望

到嫦娥玉兔的奔月远航
浩瀚宇宙之下，大海承载星辰之光
无数的远方，无数的梦想
每一天从东方升起的暖阳
都是中国故事新的篇章

四季歌

材料科学与工程学院　郑　欣

冬日寒　冬月残
犹记往昔温饱难
在外求学愁吃穿
落后贫穷日日烦
四年寒窗常哀叹
就业不易空把热血燃

冬将尽　春水泛
四十年来多变换
沥青公路山上盘
阵阵春风国内钻
改革开放把穷赶
高楼林立城市灯火繁

春燕归　故人还
明远湖畔柳叶伴
川大枝头樱花漫
且回校园看一看
新式教学惹赞叹
科研资金投千万
发展创新尽把人才揽

夏时长　夏木壮
超市食堂蛋糕房
商业街里生意旺
围合寝室空调装
学生自主搞大创
工作不愁就业范围广

冰消融　秋意浓
繁荣富强喜相逢
硕果累累科研涌
华夏儿女自强不息实现中国梦

聆听中国故事的力量

经济学院 蒋宜纯 高 姗

七十年很长，七十年也很短，
长到幼芽参天，地覆天翻，
短如白驹过隙，弹指一挥间。
轻轻翻开这份厚重，
祖辈用一生的点滴填补进时光的缝隙，
父辈用岁月的坚实铺就一片坦途，
我们用未来的希望承接下鲜活的印记，
一路高歌，一路星河。
那片闪耀的红色，
是我们心头的热血，
焐热了世间的冰寒，
献礼风风雨雨的七十年。

天安门数十年如一日地注目着穿行的世界，
数十载春秋，
世间添了色彩，人们换了容颜，
人民英雄纪念碑依旧静默矗立，
五星红旗依旧迎风飘扬，
中国人民不仅站起来了，
还让世界看见了我们挺拔的脊梁，奔跑的身影。
这一路，几经沉浮，
从血泊中爬起，在炮火里冲锋，
向从不屈服的命运奋力呐喊，
用轰轰烈烈的激情燃烧彷徨。
一路上我们有过迷茫，有过艰难，
却不曾有过退缩，有过放弃，
因为信仰，让平凡而短暂的生命延续，
因为延续，我们有了凤凰涅槃的勇气。

从东方红一号带给宇宙中国人民的问候，
到重返联合国再获一席之地的开怀大笑，
从恢复高考后学子们改变命运的求知若渴，
到改革开放让中国无所畏惧地走向世界，
这七十年，是笑中带泪的七十年。
天灾人祸都没有将我们击垮，
却教会我们如何蜕变，
从和平共处五项原则我们敞开怀抱，
到富国强军一步步走向小康，
这七十年，是证明自我的七十年。
是祖国在一天天成长，
也是很多人百味杂陈的一辈子，
有些事被时间镌刻进记忆，
记忆又被轮回带入新生，
历久弥新的不仅仅是新中国缔造的一个个奇迹，
更是先辈用一生写入我们血液的忠诚，
不忘初心，砥砺前行。

也许，我们再也无法重见那些年代的故事，
但我们仍能感受到来自那些年代的喜悦；
也许，我们并不能做出多少值得载入史册的贡献，
但我们仍能坚守住无私奉献的赤子之心；
也许，我们还没办法看清荆棘那端是怎样的结局，
但我们仍能为现在的繁荣富强而不懈努力。
七十年，
是积淀的七十年，
是升华的七十年，
是永远不该被遗忘的七十年。

中国，正在以一个崭新的面貌，
迎接她的下一段征程，
虽不平坦，却也从容，
因为我们紧紧握着彼此的双手，
向着光明，向着梦想，
无畏前行。

这个中国故事，
绵延在每一个中国人的生活里，

萌芽在每一寸中国的土地上，
历史的车轮从不曾停驻，
辗过浮世的万般蹉跎，
总有些定格值得被铭记，
总有些铭记刻骨铭心。

这个未完待续的故事，有多少精彩篇章值得回味，
又有多少感人至深的细节令人动容，
我们既是画中人，又是讲述者，
用一己之力点燃星星之火，
以亿万希望助力燎原之势。
这个故事正迎来崭新的篇章。

你看，这中国

水利水电学院　李　川　吕子健　周宇鹏　王小东

你看，这中国，
拥有着社会主义的胸怀，
生在这个日新月异的时代，
我们享受着父亲一般的疼爱。
你看，这中国，
孕育着十四亿中华儿女，
活在这温暖广阔的土地上，
我们接受着母亲一般的关怀。
你看，这中国，
新生的七十年里，
诞生了多少个你我，
朗朗乾坤七十载，
华夏儿女多英才。
中华上下五千年，
民族复兴在眼前。
你看，这中国，
我想为她唱一首赞歌。
作为一个社会主义新青年，
你是否还记得，
扛在肩上的责任和使命？
饱含着奋勇前进的激情，
我们一定会大步地向前走去。

你看，这中国，
从几十年前几代人的吃不饱，
到如今小年轻的脱单奶茶，
从过去祖辈们的穿不暖，
到今日青年男女的靓丽西装，
这是我们国家的进步，

是社会主义的成就，
是我们这一代人的殊荣。
你看，这中国，
一个中心，两个基本点，
带动国民经济四十年。
发展社会主义市场经济，
坚持可持续发展原则，
坚持科学发展观的宏观调控，
深入体验供给侧改革，
贯通“一带一路”建设发展，
仔细回顾那 GDP 的增长速度，
这就是我们国家经济建设的证明。
你看，这中国，
你回家是坐高铁还是飞机，
你是否每天都想过过“双十一”，
你是否想体验一下 5G 的速度？
你看，这就是今日的中国。

你看，这中国，
从安徽凤阳小岗村的联产承包，
到五个经济特区的建立与开放。
经历了改革开放的洗礼，
我们形成了中国特色。
你是否还记得“一国两制”，
香港，你回来了；
澳门，你回来了。
你看，这中国，
九百六十万平方公里的土地，
高速公路总里程十几万公里，
七十年交通大发展，
我们是世界第一，
你说这算不算社会进步？
跨过一座座中国大桥，
你看，这中国，
看不完的辽阔。

从曾经的世界代加工厂，
到未来的幸福生活天堂，

我们迈着步伐慷慨激昂，
走向了如今的全面小康。
想要感谢我们亲爱的党，
使我们拥有奋斗的力量，
也许有人问我来自何方，
无须多想，不管走到哪儿，
中国就是我的家乡！

你看，这中国，
1949 年，中国人民站起来了，
我们的国家洗清了一百多年的屈辱，
中国人民当家作主。
从 1954 年的第一次全国人民代表大会，
到改革开放后的 1982 年宪法，
再到如今的民主社会，
这是中国特色社会主义的伟大实践，
是马克思主义中国化的深度发展，
民主社会必将在中国越走越远。

你看，这新中国，
七十年了，我们一代又一代人，
从这段革命岁月中走过，
“50 后”见证了两弹一星，
“60 后”见证了改革开放成果，
“70 后”见证了生物科技的超速发展，
“80 后”见证了香港澳门的回归，
“90 后”见证了北京奥运会的成功举办，
“00 后”见证了中国实现全面小康。
我们这一代人，
将会终身为社会主义事业奋斗，
这是我们青年的使命和担当。

你看，这中国，
五千年的悠悠历史，
强盛的民族气息。
青年们，
你是否想要实现，
中华民族伟大复兴的中国梦，

你是否具有一个崇高的理想信念，
你是否想要成为一名合格的时代新人？
有人说：天下兴亡，匹夫有责。
我想说：中国的明天，我们有责。
我们正处于中国特色社会主义新时代，
正是为我们的祖国，
奉献美好青春年华的时候，
你是否准备好了？

你看，这中国，
你看，这长江，这黄河，
你看祖国的山川大泽，
你看南海的波澜壮阔。
我总是在感叹：
厉害了，我的国。
我很荣幸我生在中国，
我很荣幸我属于中国，
我很荣幸能站在这里，
赞颂我的祖国。

念奴娇·风云七十

化学工程学院 张 正

强敌已破，我九州待立，谁人敢当。天安门前，开国大典，誓创新华。原子裂变，东方云起，卷起尘与血。改革开放，一雪巴黎之殇。

遥想奥运当年，国风方晓，雄姿英发。蛟龙入海，看神舟破空，凌翅九霄。长桥卧波，惊涛拍岸，连横港珠澳。丝路外交，一夜梦回长安。

新中国成立七十周年礼赞

吴玉章学院　董奕玮

星星之火燎原映红了中华大地
镰刀锤头联合
砸碎旧世界的枷锁藩篱
一九四九年的十月一日
巍峨庄严的天安门城楼上
冉冉升起了五星红旗
历尽磨难的中国人民从此站起来了
经受拂晓前的黑暗
百折不挠的探索与实践
终于找到了正途——
中国特色的社会主义道路
改革开放的春风
吹绿了华夏大地
满目苍翠勃勃生机

站起来的中国人民富起来了
饮水思源不忘根本
缅怀英烈艰苦卓绝的斗争和卓越功勋
全面建成小康社会的大道上欢声笑语
打虎猎狐拍蝇构筑反腐堤坝
全面从严治党的达摩克利斯之剑始终高悬
老有所养病有所医住有所居
城乡社会保障体系的大网全覆盖兜底
全面依法治国的实践孕育着无限生机
“一国两制”的成功举世瞩目
粤港澳大湾区发展全面提速
共产党人不忘初心牢记使命
带领亿万中国人民进入新时代大步流星

中国人民强起来了
泱泱大国凸显着中华文化科技软实力
和谐号动车紧接着复兴号高铁纵横中华大地
天宫号与神舟号实现精准对接
嫦娥号与玉兔车成功联袂登月
悟空号火眼金睛寻找暗物质粒子
蛟龙号潜水器深潜探秘
墨子卫星量子理论深奥难解
5G 技术领先世界
华为技术胜利突围笑傲世界
火箭军歼-20 辽宁舰威武林立
共和国钢铁长城坚固无比
勠力同心奋力实现中华民族伟大复兴的中国梦
“一带一路”走近世界舞台中央构建人类命运共同体

咸阳今昔赋

外国语学院　柳贺玮

戊戌孟春，予闻有廊桥新构于渭水之上，因往观之。登桥眺望，华灯星显，广厦林立。深感咸阳今昔之巨变，遂作此赋。其辞曰：

闾阎寂，阡陌寥。清风卷，彩旗飘。二棉落外，七厂庭郊，寒蝉千啭，桐叶相摇。日既西匿，工罢人憔。有念乎结发，生思于垂髫。尔乃唱单车之辚辚，和电缆之嚣嚣。涌蓝褂而践绿履，流墨裙而舞灰袍。邮电楼头，洪钟杳杳。渭阳路旁，闹市吆吆。肉副粮油，菜盐糖糕，市以簿本，贸以证票。于时浊渭浩浩，骇浪滔滔。舨舣津渡，桴浮汐潮。遥遥乎睇船人搴艋击中水，茫茫然闻渔舟唱晚响北皋。已而月出九嵕，露横三秋。或焚煤以炀灶，或织衣而纫裳。常有游民稚子，唤侣携俦，围观影剧，共话良宵。赞阿庆之智勇，叹列宁之慨慷，哀花妮之不幸，羡杜丘之飒爽。人定老街月皎，夜半北门狼嗥。

倏尔阑夜将终，朝旭东乘。领袖瞻瞩而定长策，人民抖擞以向新生。于是内推改革，外倡开放。风飏四野，日曜八荒。北国擎宇，南疆移山，西域通衢，东海竞帆。淅沥兮若春雨犁于神州园，溯滂兮如春风绿乎华夏岸！

于是解褐褪缔，衣袂束彩。着装履之潇洒，饰珰环之婀娜。金樽清酒，餐巴渝火锅。玉盘珍馐，食清真泡馍。既设高塔，驰千山之电波。乃铺宽带，骋万顷之网络。不慕电视，不爱广播。平板玲琅，手机婆娑。虽居秦都，可存异国。昔王谢堂前燕，今黔首牖下窝。

于是锹锸仄径，延拓周行。捐弃轴链，更改气缸。风驰电掣，石火雷光。汤若鱼贯入流水，迅似蛟腾出汪洋。动车高铁，一刻万常。故人已遐逝，赠者未及伤。沣东地铁，渭城机场。拉桥凌波，游艇作浪。昔绾毂关中，今交通四方。

于是北安西阳，寨铺村庄，掘械甫去，吊塔遄夯。坊厢之际，筑楼构厦。区县之中，立栋架梁。危乎可抚明彗，矗乎可探九苍。尔乃乘月容与，信步徜徉。览液晶之谲诡，赏霓虹之堂皇。网咖茶室，影城商场，曾无钱币票据之持，而有般游至乐之享。昔多佃乎田垄，今多作于城隍。

于是上察穹庐，下治渭水。霾隐淤潜，天净河清。咸阳湖竣，遂盎盎焉卅里。清渭楼成，其翼翼乎九级。海棠之花，伴枝葳蕤。芙蓉之菁，随波旖旎。秋菊绽英，春柳萌荑。古都新貌，不可胜记。三秦地间，五陵塬上，昔聆翁妪谝闲传，今听乡党吼秦腔。

子美希文，邀以荡舟。先士悲其遇，后人消其忧。奏笛放歌，烟霭绸缪，山水侧耳，天地齐讴。已而曲终人散，无端怀惆。极目涯涘，横眉天钩。卌载沧桑，三代奋斗。昔俱往矣，今复何愁？浩荡历史展新轴！登斯廊桥，足窥九州。达兮中国，泽布寰球。劝科学，兴经济，重生态，广文明。亚太求同，丝路共赢。齐心未来，勠力和平。既袭前辈之谆命，将启青年之壮行！

沁园春·新中国七秩华诞

文学与新闻学院　许淳彦

四海归心，九州共梦，月领群星。正龙翔凤翥，乾坤锦绣；民康物阜，家国昌荣。法宗韩李，理尊孔孟，凤韶歌舞庆升平。七十年，正鼎新革故，海晏河清。人间万世为恒，辟硝烟烽火开太平。看嫦娥登月，纵横玉宇；蛟龙下海，激荡沧溟。薪火相传，金瓯永固，丝路重启振文明。秉初心，以复兴为任，再起云程。

附：新中国成立七十周年赋

五千年文明底蕴，七十载璀璨华篇。除贫寠之旧貌，焕泰昌之新颜。曾踏峥嵘，历沧桑之磨砺；复迎富庶，经改革之维艰。君不见浪遏飞舟弹指间，九州图治换新天。乾乾伟人，民心所向，栉风沐雨，固万民福祉以砥砺；昭昭后生，吾辈青年，披荆斩棘，谋千年大计而行前。

沐恩泽以四海，承民祉于千川。富国强民，施明策以踔厉；开天辟地，广德猷而昌繁。扶助三农，赦征税以普惠；振兴百业，理秩序以井然。大兴教育，免九年之资费；长体疾苦，建医保之周全。旌旗漫卷，踏新征而逐梦；号角齐鸣，志扶贫以攻坚。幼有所依，老有所养；国之福祚，民之康安。

时代召寘，科技争先。蛟龙入海，劈惊涛于万仞；嫦娥登月，圆夙梦以千年。东风待命，卫金瓯以完璧；北斗腾空，映银河以斑斓。高铁飞驰，集万里于疆苑；雷达广视，纳纤毫于方圆。网络顺达，可知寰宇大事；信息通畅，足闻海内要闻。秉雄厚之国力，立辽阔之乾坤。

初心永记，道义在肩。承先拓之薪火，趁青春以攀缘。循青史之旧辙，开炎黄之新篇。胸怀天下，立鲲鹏之远志；心系神州，挈鸿鹄而登天。瑰意琦行，广见闻而博识；思学体悟，积卓见以勤勉。唯务真以求实，更创新以扬帆。

易逝光阴，难驻流年。幸逢清平之盛世，仰赖国泰于吉安。永铭恩义于肺腑，长逐复兴之梦圆。更筚路以蓝缕，莫辜负而疏闲。当励己以厚积，造峰极于峦巅！

嗟夫！七秩载历经沧变，新潮覆换人间，携而勠力担何愿，青年吾辈勇当先！

剧本

没钱——有钱——“没钱”

计算机学院　余　坚　陈熳熳

剧本大纲：

改革开放以来，我国人民的生活发生了翻天覆地的变化。新中国成立七十周年，我国经济持续发展，人民支付方式的变迁映射出我国的飞速发展。

第一部分——人民币

人物：

王飞鹏（江南皮革厂老板）

余建设（皮革厂员工）

陈美丽（余建设老婆）

贾爱国（地摊黑心老板）

背景：

20世纪末，我国人民的生活还不是非常富裕，那时的支付方式单一，以纸币为主。

第一幕

时间：1998年

地点：江南皮革厂老板办公室

人物：王飞鹏、余建设、陈美丽

（每到月底，工人们都十分开心。皮革厂的工人今天一大早就排在了公司的财务门口，想要早点领到工资改善一下生活，余建设用公司电话给老婆打电话）

余建设：孩子他妈，这一个月没白忙活啊，马上又能领到工资了。今天怎么改善一下生活呢？这几天我累得腰杆都挺不直了啊。

陈美丽：建设啊，我们家这段时间手头紧，孩子的书费还给老师欠着呢，要补上。

余建设：对对对，孩子的事给忘了（拍脑袋）。

陈美丽：再减去这个月的柴米油盐开销，剩得不多了呀。

余建设：（叹了口气，挠头）唉，是啊，哪来时间休息呢？得了，到我领钱了，孩子他妈，晚上见啊。

（财务喊到了余建设的名字，余建设飞快地跑了过去，高兴又有些许哀伤）

王飞鹏：建设啊，干得不错啊，这个月的表现很好（竖起大拇指）。

余建设：老板哪里的话，都是您领导大家方向走得对，决策做得好啊，才让大家赚到了钱养家糊口。

王飞鹏：不不不，都是国家政策好啊，改革开放让我们看到了希望，才能奔向小康。

余建设：是是是，您说得是。

王飞鹏：这不，这个月我们的产额创新高，来，这是你这个月的工资（王飞鹏把一小叠各种面额的人民币交给余建设），看看是不是多了些？哈哈……

余建设：（认真仔细地数了一下，眉开眼笑）对对对，不错不错，一共 467.62 元，比上个月又多了 50 多呢，太谢谢老板了，我一定加油努力干。

王飞鹏：国家有你这样勤劳的工人，肯定发展越来越快。

第二幕

时间：1998 年

地点：余建设回家的路上

人物：余建设、贾爱国

（余建设拿着钱，走在回家的路上，看见了一个卖衣服的地摊）

余建设：（孩子他妈这个月干活辛苦，还为孩子的功课操心，得犒劳犒劳）

余建设：（挑好了一件衣服）老板，这衣服咋卖啊？

贾爱国：三块三块，一律三块，不砍价不还价啊，买不了吃亏，买不了上当。

余建设：三块啊！咋这么贵啊？

贾爱国：你看看这质量（比画了一下），你在哪个摊能用这个价买到这么好的货？

余建设：（前后上下看了看，质量确实不错，款式也很新潮，就一狠心买了）老板，给你十块，找七块啊。（递出了一张崭新的十元纸币）

贾爱国：好嘞（对着太阳验了一下钞），不错的，来，找你七块。（用手指蘸口水，数了七张一块），拿好啊，七块得嘞。

第二部分——储蓄卡

人物：

余驰（买房人）

陈菲（余驰老婆）

施寇（售楼经理）

背景：

我国经济迅速发展，人民的生活质量日益改善，逐步步入小康社会。

第三幕

时间：2008 年

地点：售楼中心

人物：余驰、陈菲、施寇

（大厅里熙熙攘攘的全都是看楼的人，都想来买一个好房子。各处的销售人员都在为客户推荐楼盘，希望尽快卖出去。而客户都想花低价钱挑个好地方）

余驰：老婆你看这楼不错，坐北朝南，阳光充足啊，买个高层一定可以的。

陈菲：别急别急，再看看再看看，钱给我攥紧点！想想你干了多少年，咱们吃了多少苦！

余驰：嗯，好不容易攒了这笔首付，日子熬出了个头，绝对不能买亏了（点了点头），再瞧瞧。

陈菲：看看那里，可是学区房，我们可得为孩子考虑考虑，着落个好学校、好地方。

余驰：是啊，我当年就是吃了没书读的苦啊。一定要好好培养孩子……

（经过一段时间的挑选，余驰和陈菲挑中了一间房，去询问售楼人员）

余驰：这位兄弟啊，你们这房咋个卖啊？

施寇：请问先生您说的是哪个楼盘？

余驰：（指了指一边的模型）就这个就这个（十分激动），靠近解放路的那块，我们看中了里边那栋。

陈菲：（扯了扯余驰的衣角，小声）你咋这个猴急样，给我冷静点，好砍价！

施寇：先生，您看的这房是××小学和××中学的双学区房，并且位于中心，既不吵闹也不偏僻，地理位置特别好。一年四季阳光直射，底下的几层可能有时候会被遮挡，所以我们是分层定价的，请问您看的大概是什么楼层？

陈菲：（抢着说）就中间几层也不咋样嘛，有的时候还是没得光。

余驰：就是就是。

施寇：我们全小区是全年阳光直射，偏下的楼层可能会有遮挡，所以价格偏低。因为我们是双学区房，中间的价位大概在 5000 元一平方米，已经是良心价了。

余驰：5000 元啊！（惊讶）

陈菲：（狠狠掐了一把余驰）隔壁那怎么还 4000 元起步，你们这怎么就上 5000 元了（一脸疑惑）？

施寇：看您这说的，您挑的地理位置这么好，值这个价！我们这里如果能一次付清首付，甚至全额的话，都有优惠的。

余驰：怎么个优惠？能优惠多少？证件齐全吗？

陈菲：（又掐了一把余驰）讲讲你们怎么个付费法。

施寇：我们首付是 10%，您可以选择三年、五年、十年，三年加 3%，五年 5%，十年 10%，随时可以付清尾款，不再加收利息。

余驰：（5000元一平方米，90平方米，首付就是5000×90/10＝45000元，妈呀，裤带子又要紧了），老婆，咋办？

（经过一番争论，余驰和陈菲决定买下这套房）

施寇：请问先生您是怎么付款？

余驰：现金，我们付清首付（翻了翻身上的背包，突然脸色一白），老婆不好了！

陈菲：咋了？

余驰：老婆，我昨天放袋子里的钱全没了，这下完蛋了！

陈菲：完蛋你个大头鬼，这什么记性！我们昨天把钱全存在银行卡里了！现在谁还带这么多现金在身上招摇过市啊！

余驰：（眉开眼笑）是是是，老婆高见，说得很对很对。要是没这卡，这几万块的现金，扛着都胆战心惊的。（把卡递给了施寇）

第三部分——移动支付

人物：

余小坚（大学生）

陈小熳（余小坚女朋友）

陈叔（陈小熳爸爸）

背景：

中国GDP超越日本，成为世界第二大经济体。人们的生活越来越富裕，随着通信技术的发展，智能手机步入千家万户。移动支付成为主流，人们出门消费只需带一个手机就足够了。

第四幕

时间：2019年

地点：杭州

人物：余小坚、陈小熳、陈叔

（陈小熳的爸爸从老家来学校看陈小熳，陈小熳和余小坚打算带他逛逛杭州，他们三个人来到了地铁入站口）

陈小熳：爸，一会咱们坐地铁去西湖，那里可美了！您还没坐过地铁呢！那唰一下的速度，咱县里的大巴可不能比。

陈叔：好好好，你说去哪都好，你们学生呐在学校也要学会放松，时不时出来走动走动是好事，别一天闷在寝室里玩手机。

陈小熳：（上前拉着爸爸）嗯，我知道的，爸。

余小坚：叔叔啊，我们在学校都是很认真学习的，小熳还拿了奖学金呢。手机虽然很智能，但是也不能沉迷啊。

陈叔：是是是。（向四周看了一圈）地铁这东西建在地下，工程量大啊！想当年那会儿我们的路都还是泥巴路，交通也不方便，下雨天满鞋子的泥。

陈小熳：嗯嗯，现在咱们中国发展了，到处都四通八达的，出行方式也有多种选择，不用再为了去某个地方走几天几夜的路了。

陈叔：是是是，科技还是伟大啊，所以你们要好好读书才能为国家的建设作出贡献。

余小坚：叔叔说得对，我和小熳一定会认真学习的。

（此时陈叔拿出兜里的零钱）

陈叔：这地铁多少钱一个人啊？来，孩子们，我给你们钱，叔叔没坐过，你们去买票。

余小坚：不不不，叔叔，我们出门都不带现金了，每次乘坐地铁只要手机刷码就好了，都没注意手机扣了多少钱，地铁很实惠的，西湖离这里不远，要不了几块钱的。

陈叔：什么？平时坐车花了多少钱都不知道？你们这也太糊涂了！而且坐车的钱怎么从手机里没了？

陈小熳：爸，现在的地铁啊，直接用手机扫码支付了，手机 App 里绑定银行卡，人家互联网大公司搞的，算账清楚得很。

余小坚：对啊，叔，现在我们出门身上都不用带钱了，只用带一个手机就够了。

陈叔：（一脸惊讶）什么？现在手机啥都能买了？

陈小熳：是啊，爸，现在的移动支付几乎是覆盖了生活的各个方面，您不仅可以用微信、支付宝交话费，就算是坐公交、地铁也都是可以手机支付的。

陈叔：哎呀，这还真是第一次见啊，这么个拦人的东西还能识别二维码呢！来来来，给我整一个！我回去可以和老张他们讲一讲这大城市的生活和我们小县城的就是不一样啊！

余小坚：来，叔叔，我帮您弄一个乘车二维码。

（陈叔将手机递给余小坚，余小坚十几秒就帮陈叔弄好了乘车二维码）

余小坚：来，叔叔，您把这个二维码对着这个口扫一扫，门就会打开了，您看我，这样扫一下（余小坚走到地铁进站处，拿出手机，点开支付宝的乘车二维码，对着扫码窗口，嘀的一声，门就打开了）

（陈叔露出惊讶的表情，陈小熳上前手把手地教爸爸对准二维码，嘀的一声，门就打开了）

陈小熳：好啦，爸，可以进站了。

陈叔：哎呀，还真会开门呢（说着把攥在手里的一把零钱收回了衣兜里），这坐车感觉跟不花钱似的，扫一扫就可以到任何地方了。

我和你——70年中国故事

轻工科学与工程学院　李静雯　彭紫玥
文学与新闻学院　赵家昂
华西临床医学院　刘思弋
电子信息学院　兰　璇

旁白：我名川大，子为中华。以吾之口，言君之事。

旁白："我"叫川大，是立于成都平原上的一所百年学府，从某种意义上讲，我要比中华人民共和国更为年长，作为一个长者，我目睹了她的建立与发展。从另一个角度而言，我却是中国母亲的一个孩子，一步不落地跟随着祖国母亲的步伐，参与着这70年的所有故事，或喜或悲。

第一幕

时间：1945年
地点：中共秘密工作点
人物：江姐　中共地下党员一　中共地下党员二

（大家小心翼翼地进到屋子里）
江姐：同志们，大家都到齐了吧。
（大家纷纷坚定点头）
江姐：告诉同志们一个好消息，苏联已出兵东北，抗日战争胜利指日可待。
（众人振臂高呼）
党员一（站起）：那我们的革命工作是不是就要完成了？
江姐：不，日本侵略者虽然即将被赶走，但是美蒋反动派依然威胁着我们。

党员一：对呀，他们正在大肆抓捕杀害我们的同志。上个月，重庆就有两位同志遇害。

江姐：美蒋反动派的屠杀和一切垂死的挣扎，难道能够阻挡中国无产阶级的最后胜利吗？不，胜利属于我们，属于我们的党！

旁白：1948年，江姐被捕，被关押于重庆渣滓洞，1949年被杀害。从辛亥革命到新中国成立，四川大学共有67名校友像江姐一样为了党和人民的事业献出了宝贵的生命，而正是因为这些革命英雄视死如归、杀身成仁的精神，才有了新中国的成立。

第二幕

旁白：岷山峨峨开天府，江水泱泱流今古。

聚精会神生大禹，近揆文教远奋武。

桓桓熊罴起西土，锵锵鸣凤叶东鲁。

和神人，歌且舞，领袖群英吾与汝。

旁白：七十年间，百折不挠的川大人从未放弃坚定的信仰，历经风雨险阻，怀揣着“天下兴亡，匹夫有责”的理想与信念，始终和祖国母亲休戚与共，经历过“一方有难，八方支援”的勠力同心，同舟共济，奋力前行。

时间：2008年

地点：当地医院

人物：一位受灾后失去双亲的小姑娘　川大华西医学院志愿者一　川大华西医学院志愿者二

（走廊里）

志愿者一：我们现在还是不要告诉她吧？

志愿者二：可那是她妈妈呀，她应该第一时间知道这个消息！

志愿者一：可是我怕她承受不住呀，她知道之后……

（病房里）

小姑娘（夜晚做噩梦大喊）：妈妈别走，我怕！

（小姑娘惊醒坐起，失声痛哭）

志愿者一：小妹妹，不怕不怕，妈妈在医院外面等着你康复带你出去玩呢，你乖乖睡觉，恢复好了姐姐就带你去找妈妈，好不好？你看那么多解放军叔叔在保护着我们呢。

（小女孩在志愿者一的怀抱中渐渐入睡，嘴里还是低声呼唤着妈妈）

旁白：汶川地震发生后，四川大学多个学院就第一时间赶赴灾区，用知识和行动切实帮助灾区人民。华西口腔医学院成立抗震救灾“微笑”志愿者队，开展长期陪护工作。志愿者队的同学们每天利用课余时间来到病房里对地震中的伤员进行陪护，帮助他们排解地震后的心理压力，让他们感受到社会的关爱。

时间：2018年

场景：四川大学汶川地震十周年国际论坛

人物：主持人　王建国

主持人：请全体肃立默哀，深切缅怀悼念在汶川地震中不幸罹难的同胞及在抗震救灾中英勇献身的烈士。

王建国："5·12"汶川地震发生后，四川大学始终牢记大学的责任使命，不仅第一时间完成了自救，还充分发挥各方面优势，全力、全面、全程参与抗震救灾和灾后重建。特别是与香港理工大学合作共建了全球首所且唯一的综合减灾与应急管理专门学院，结合两校优势开展多学科、宽领域、国际化、高水平的防灾减灾救灾和灾后重建所需的科学研究、人才培养与专业服务等工作，为抗震救灾和灾后重建做出了应有贡献。

旁白：川大人一直秉承着一颗炽热的爱国奉献的心，切实帮助所有需要帮助的人。扶贫援边的道路上，也常常出现川大人的足迹。

第三幕

旁白：七十年间，煌煌学府以其深厚的底蕴孕育滋养着一代代川大人，黾勉同心的川大人从未停下前进的脚步，在浩大的历史洪流中涵乾纳坤，励精图治，在中国西部这片热土上挥洒着自己的心血和汗水，为日新月异的祖国母亲增风添彩。

时间：2005年
地点：四川大学高分子科学与工程学院重点实验室
人物：叶光斗教授　研究员一　研究员二

（两个研究员，对着电脑数据比画）
研究员一、二（惊叹）：教授，您快来，快来看！我们的材料性能指数终于达标了！
叶光斗教授（慌忙转身注视电脑）：好好好，我们成功了，我们的航天飞船终于有了材料技术保障！

时间：2005年
场景：神舟六号发射指挥中心
人物：总指挥　川大校长

总指挥：尊敬的各位领导、各位来宾，同志们，根据航天城的测量结果，我现在郑重宣布，神舟六号载人飞船发射取得圆满成功。
川大校长（热泪盈眶）：这是川大的骄傲，更是中国的骄傲啊！

旁白：由于对神舟系列飞船的突出贡献，四川大学校旗被神舟六号载入太空并在太空遨游了115个小时。神舟六号能够搭载的物品非常有限，因此严格控制重量，"斤斤计较”到了以克为计量单位。这次飞行只搭载了两所大学的校旗。据四川大学科技处介绍，该校有多名科研人员参与了神舟系列飞船的科研工作，例如高分子科学与工程学院的叶光斗教授率领课题组，研究高技术聚酯纤维，其成果在神舟五号和六号飞船上得到应用，主要满足飞船对纤维材料的特殊需求，为飞船的点火发射以及推进舱、返回舱、轨道舱和伞舱盖的分离提供材料技术保障。

四川大学为神舟飞船做出的贡献是我们每个川大人的骄傲，神舟飞船畅游太空是我们每个中国人的自豪。

川大人一直心系祖国发展，在聚焦国家发展、关系民生百态的“两会”上，常常出现川大的声音。

终篇

旁白：70年，我从不曾与你分离，悲伤着你的悲伤，喜悦着你的喜悦，仿佛挚友，却更似母子，在你的怀抱中我不曾畏惧，即使面对狂风骤雨，我也一往无前。

1978年“改革开放”踏着春天的步伐走来，我迎面而上，沐浴在这春光之中，享受着你的福利政策，也以自己丰硕的成果回报于你。

2003年“非典”肆虐，当大家避之不及的时候，川大学子却满腔热血地冲在志愿最前线。

“985”“211”“双一流”，你给了我无限荣光，我必将回馈以顶尖教育水准及优秀国家栋梁。

这是我给自己定下的目标，更是我对你许下的承诺。你展开一匹最优质的布帛，我定亲手为你绣上最美丽的拒霜。

这是川大故事，更是中国故事。“我”只是祖国富强华章中的只言片语，但“我”定与祖国风雨同舟。我们以此献礼祖国母亲七十华诞，祝愿祖国更加繁荣富强。

时代显微镜——四个 App 的日常

文学与新闻学院　曹之欣　程丽岚　陈　聪

剧本简介：剧本以当今最热门的四个互联网 App（B 站、知乎、微博、抖音）为主要角色，采用拟人的手法，以四个 App 相聚开展茶话会为背景，通过其对自身历史发展、目前出现的问题、未来潜力的交流与争论，从技术进步、文娱产业发展等不同角度，揭示当今互联网 App 的主要问题，并对其前进方向做出有效思考。

具体人物设置：
B 站：二次元少女（说话夹杂日语、二次元词汇）
知乎：精英男青年（说话夹杂英文）
微博：追星小姐姐（标准普通话）
抖音：潮流小哥哥（四川方言）

抖音：各位小哥哥、小姐姐好久不见了哈，今天大家休闲一下，在成都街边喝茶聊聊天嘛。

知乎：谢邀，long time 不见。之前人在国外，刚下飞机。这是推特先生（某国外社交 App）赠给我的红茶，不介意的话，大家一起享用吧。

微博、B 站：好啊，好啊！

第一局：历史篇

微博：说起来，大家最近都在做什么业务呢？来交流交流，只喝茶不聊天好无聊哦。

抖音：我每天打卡网红美食店，分享给好友和粉丝些。

知乎：我的比较 common，只是空闲时间告知人们世界的真相是什么罢了。

B 站：（中二语气）知乎酱！泛二次元帝国了解一下？文创项目找我呀！

微博：我这里时事热点共娱乐新闻齐飞，快去看置顶热搜哇！最近中国青年五四奖章热度很高哦！

抖音：我现在火得很，比起几十年前的日记那些，现在大家都喜欢用短视频分享和记录生活，有很多人喜欢我哦！从小孩到老人，大家都很喜欢用抖音。

微博：呵呵，短视频什么的，是还算有趣啦。不过比起“微博议政”来说，小哥哥你还差得远呢（喝一大口奶茶）。红黄蓝、毒疫苗……还有每年“两会”期间的问政热，自媒体的首波胜利就是不才在下。话说，如果从网络媒体在中国萌芽算起，也已经有20多年的历史啦。

知乎：（起身冲茶）Firstly，很荣幸和大家讨论自身历史的问题。从概率上看，专业知识的有效汲取大概率依旧来自严肃系统的学习方式，如阅读专业书籍、刻意训练等。碎片化信息学习终究不能对其进行替代。非常有幸，21世纪的我能够将信息技术与严肃学习的技巧传播进行结合，继续传承中国现代化教育风尚。

微博：唉，怎么觉得知乎小哥老是抢话题？小心大V号挂你哦（咬吸管）。唉，知乎小哥，我说，碎片信息是现在的潮流啊。况且，除了碎片化信息，我也有长微博和视频。知乎小哥哥不是最讲究逻辑论证吗？可不要以偏概全啊！

B站：你们怎么嘴炮互攻起来了？都不给我个自我介绍的机会，一点都不礼貌！我是小众文化大本营，广度和体验效果都很不错。你们与其吵来吵去，不如到我这里来玩呢！从2009年开始到现在，从小众二次元到泛二次元，营业对象覆盖范围up！连锁商业价值up up！

抖音：哇！B站小姐姐超甜。小姐姐人美心善可盐可甜，比从前的电视直播频道丰富多了哈！

第二局：交锋篇

知乎：（把茶斟好，分给每一个人）各位慢用。

抖音：谢了哈，国外的正宗红茶我要录下来给我的一百多万粉丝看哈儿。

微博：（挑眉）抖音弟弟你——只有一百多万粉丝吧，而我有一千多万微博粉丝哦（喝奶茶），我作为自媒体的第一战地——上可以庙堂，下可以日常——我对人们的陪伴是最多的哦！至于你——我说呀，有空还是整顿一下视频审核机制吧！内容同质化不说，还总是有不少低俗、做作的信息，一眼望过去，锥子脸的网红叫人傻傻分不清楚，啧啧啧，哗众取宠，拉低用户的审美水准。

抖音：微博小姐姐不要太自恋了哈，你扪心自问，在你那里，所谓的“反转”新闻发生过多少次了？在没有把事件调查清楚之前，就放任用户捕风捉影，这就是你所谓的“上可庙堂，下可日常”？还有，大家说了多少年的理智追星，结果在微博上，明星的一根头发丝歪了都要引发一场网络暴力，还放纵一些商业媒体在背后引导舆论，恶意带节奏，引导不明情况的群众。这样长久下去，怕是莫人愿意相信你咯！说到这个我就气，喝口茶冷静一哈儿。

（微博想要站起反驳，被知乎拦下）

知乎：（微笑）唉，好好的，怎么吵起来了。你俩都很popular的嘛。只是（摸下巴）……不知道这样的“所谓流行”有何深度呢？于专业技能，于思维层面，这样的“感官分享”究竟能帮到人们什么呢？我想这一点是值得许多App思考的。话说回来，人们只有在夜深人静需要进行深度思考的时候才会和我做朋友吧！

B站：哇哦，知乎君，咱俩都算是小众文化聚集地，您这说话方式非常需要一记友情破颜拳呢。谁不知道您的日常就是“知乎——分享你新编的故事”呢？您该把宣传语改了！一天到晚张口“985”“211”、藤校，闭口年薪百万、性别矛盾，最会贩卖焦虑，说什么看清真相，实际上都是打算盘！大家把眼光放长远一点，不要那么短视！都是因为时代发展，人们的精神需求提高，文娱产业才有巨大的发展前景，而我们才有机会百花齐放，挣零花（被可乐呛到）嗝……咳咳咳！

抖音：（余怒未消）B站小姐姐现在自我感觉良好得很嘛，还教育起我来！说是啥子小众文化聚集地，听起来多高级，视频编辑侵权现象倒是不少。微博说我上头有低俗内容些，我看B站里面低俗内容也不少，还上过新闻耶！

第三局：反思篇

（大家冷静一会儿后，气氛稍变缓和）

微博：（拍拍B站的背）B站小姐姐没事吧，你们这些男同学真是牙尖嘴利，App最后还是要看发展，吵架算什么本事。我呢，打算整合资源，和电子商务深度融合，发挥平台优势。你们之前把自己说得那么厉害，以后有什么打算吗？

抖音：哼，现在，美食、穿搭、旅游等第三产业都重视抖音宣传的平台，抖音继续火下去是肯定的啦！唉，不过……我承认啦，内容同质化是会降低用户的新鲜感和探索欲。我打算建立一个创新视频奖励制度，鼓励用户在分享生活的同时不忘创新，和用户共同努力，打破内容“同质化”问题。我们抖音用户的新鲜点子可是多得很哦。

知乎：听了大家的建议，我感到有些惭愧。就我个人而言，是时候反思一下自己了。当不实、恶意言论披上所谓“专业”的外衣时，负面影响很不好。话说，这次我去国外时和推特先生有所交流，他在简化优化界面、管理评论、保持原始信息的真实性等方面也许能够为我们提供一些学习经验。

微博：好了啦，知道了知道了！不实舆论传播和过度商业化的问题我会重视的！

B站：大家都好正式哦——那个，我的话，我要建设更有效的视频内容审核机制，清理低质量投稿。更不能忘记自己作为一个文娱性质的App所承担的文化导向职责，时刻铭记要为大家带来喜闻乐见且优质的内容……

尾　声

抖音：在我们四川茶馆摆龙门阵好耍得很嘛，我今天录个视频怕是有两百万赞哦！

微博：抖音弟弟，你怎么还只想着拍视频求赞。今天我是大有收获，一门心思想回家更新大数据收集系统了！你可要跟上啊！

抖音：我马上就回去通知宣传部门和设计部门开会，召集广大用户参与视频文案创新，分享创新使生活更加丰富多彩！

B站：今天我也学到了超多！对整合文化纪录片平台分区的策划一下子有了灵感！弘扬英烈精神、新中国成立70周年纪念活动……今年的主题可都是需要认真打磨的呢！大家想做平台联合推广的话记得联系我哟。

知乎（此刻知乎手机响起，知乎接起电话）：喂，什么？又有人恶意宣扬唯金钱观，引发言论冲突？我马上回来处理。

（挂断电话，知乎面向其他 App）感谢各位的邀请，今天真的很 enjoy myself。现在公司有急事，需要我回去处理。下次见面，我一定会更加严谨、专业，完善信息过滤工作，做好更精准的平台定位。也祝 every body 在教育、新闻、生活娱乐等领域都逐渐靠近自己的小目标！

众人（每人右手和大家的手叠在一起，彼此之间加油打气）：各自进步！下次再会！

过　年

经济学院　白岩灵　姜博瀚
华西公共卫生学院　葛谦益
建筑与环境学院　朱礽祺
高分子科学与工程学院　黄燕希

我们一家，从1949年到2019年的70年见证了祖国一步步繁荣兴盛，下面就让全家最小的我来回忆我们一家的70年。

1949

1949年，渡江战役大获全胜，国民政府首都南京解放，全国解放在即，人民欢天喜地。当时，我的爷爷和奶奶开心地走在府南河河畔。

爷爷：清儒，党的解放战争一直在取得胜利，我想，新中国成立的日子也快要来临了。我等这一天真的等了好久啊。你还记得当年咱们的约定，待到新中国成立之时咱们就结婚吗?

奶奶：我当然记得了，学诚。我就知道这一天一定会到来的。

爷爷：我都想好啦，咱们呢，新中国成立那天就坐着火车到北京去，到北京天安门去，在咱们约定的地方，我向你求婚。

奶奶：真的?

爷爷：真的，然后咱们再回来，把你家里人全都接到我家来，咱们办个大大的喜宴。

奶奶：学诚，那一定很费钱吧，咱们简单一点就好了。

爷爷：没事儿，彩礼我都备好了。猪肘子、鸡鸭鱼肉、酒、给伯父伯母的衣料……

奶奶：还叫伯父伯母啊?

爷爷：噢噢，对，给爸妈的衣料，还有给你的那些我都备好啦。

奶奶：给我买的什么啊?

爷爷：给你买的……哎呀，这不能说，你到时候看了就知道啦。

奶奶：嗯!

1980

1980年，虽然我们国家改革开放只两年时间，但我家已经发生了很大的改变，我的爷爷在家成天守着电视看。1980年的那次过年，是我爸和我妈第一次回我爷爷奶奶家。

奶奶：孩子他爸，这都快十二点了，你说小两口儿怎么还没回来呢？车站离家那么远，他们……

爷爷：你在瞎操什么心？儿子单位能给批三天假不错了，不是还有媳妇和他一起回来吗。

奶奶：你就知道看电视。

爷爷：哼。

（爸爸、妈妈进门）

爸爸：爸，妈，我这进门怎么都没人招呼呢？

爷爷：咳，这么大人了，小芬（儿媳）累不累啊？

妈妈（笑）：爸，我不累，您倒是快关心他吧，人家可是跟卫星打交道的科学家，辛苦得很呢！

（儿子刚要说话，被奶奶抢了话头）

奶奶：你别蹬鼻子上脸啊，人家小芬是记者，不比你轻松。今年北京第四届全国运动会，小芬也去了吧？妈看到你写的报道了，写得真好！

爸爸：好了好了，都这么晚了，咱们快吃年夜饭吧！

爷爷、奶奶：好好好……

2001

世纪之初，我们国家发生了翻天覆地的变化，我们家也增添了一个新成员，那就是——我！

除夕时，家家户户张灯结彩，一家人聚在一起吃年夜饭。

爸爸：爸，妈，澳门不是回归了嘛，以后你们来深圳玩的时候，我们一家人去澳门旅游就很方便了！

妈妈：是啊，是啊，爸爸妈妈，你们有空啊就多出去走走，现在生活水平好了，我们可以常常出去旅游。欧洲也全都用欧元了，我前段时间去出差，发现在欧洲消费特别方便了，根本不需要像以前那样把钱换来换去的。

爷爷：中国还加入了世贸组织呢，这个美国，一心想要阻挠我们发展，现在好了，拦不住了吧。看来我们中华民族的复兴有望了啊。

奶奶：大过年的，讨论那么多国家大事干吗。（转向儿子）以后就别给我孙子找什么寒假实践项目了呀，记得带回来和爷爷奶奶住两天，我们也想他。趁着身子骨年轻，教他点东西。

妈妈：好啊，您二老这样的高级知识分子教他，他多大的福气啊！

大家开始看电视，一家人坐在电视机面前，其乐融融。

2009

2008年中国是多灾多难的，也是扬眉吐气的。爷爷奶奶家到处摆放着奥运吉祥物，在2008年跨入2009年之际，我们一家五口在爷爷奶奶家讨论着这一年的风风雨雨。

爸爸：爸，这是我托朋友在国外买的保健品。

妈妈：妈，你经常说智能手机不好使，这是移动刚出的供老年人用的手机，按键很大的，您待会儿试试！

我（高兴状飞奔进场，走到饭桌旁入座）：吃年夜饭咯！爷爷奶奶你们快点来呀。

（爸爸搀扶着爷爷，妈妈搀扶着奶奶）

爷：来了来了，你呀，别跑那么快，别那么急，有台阶注意安全。

（众人均入座）

我：哎呀，知道啦，知道啦，这一年这么多灾难我都没事啦，怎么会在这种小地方受伤呢，爷爷您别担心啦，我都长大了。

爷：提起汶川地震，我还是感到难受，多少孩子啊，还没有长大，就已经再也没有机会了。

我：那时候，学校组织我们在操场上默哀了好久，然后一起捐款，我用自己攒的零花钱捐了100元。爷爷，你不要太难过了，今年咱们国家成功举办了奥运会，也送神舟七号顺利升空了呀。

妈妈：当时我都不知道这孩子能攒100元那么多钱。

爷：唉，现在的日子确实比我们以前好太多了。但是，想想我们经历过的，一月的雪灾，五月的地震，还有洪灾，真是大风大浪的一年啊。

爸爸：爸，咱大过年的不说这个啦，倒上果汁喝一杯吧！庆祝新年快乐！我们的祖国永远是那个让我们骄傲的国家！

2019

2019年我已经离开故乡去外地上大学，通过一年的努力学习，我准备用我自己的奖学金，回报我的爷爷奶奶和爸爸妈妈！

爷爷（背着手在屋里走来走去）：小宝这在外地上大学啊，一走就半年，不说现在年轻人想不想家，我们老人都想得不得了。

奶奶（对着镜子披上围巾）：是啊，一眨眼都二十岁的大小伙子了，可比你当年小不了两岁……那股子聪明劲倒是和他爷爷像。你说现在孩子都这么懂事了吗？好不容易拿的奖学金，说要回来和咱们在饭店吃年夜饭。

妈妈（从工作的电脑前抬头）：哈哈哈，现在都是这样的，他们孩子很有主意的。说来也巧，当初选择在香港读书我还考虑了一下路程，没想到今年港珠澳大桥就通了。

爸爸（站在一边）：我以为他会和我一样学工科……没想到这孩子选了新闻，这么小就在电话里给我讲中美贸易战，真怕赶不上年轻人和这个时代啊。

（敲门声响起）

我：我回来了！爷爷奶奶、爸爸妈妈我好想你们呀，时候不早了，我们要去吃大餐啦！大家准备好了吗？

大家（异口同声）：早好啦！

从机械模仿到为我所用（选登）

——英语教育在中国

外国语学院　王雪纯　黄小雨　周沛瑶　任悦星

第一幕　光绪皇帝学英语

背景：晚清时期，朝廷腐败，外强欺压，连绵不断的内忧外患使中华大地陷入从未有过的绝望境地。国家遭欺、山河泣血、人民受辱，华夏之内尽是悲叹与哀号。1891年，年仅20岁的光绪皇帝壮志凌云、意气风发，他决心好好学习英语，以期增进对世界的了解。为了更好地学习英语，同文馆总教习丁韪良选拔了两名具有丰富的外事活动经历的毕业生张德彝和沈铎作为光绪皇帝的老师。英语，这一不远万里而来的旅居者，第一次堂堂正正地出现在了中国最高统治者的学习课程里。

凌晨四点，紫禁城还处在酣睡之中，所有的一切都被寂静的黑暗掩藏，而光绪皇帝却早已醒来，等待着那两个划破夜幕匆匆赶来的身影。从这一刻开始，这一方小小的书房便不再只是皇帝的办公之处，更是近代中国英语教育的开端之一。

人物：光绪皇帝、张德彝（以下简称A）和沈铎（以下简称B）（英语老师）、随侍太监

（凌晨四点，两大臣入宫）

A、B：微臣叩见皇上。

光绪：两位爱卿平身。（递眼色给太监）赐座。（太监搬上椅子）

A、B：谢皇上。（坐下）

A：不知皇上今日想学些什么？

光绪：你们教着心中有数便好，朕也想早日精通这洋文。

A、B：是。

B：今日微臣备好了词五组、句三组，请皇上过目。（递上小册子）

（太监接过，双手给光绪呈上）

光绪：（翻了一下）不知这“好乐”（howler）作何解？

A：回皇上，此为“谬误”之意。

光绪：（饶有兴味）这洋文还真是有趣，“谬误”即为“好乐”，观大清满蒙汉八旗之中，从未有此语，真是闻所未闻。

B：皇上请再看这余下四组——贝勒（belle 美女）、凌迟（lynch 私刑处死）、美（may 也许）、饶他（rout 溃败）。

光绪：嗯，爱卿的注解不甚详尽，看来朕详熟洋文之时指日可待了。

A：请皇上跟微臣念一下这些词。（正常英语念法－belle，lynch，may，rout）

光绪：贝勒、凌迟、美、饶他。

B（跪下，装作很欣喜的样子）：皇上进步极大，臣贺喜皇上。

光绪：是吗？

太监（弯腰低头，拍马屁）：奴才日日跟在皇上身边，也觉得皇上精进不少。

光绪：那就好。来人，赏！

（太监端上黄金百两）

A、B（跪下）：臣谢皇上天恩。

A：劳请皇上记下这些，待明日臣等再教皇上如何运用这些洋文。

光绪：知道了。你们跪安吧。

A、B：微臣告退。（两人下）

（完）

第二幕　英语学习进大山

背景：21 世纪初，随着综合国力的一步步增强，我国逐渐在国际舞台上崭露头角。2001 年，我国申奥成功，并成功加入 WTO，这一点一滴无不彰显着我国国际地位的上升，也因此在全中国掀起了一股英语学习热潮。英语逐渐走入了大山，走进了农村教学。

场景：四川凉山某村庄土坯房内

人物：孩子、孩子母亲

特殊语言要求：四川方言

母亲蹲着做家务，孩子背着书包从外面一蹦一跳地回来，大声且不是很标准地唱道——Apple round，apple red，apple juice，apple sweet…

孩：妈妈我回来啦！（放下书包开始收拾，特别开心）

（母亲缓缓起身回头看，抬起手肘擦额头，继而双手在围裙上抹了抹）

孩：我爸咧？

母亲：你爸下地去了，今天老师教啥了这么高兴，歌都唱起来了？

孩：妈妈，我给你说今天来了个新老师！教那什么……英语！她可好了，还教我们唱英语歌呢！

母亲：啥语？

孩：英语啊！妈妈我给你讲，现在这个英语可重要了，我们老师说，学好英语，走遍世界都不怕！英语是好多好多国家都说的语言咧，我今天学了好多水果名字！妈妈你跟我学！我教你唱歌！

母亲：哎呀，妈老了，学这玩意儿干啥啊!

孩：哎呀，妈!英语可有意思了，你学嘛!（不由分说，挽着母亲的手走到水果堆前，拿起苹果，开始“教学”）

孩：妈，你看这个苹果，叫 apple!

母亲：艾破?

孩：对!你再看这个香蕉，它可好玩了，它叫 banana!

母亲：不拿纳?

孩（笑）：妈，你看这不挺简单吗，这个橘子，orange!

母亲（手指每个水果）：艾破，不拿纳，欧——欧瑞纸!

孩：对对对!妈，你可真厉害!我教你唱我们老师教的英语歌，来跟我学!apple round，apple red...

（母亲于是开始学歌……唱着唱着两个人笑作一团）

相声：红颜巾帼，佳人英雄

历史文化学院（旅游学院）　冉济华

甲：各位观众朋友大家晚上好！

乙：晚上好。

甲：今儿啊，我要和大家宣布一件大事儿！

乙：啥大事儿啊？

甲：我呢，昨晚发明了一时光机。

乙：哟，诸位听听，时光机。

甲：您可别小瞧这时光机，我发明时光机，可是有历史意义的。

乙：啥历史意义啊？

甲：我啊，能用这台时光机，回到过去看遍祖国佳人。

乙：瞧你就那点出息，不就是想看美女嘛。

甲：您可别说，我这看美女可就讲究多了。

乙：这可得让您给我讲讲。

甲：我这美女啊，各个都得长睫毛，尖下巴，小蛮腰，大长腿。

乙：得得得，你这哪是美女啊。

甲：那是啥啊？

乙：蛇精。

甲：去你的，我这怎么就不是美女了？

乙：你这啊，不能叫美女。

甲：那叫啥啊？

乙：只能叫"人造美女"，我看你就是看那些个美女网红，看得多了。

甲：有点道理，不过这美女啊，人还得要善良勤劳。

乙：这话倒是在理。

甲：然后啊，还要独立有主见。

乙：是，女人能顶半边天嘛。

甲：得了得了，我们闲话少说啊，我现在就给你讲讲我昨晚都看到了些啥。

乙：您请。

甲：当时啊，我把这机器一发动，就，况且况且况且况且（拟声词）……

乙：哟，得，老式绿皮火车开动了。

甲：别插话，况且况且况且（拟声词），（机械音）您的目的地已到达，1951 年。

乙：这可正是抗美援朝时期，你看见了些啥啊？

甲：当时啊，正午的日头正烈，两位农民和一头老水牛在田里插秧。

乙：那，美女呢？

甲：别急啊，我走近了一瞧。

乙：怎么了？

甲：这插秧插得真是好。

乙：嚯。

甲：只见这两位毫无倦色，双手不带停地，就插了小两排了。

乙：好，九州农民喜耕耘。

甲：我再定睛一瞧。

乙：又咋了？

甲：这插秧的啊，正是两位女同志。可谓巾帼不让须眉，女人能顶半边天。

乙：好！

甲：美不美？

乙：男儿保家卫国，女子富民强军！美！

甲：美就对咯。那我们继续瞧啊，（拟声词）况且况且况且……

乙：又来了。

甲：（机械音）您的目的地已到达，1979 年。

乙：这次又是哪儿啊？

甲：（拟声词）轰隆轰隆轰隆，咔嚓咔嚓咔嚓，丁零当啷，动次打次。

乙：您这是时光机坏了？

甲：不，我这是到工厂里了。

乙：好嘛，那你这是个什么工厂啊？

甲：这是一羊毛纺织厂。

乙：羊毛纺织厂你给我又轰隆又咔嚓的？

甲：总之啊，您甭管那么多，跟我看美女要紧。

乙：这次美女又在哪儿呢？

甲：喔嚯。

乙：少整这一惊一乍的。

甲：这一车间清一色的女工，动作干净利落，个个都是生产能手。一队“红色娘子军”就这样把毛料送入千家万户，可谓巾帼不让须眉，女人能顶半边天。

乙：嗯，确实不错。新中国的繁荣富强，一样少不了这样的生产能手、工人先锋。

甲：美不美？

乙：纺织厂里女性忙，家家户户新衣裳。太美了！

甲：那我们机器继续转啊，（拟声词）况且况且况且。

乙：停，您再别自己叫了，观众朋友们见了可要笑话你。

甲：（机械音）您的目的地已到达，2005 年。

乙：这时间跨度可够大的，这次又看见啥了？

甲：首先是路口那位指挥交通的警花，秉公执法，刚拦下一位酒驾司机。

乙：英姿飒爽穿戎装，只为平安满人间。美！

甲：然后是学校里辛勤耕耘、培养莘莘学子的女教师。

乙：秉红烛，三尺讲台授知识；栽桃李，十年陪伴育人才！美！

甲：最后再看看白衣天使，治病救人的医护人员，这可谓是巾帼不让须眉——

乙：（打断）女人能顶半边天，好了，我替你说了哈。

甲：怎么样，我这机器不错吧。

乙：确实不错。今儿啊我和你走了这么一遭确实是感慨良多。

甲：怎么说呢？

乙：感叹这世界变化太快，女性从受压迫到彻底站起来，也不过是短短一百年。

甲：那可不，我们新中国成立七十年的成就，付出的不只是豪情男儿，更少不了一位位红颜巾帼、佳人英雄。

乙：太对了。

甲：那我们就开动机器，进入最后一站，目的地，2019年。

乙：这次又是哪儿啊？

甲：就在这儿，您看好了，在座的各位女士都是巾帼不让须眉。

乙：独立自主自强的新时期女性。

合：谢谢大家！

散文

归　乡

生命科学学院　王玥玺

高铁飞驰穿过一座又一座的大山，就像一条长龙在云雾中穿梭而行。进入了隧道，他从一尘不染的玻璃上看见了自己，满头的银发，鼻梁上架着一副老花镜，褐色的老人斑已经爬上了额头。他发现对面的男孩正在观察自己，不禁移开了视线。他看着小桌板上纸杯中微微泛着的涟漪，想起了前天在机场，女儿目送自己进入安检时泪湿的眼眶。这次回国，他不走了。

回想刚下飞机，进入航站楼，他只觉一股极凉爽的冷气袭来，定睛一看，只见高高的穹顶被柱子撑了起来，各色各样的行人在光亮的大理石地上行走，或行色匆忙，或悠闲自在。机场里设有各式各样的店铺，物品琳琅满目。他赞叹不绝，40年前，国内还在凭粮票供应食物，现在人们已然可以自由买卖商品。40年前，大家穿衣是近乎统一的蓝，而现在，男女老少都穿着各式各样的衣服，或西装革履，或休闲宽松，凸显着自己的个性。

走出机场，他马不停蹄地踏上了归乡的高铁。正向前方蜿蜒着的高铁，将他的思绪带回了70年前。中华人民共和国宣布成立那年，他5岁。11月15日那天贵阳解放，母亲牵着他的手走在街上，哥哥在人群当中扛着红旗，大家都激动坏了，毛主席的相片被人群拥着经过大十字路口。他当时只是觉得好玩，眼里都是一片红色，那金色的五角星多像隔壁家树上的杨桃。后来他才知道，原来这五星红旗是中国的象征，这片红色是数不清的无名烈士用鲜血浸染的。

1958年，他在报纸上看到了中国第一辆拖拉机“东方红”诞生，当时举国同庆，人们将车装扮成了害羞的新娘。他向自己承诺一定要建造出一辆自己的机车。20岁时，他考上了大学，选择了自己最向往的机械制造系。当时系里只有20个人，实验室的条件远远落后于国际水平。经过几十年的发展，学院里增设了多个国家重点实验室，建立了学科交叉体系，甚至开设了很多在国内外具有影响力的研究方向。大学不再是学生就业的跳板，而是一个提供给他们为国家助力，为自己实现梦想的地方。

他看向窗外，想起当年自己离开这里，坐了整整一天一夜的火车，才走出这些延绵不绝的山。那时候他没有坐过汽车，发出轰隆隆声音的大块头只存在于想象里。这次他回到祖国，回想起热情地帮他搬行李的出租车司机说：“现在不同以前了，很多人都有自己的车，国家也对新能源汽车的普及发布了很多优惠政策，你看现在那些绿标的车子，都是用电的，以后咱们的汽油车都会被淘汰喽。”他觉得一阵一阵的热流拍击着自己的心脏，这些发展超出了他的想象，即使在新闻上已经听到了很多消息，但亲眼见到的时候，仍然觉得不可思议。窗外的绿树正在飞速掠过，高铁正保持着300公里/小时的速度前进着。这就是中国速度吗?

70年前，广播里毛主席宣布中华人民共和国成立的声音好像又在耳边响起。在海外，从刚开始大家都问他中国究竟是个什么样的地方，到现在大家都知道了“一带一路”，知道了中国梦，他真真切切地感受到中国的影响力正在快速加大。

对面传来一个声音：“先生。”他抬起头，原来是对面男孩在说话。“先生，我可以看一下您手里的《全美经典机械振动》吗?”他将手里的书递给了男孩。男孩轻轻地摸着书的封面：“先生，我观察您好久了，您是工程师吗? 这本书是英文的，您是刚从国外回来吧?”他微笑着回答道：“是的。我在海外一直从事汽车领域工作，这是我40年来第一次回国，看到国内汽车普及率已经很高，道路建设也在跟进。这也是我第一次坐国内的高铁，看到自己的家乡有了如此快速便捷的交通方式真的很震撼。现在国内的高铁总里程是世界第一了，我感到很骄傲。”男孩听了不住点头：“我的留学生同学曾经说过他最想将中国高铁带回他的国家。我的梦想就是发明出属于中国自己的铣刀，用来维护我们的高铁钢轨，不再依赖进口。”男孩的眼中闪烁起自信的光芒，仿佛思绪早已飞到天边去了。他看着这位充满抱负的年轻人，好像看到了中国梦正在每个中国人心里生根发芽的样子。

男孩突然指着窗外那座仿佛挂在天边的大桥兴奋地说：“先生您看，这就是2016年建成通车的世界排名第一的桥梁——北盘江大桥。这座桥建立在喀斯特地貌发育带，沟壑险峻，溶洞丛生，比国外最高桥梁海吉焦峡谷大桥高出近100米!”他站起来贴近窗户，看见索塔位于悬崖峭壁之上，这座货真价实的高速公路上的现代化大桥，桥面的载货大卡车正不停往复。他想起孙子曾将北盘江大桥的航拍视频给他看：“这座桥真是一个奇迹，不仅修建得如此宏伟，还吸引了全球最顶尖的极限运动选手在桥上同台竞技”。曾经积贫积弱的贵州，现在也在紧跟中国的速度腾飞。20世纪60年代，他亲身体会过“地无三尺平，天无三日晴”。然而现在，中国“天眼”、大数据、立体交通等的接踵而至，无时无刻不在刷新贵州的形象。

列车再一次驶出隧道，落日余晖洒在绿林山头，他看到原本星星点点的城镇正密集起来。

走出车站，哥哥和侄子正在出口向他招手。哥哥和印象里一样，依旧笑起来没有了眼睛，即使头发已经斑白，但是腰板依然笔直。侄子接过他手里的行李，一家人驱车向家里赶去。车子停在了一块大大的匾额下面——叶家庄新村。他摇下车窗，眼里所见已经找不到离家时村子的样子。当年，他坐在村主任的驴车后面与含泪的母亲告别，车轱辘掀起的灰尘使他看不清母亲挥舞的手。今天他看到的是平坦的柏油马路和两旁四层的楼房，每家每户门口都停着小轿车。他们的车在道路尽头一户人家门口停下，他颤巍巍地走下车，闻到一阵久违的清香，那是母亲最爱的刺桐啊。屋子门口，母亲正坐在那把陪伴了他无数个苦读日夜的梨木椅子上笑着看他，他蹲在母亲身前，像个孩子一样抽噎起来，母亲抚摸着他的头，眼泪往下掉。

这位漂泊40载饱经风霜的游子，在归来之后，将自己的心与祖国的心又紧密地连接在了一起。他不再近乡情怯，只希望时光再慢一点，再给他一些时间，重温祖国的温度。

青山铭故事，无名颂千古

经济学院　曾　阳

古语云时势造英雄，真正的英雄常思奋不顾身，而殉国家之急。

——题记

青山环绕，绿水滔滔，索风营水电站夜以继日地运转着，四通八达的光纤将能量源源不断地输送至祖国各地。这里是“西电东送”的中转站，这里是当地人民希望的腾飞点，这里是无名英雄续写华章的故事集。

他们的到来吸引了当地人的好奇。在这个尚未把电力用于日常生产生活的地方，黑夜里能够陪伴他们的仅仅是一支残烛，斑驳的光影里，闪烁着贫穷和封闭。万籁俱寂的夜里，往往一缕青烟消散后，便是阵阵蛙声虫鸣绚烂着生活。人背马驮是运输的常态，暴雨后人们只能在泥泞里步履蹒跚，小镇里鲜有商铺，当地人的生活必需品通常在周日去邻乡采购，这样的环境在国家崛起的主题下显得格格不入。

当他们到来后，人们的生活开始有了转变。泥泞小径逐渐消失，小镇出现了第一条水泥大道，祖祖辈辈面朝黄土背朝天的日子发生了改变，小商铺和小洋楼零星点缀在这条狭长的街道上。平日里，山谷中往往会传来凿子锤击石壁铮铮的声响和工人高昂的吆喝，辛勤的汗水肆意挥洒在林间路旁。他们仿佛不知疲倦，昼夜不息地投入水利工程的建设中。年复一年，他们没有家，共赏婵娟是对故土的思念；他们又有家，祖国的大好山河处处是家。水电站完工前夕正值夏汛，索风河的河水仿佛一头野兽，咆哮着拍打水坝，疯狂地撕扯岸堤。在这个喀斯特地貌显著的区域，地质环境极其复杂，河水的泛滥给工程和百姓的安全带来了重重危机。大坝工程危矣！河区群众危矣！危急关头，他们毅然挺身而出，走在了抢险救灾的第一线，经过几个昼夜与风浪的搏击，这群铮铮铁骨的汉子像极了暴风雨中与海浪共舞的海燕，勇敢无畏而又坚韧不拔，潇洒地在险境中穿梭自如。最终这支不知名的工程队战胜了灾情，用生命撑起了当地人民的未来和希望，水电站保住了！河区的家园保住了！而他们中的一些同志却永远地离开了，他们的汗水沿着乌江游历于祖国的山川，最终汇入奔腾的大海；他们的鲜血顺着粗壮的纤缆涌向东部三角洲，带动了一座座工场轰鸣的机器；他们的灵魂驻足于这片蓬勃发展的土地，深情凝望着人们的今天和未来。

荷月，就像往常一样，莲蓬尚未绽放，这支工程队却悄无声息地离开了。在长达六年的建设年月里，工程队始终以“高精准，零失误”的标准要求自己，创造了水利工程建设零事故的奇迹。工程的完工对于提高当地人民生活水平的意义是非凡的，对于整个

“西电东送”工程的意义是非凡的，对于推进我国现代化建设进程的意义是非凡的。这个小镇因为工程的建设逐渐走出封闭，走向繁荣。时过境迁，这里已然成为当地的一个重要枢纽，对经济的发展起着至关重要的作用。而对于他们而言，成功的背后是年复一年的艰辛，是远离家人的不舍，是送别牺牲战友的悲恸。当最后一台机组运行发电时，短暂的激动过后，他们又显得如此的平静，建设祖国的重任是人民寄托他们的，是时代赋予他们的，是历史交付他们的，他们从未忘记，也从未放弃。

尽管我拼命回忆，但仍记不起他们的姓名，正如他们来时的静悄悄，他们离去时也不声不响。对于我们而言，他们平凡而又伟大，他们实干而又高远，他们既是普通的劳动者，又是时代的无名英雄。他们挥洒青春，甚至牺牲生命；他们打破贫困，带来生机；他们奔走在祖国的河山，描绘了美丽的版图，建设着这个新兴的社会主义国家。在滚滚的江河中，他们用血汗浇筑了国家的基石；在峥嵘的岁月里，他们以青春击打时代的浪花；在历史的车轮下，他们用脊梁撑起民族的未来。

记忆中，他们是无名的，现实里，他们又是有名的。当我们看到一项项重大工程建设中忙碌的身影时，当我们享受着社会提供的基础设施时，当我们摆脱贫穷落后走向世界舞台时，我们清晰而深刻地记着他们的名字——中国工人。或许没有人能全然记住他们的姓名，或许他们烦琐的经历会在时间的冲刷中渐渐淡去，但是我们永远铭记着他们是一个时代的开拓者，是中国革命坚定的领导者，是社会主义无私的建设者，是共和国雄踞世界舞台，中华民族屹立于民族之林的脊梁！从羊肠小径到柏油大道，从县县高速到县县高铁，从梦想到现实，从过去到未来，这群奋斗在建设一线的无名英雄正以实际行动推动新中国历史班列高速前行七十载，正以艰苦奋斗缩短共和国实现现代化的伟大进程，正以辛勤汗水浇灌中华民族伟大复兴的民族梦想！

今天的索风河畔青山依旧，大坝高耸；今天的黔西小镇富足幸福，百姓安康；今天的水利电站开足马力，输送能源。西部和东部间一座高大的桥梁巍然耸立，经济与环境间一条紧密的纽带缓缓伸展，过去与未来间一群无私的灵魂把精神代代传承。微风拂面，碧波荡漾，无名英雄还在如火如荼地锤击深山，青山绿水镌刻了他们的故事，历史长河会把他们颂唱千古。《卜算子·咏梅》里写道：“俏也不争春，只把春来报。待到山花烂漫时，她在丛中笑。”这或许就是大江南北忘我工作的建设者的真实写照，白驹过隙，时光易老，唯愿这些无私奉献的无名英雄容颜不改，芬芳如故。

小城故事

公共管理学院　孙运兵

“我站在川西岷江这山腰当口，已经快70年了。这70年来，变化很大，可是有好多故事嘞。”

老松树停顿了一下，然后平静地讲述了起来。

“你看这一片，植被茂密，郁郁葱葱。我在你这么大的时候，这里环境也还可以，鸟儿那是成天的唱歌啊，经常碰着岩羊、山鸡这些野生动物，有时候还能和大熊猫打个照面嘞。更多时候，我都看着那小城，稀稀落落的平房，更像是小镇子。

“等我稍大一点，一条小土路穿过这里。打那时起，就断断续续有人经过。有穿得破破烂烂的，背着一大包东西赶路的挑夫；有赶羊赶猪的老人；也有小干部模样蹬自行车的。各色的人，以披着羊褂的村民居多，他们都是土生土长的羌族人。有些村民只是别着镰刀挖挖野菜，找找药材。但是有的就扛着夹子，背着土火枪，但这些背家伙的村民一般都晚上出现。自打那时候起，这里生人的气息就开始多了。

“20世纪80年代初的时候，小路变成了沙石路。一些小卡车、小货车开始出现。我们的噩梦也开始了。”

老松树看着小松树，声音有些沙哑。

“一些放木头（方言：偷伐木材，利用高山的斜坡，把偷的木材从山顶滚下去）的人到处活动，我时刻都担心哪天遭此厄运。那时候，感觉天都是灰蒙蒙的。没几年，我眼下就是光秃秃的荒芜之地，一些村庄开始突兀地露出石头来。放木头也是个危险的活计，还发生过不少事故嘞，跛了的，手受伤的，可为了养家糊口，还是有不少人冒险。

“慢慢地这些放木头的人都不见了，听说咱们被保护了，而且外面活计多了，他们都跑到外面挣钱去了。这时候人就少了，搭车经过的多是学生模样的青少年，稀稀落落的走路的也只是些赶场的人家。

“有那么好几年，经常出现一对推着二轮车的父子，在我这里歇脚。车里装着农菜，春天青菜，夏天野菜，冬天白菜，有时顺带些杂菜。那父亲脚跛着，走路一上一下扭动。几年过去，那个打补丁跟着推车的小孩也挎上了背包，变成小伙子了。我还挺为这小伙子担心的，要是那父亲老了，推不动了，还不得那小伙子一个人干呐。说来也奇怪，后来没怎么见到他们了。

“到了20世纪90年代末，我们的生活就好多了，国家给我们这块建了个保护区。那些村民生活也好多了，待有嫁娶喜事的时候，还会盛装围着篝火唱歌跳舞嘞。远处的小城也初具规模，有了几栋能看得过去的洋楼，渐渐有了小城的样子。

“但是2008年5月12日那天，这里地动山摇，损失严重。小城里哭声喊叫声混作一片，人们笼罩在一片沉痛哀伤的阴云之下。作为重灾区的茂县，通信中断，道路阻绝，成为孤城困域。

“一方有难，八方支援，众志成城，抗震救灾。这精神激励着困境中的羌族人。当所有人都失落至极的时候，天上传来轰隆隆的声音，几架救援的直升机盘旋在这小城上空，给这被绝望憋屈的灾民顺了口气。接着，武警部队、解放军救援力量从天而降，越岭而来，抵达茂县，开展救援。这里的灾民无一不深深为之感动！

“这里的灾后重建，由山西对口支援完成。重建完成的时候，这里发生了翻天覆地的变化。高楼林立，景色优美，基础设施十分完备。‘晋茂情’纪念碑也成了一处景点。小城就像重生了一样，而这一切，都离不开这个党和政府的帮助。”

风轻轻吹过，拂过这片松林的头顶，依稀传来远处小城景点热闹的声音。老松树看着小城，慢慢地随风摇摆。然后充满希望地继续说道：

“自你长大的这几年，小城发展得很迅速。我有时候在想，这还是不是当初那个些许破败的小城了？

“特别是新修的几条隧道，使人们交通出行更加便捷，也不用再绕到我们这些密林之间了。现在来我们这些林地的，都是休闲娱乐的嘞。说到这里，我想起来前些天看到以前那推车的小伙子，好多年没见着，变化大着嘞。他开了一辆轿车来这露营，穿得体面大方。听他和朋友聊天，才知道他虽然家庭条件不好，但是国家政策帮助他完成学业，创业有成啊。这要搁以前，碰不到这么好的时代，改变命运可难着呐！

“你看现在，国家的扶持越来越多，政策也越来越好，我们也赶上了好时代。生态保护越来越重要，小鸟又到处蹦跶，动物也多了，我们也是‘金山银山’了。”

老松树有些激动，讲得更认真了。

“原先的高山住民，都搬到了更好的地方。这里再也不是川西的深度贫困区了，有更多的就业机会，人民生活富裕了很多。像那山脚的一片片荒地，以前种什么都不行，得到国家的产业扶助以后，变成了能生产红红的大樱桃、绿绿的李子、香香的红富士、猕猴桃、枇杷等水果的富裕之地。在外的青年大多都回来了，大家一起发展致富。

“党和国家在关怀人民物质生活的同时，还特别注重民族传统文化的传承，注重羌族儿女精神的寄托，如开展各种措施建设博物馆，展示羌族文化，重修羌寨，还有对瓦尔俄足节（羌族最大的传统节日，已被列入第一批国家级非物质文化遗产名录）的保护。这里最好看是那小城里新建成的4A级景区——中国古羌城。每天都会有羌族人民载歌载舞，跳锅庄，吸引大量游客观看。你看看那派景象，飞舞的白鸽，招展的红旗，复古的建筑，熙熙攘攘的人群，我们的中华大地在阳光下熠熠生辉，真是好风光啊！”

老松树看着那美丽小城，车水马龙，一派欣欣向荣之景，也由衷地感叹道：

“这70年，是一个小城不断发展的70年，何尝不是这千万小城组成的中华大地经历风雨、勇敢前进、不断繁荣的70年呢！”

田埂上的红星

文学与新闻学院　严可健

“我当兵的时候哇，一次执行任务……”他和几个阿爷圪蹴在田埂上，农具倒在一边。他头发已经花白，着一件沾了泥的浅色衬衣，敞开着露出胸膛，下面是灰色长裤，裤管卷到膝盖上。其他人的两只手都耷在膝上，唯有他的手有力地在空中画着半圆，讲到激动处，眼睛似要放出光来，周围的玉米叶子在微风里簌簌作响，仿佛也为他的演讲动容。夕阳的半边已经没入山下，余晖把他的脸映得通红，而全无烈日烘烤出的干枯与黝黑了，他那顶老式绿色军队布帽上绣着的红星，也在这一刻熠熠闪光。

我无奈地笑了一笑，走近过去说：“阿爷，阿奶叫你回去吃饭了。”他的手忽地在空中止住了，转头看见是我，马上笑着站起来说：“哎哟，阿拉孙子亲自来叫我吃饭了，我先走了，明天见，明天见。”随即在一片憨厚的笑声中，爷爷那粗糙干裂的大手一只轻轻地搭在我的肩上，另一只一抖劲将锄头和木锨往肩上一扛，就笑着和我一起向家里走去。

爷爷的穿着浑身都很朴素，唯有帽上的那颗红星尤为引人注目。爷爷很小就当了兵，他是1961年入的伍，1966年光荣退伍。尽管在部队只有短短五年的时光，但这段岁月带给了他深远的影响。他书房的门上仍贴着毛主席指点江山的英像，书架上整整齐齐地列着党和国家的历史和政策书籍，几案上放着几张书法宣纸与一支毛笔，砚台边是一本厚厚的笔记本，爷爷自从认了字后每天都要写日记，这已是他记的第十本了。打开左边的抽屉，里面静静地躺着爷爷参军时获得的各种奖章，其中有一块三等功奖章。当时爷爷是班长，带领五名战士在海边进行训练，到了练习投掷手榴弹的环节，所有人必须听到爷爷的命令进行投掷后向前奔跑。一位刚入伍的新兵似乎有些紧张，在跑的过程中没有听清指令就将手榴弹扔了出去，一旦落到前面的战士身边，后果不堪设想。那一刻，爷爷不假思索地扑过去，将手榴弹严严实实地捂在自己的身下，新兵扑通一声坐在地上，怔怔地望着爷爷，而爷爷也怕，怕得闭上了眼睛。那时候的他只有二十来岁，刚和奶奶结了婚，他这一扑，那可爱的人，可爱的故乡，都只能逝去了。手榴弹终究没有爆炸，因为新兵拉环的动作不对，并没有引爆。授章的那一天，爷爷哭了，班里的战士也哭了，指导员上前帮爷爷理了理衣襟，爷爷用颤抖的手敬了一个礼。

前一阵，社区响应中央号召，开展了追寻老兵的活动。采访到爷爷的时候，他满怀深情地讲述了这个故事，讲到最后大家都不禁揩泪。爷爷还对到场的孩子们说：“当年国家号召当兵报国，我毫不犹豫地就参军了，现在国家和平了、强大了，你们都是国家的希望，一定要好好念书，无论到哪里都不要忘了报效国家。”

退伍回家之后，爷爷当过渔民，当过公社的干部，但最终还是又扛起了锄头，回到了他日夜思慕的土地之上。他说："这手里总得有些什么才踏实，之前是枪，现在是锄头。""一定要让大家都吃上饱饭"成了爷爷的夙愿。包产到户后，爷爷率先做出表率，把他所有的汗水都洒在大地上，常天蒙蒙黑就出门，到了一更天才恋恋不舍地回来。他忙完了自己这块地的农活，还常去那些岁数大了的人的地上帮忙。这不，当时全村的人见着爷爷都是笑盈盈的。

后来大家的生活水平都好了起来，爸爸把爷爷接到了城里。爷爷年纪大了，脊背一天天地弯了下去，步履也蹒跚了。我们都劝他不要再耕地了，他只是表面应着，实则和另外几个阿爷在房子不远处的一片荒地上又开垦出一方"净土"，在上面种些蔬菜，还和我们说："别去买外面的菜，有些打了农药的，我给你们种。""现在习近平总书记不是说'绿水青山就是金山银山'嘛，我种田种树，跟着国家走咧。"每当看见爷爷悄悄扛着农具出门，我爸爸都只能笑笑对我说："你阿爷又去解决'人民温饱问题'了。"

正值酷暑，小镇似乎被架在火上烘烤，热辣的阳光刺得我睁不开眼，周遭的空气也如沸腾了般涌动。我走到爷爷的田地边时已是汗涔涔了，而爷爷呢，他也累得直不起身子了，把双手搭在锄头柄上小憩。他那件衬衣紧紧地贴在他的后背上，泛起白花花的几块，那双绿军鞋上也沾满了泥土，唯一干净的恐怕就是帽上的那颗红星了。他立了一会，提起水杯，那茶水夹杂着汗水，顺着嘴角往脖子里淌。爷爷是多么质朴无华的人！他见证了国家发展的各个阶段，并时时刻刻奉献着自己的一切。也许世人不曾过问，但国家会记住他的名字，因为正是无数如爷爷一般默默无闻的人的梦，融成了整个的中国梦。虽然现在已是新时代了，爷爷自叹落伍了，但他那抔家国情怀，早已注入我们的血液之中。他把我们都往天上举，而把自己留给了土地。

"阿爷，回家吃午饭了……"

"好——马上，我锄完这一垄。"

喊罢，他用脖子上的毛巾揩了揩汗，又举起锄头，向大地挥去。

老兵回忆录

计算机学院（软件学院）　马韵佳

“风从我的耳旁嘶叫着掠过，但我听到的只有子弹出膛的轰鸣；雪如刀刃般划过我的脸颊，但我感受到的只有刺刀着肉的疼痛；血染红了白茫茫一片天地，但我看到的只有灵魂飞升的明光。我的身后是血与火的修罗地，我的面前却只有空落落的泥泞路，但我始终相信逃离的是战争，奔向的是和平，正是这种信……”

“歇歇吧，爷爷，这种话您都说百八十回了！”

年轻而冷漠的声音打断了我苍老嘶哑的自述，将我从那个战火纷飞的年代拉回如今的和平繁荣。

我看向他，他低着头，过长的留海遮住了大半张脸，只有手机的荧光映在他的脸上，忽明忽暗。

我缓缓地转头，我的儿子、儿媳妇统统低着头，像一种倔强抗议，只盯着巴掌大小的世界——那是他们的世界，我无法涉足。

只有壁橱上黑白的亡妻安静地微笑着听我一遍又一遍不厌其烦地讲述我的光荣岁月……自她去后，连个能为我作证的人都没有了。有时候连我都怀疑那些事情是否真的发生过，还是只是我的想象呢？

可是那些逝去的生命曾那么鲜活地存在过……

给我多添一勺米的炊事员留在了长征路上，骨瘦如柴；跟我一同凭一腔热血参军的战友老乡留在了长征路上，血流如注；爽朗大笑地拍着我肩膀表扬我的班长留在了长征路上……

可现在，他们却像没有存在过一样，如鸟飞过天空。历史的车轮从他们身上碾过，将他们全都化为飞灰。

不知道，什么时候轮到我……

我望向窗外，天色开始暗下来了，突然想起那年国庆盛大的阅兵，天气晴朗，我们这群老兵齐聚北京，我们都老了，病了，痴了，走不了路了，相顾无言，唯有泪千行。

我们坐在车里机械地挥手，看着人们为我们欢呼鼓掌，却有一种悲哀油然而生——他们有的人宁愿晒着大太阳为我们鼓掌，花大价钱祭奠死去的烈士，费大功夫重访长征旧址，也不愿坐下来安安静静地听我们讲述当年的故事，尽管我们可能口齿不清、颠三倒四、啰啰嗦嗦。

我们仿佛被抛弃在那个烽烟四起的年代里了，仅作为一个活的历史标本被现在的人们提起又忘却。

在和平的年代里，人们总是健忘的，他们抛却了那些令他们惊惧的记忆，徒留我们困在一片狼烟战火之中坚守，孤立无援。

长征中活下来的人也渐渐走远了，那个架着眼镜斯文腼腆的通讯兵倒在了“文化大革命”混乱的岁月里，那个扎着麻花辫笑容格外甜美的文工团姑娘倒在了病魔的纠缠下，那个骂骂咧咧痛斥我逞强却又轻手轻脚为我包扎的我的爱人却输给了时间。

窗外的雨声将我从回忆中抽离出来，我望着不远处烟雨笼罩的高楼大厦和车水马龙，望着这连绵不绝的霓虹和川流不息的熙攘，突然感到一种荒诞的慰藉……以个人的经历与历史的发展相抗衡是多么滑稽的谬误。

倥偬百年已是白云苍狗，换了人间，而这沧桑巨变的百年在整个历史的长河中却又如沧海一粟。我的先行者，我的同道者，我的后继者都走在属于自己的长征路上，作为推动这个国家乃至整个世界的一颗微不足道又至关重要的齿轮，有着自己赋予自己或者时势赋予的使命。而我的，我们的，他们的故事都只属于自己，唯有成就属于世界。

我们其实根本不需要担忧，下一代的孩子们早已自觉接过了时代的重担，不管是长征精神又或是其他的什么，在一条比二万五千里还长的长征路上，摸索前行，前仆后继，生生不息。

这世界上总有人在负重前行，所有我们遗留的思想、精神和信念都会在新的时代里继续闪耀！

慢慢的信，深深的情　深深的情，眼底的星

——70 年 · 中国故事之 20 世纪 90 年代的爱情

文学与新闻学院　杨德丽
电气工程学院　胡凌晨

“那个时候啊，电话都很少，更别说像现在这样随时随地都能视频通话见到想见的人。都是写信，逢上赶集都要去邮局望望、问问，有没有一封信的收件人写的是自己的名字。每次信刚寄出去，就开始等着回信了。”

第一次听妈妈讲起这充满年代感的属于他们的故事时，心里满是感动，感动于贫苦年代平凡夫妻的专属浪漫，像极了木心诗里的情境：从前的日色变得慢/车，马，邮件都慢/一生只够爱一个人。

爸爸妈妈初见是在 17 岁，父母之命，媒妁之言。那时奶奶还在世，凭着爷爷奶奶的辛勤劳动，家底还不算太差。奶奶很喜欢这个乖巧水灵的小姑娘，只可惜没来得及看着她进自己家门。小伙子虽然嘴上嫌着小姑娘身高不够，心底却是喜欢得很，巴不得天天当她的保镖跟着她，接送邻村的她回家，帮着未来的丈母娘家做农活。外公走得早，大概在妈妈五六岁的样子，外婆一个人含辛茹苦地把四个孩子拉扯大，一家子一直都过得比较清苦，农忙时节因为家里劳动力不够更是辛苦。小伙子总是自愿积极地帮着做活，一家人对他们也很支持。

改革开放的春风一阵比一阵暖地吹来，也吹向了西南内地，“东南西北中，发财到广东”的口号吸引着无数渴望生活得更好的年轻人踏上了南下入粤之路。小姑娘和小伙子所在的这片村子就像是一朵蒲公英，小姑娘就是被吹着向前飞的众多小种子之一。小伙子没法和她一起走，在安土重迁传统思想依旧还很浓厚的小村子里，作为家中唯一的男丁，不可能说走就走。于是，一场跨越千里的长达两年的异地恋在这片土地上开始了。

这是一场真正的异地恋。20 世纪 90 年代，是一个从重庆梁平到广东广州需要坐三天三夜绿皮火车的年代，是一个“大哥大”比现在智能手机还贵好多的年代，是一个以“楼上楼下，电灯电话”为高配的年代。入粤的年轻人一年回一次家都是奢侈，更不可能拥有移动通信设备，信件是最好的联系方式。妈妈说那时最开心的事就是收到家里的来信，尤其是爸爸的信。小伙子每次都会写上好几页，每次小姐妹们都会艳羡不已。捧着这盛满思念跋山涉水颠簸了半个月来到身边的几页纸，举轻若重，小姑娘每次都会一字一句地读完，再小心翼翼地写回信。这一来一回，就过去了一个月。慢慢的信，点点滴滴的累积，珍藏起来的信越来越厚，情根也越扎越深。

两年后，久别重逢，两人顺理成章，喜结连理，虽然不是童话里的公主和王子，但也过上了幸福的生活。异地恋的两年，小伙子也从没缺席过准丈母娘家的农忙时节，甚至平时有事没事就去坐坐。后来妈妈总爱开玩笑说："要不是你爸那个时候那么勤快，我回来之后每天缠着我，我才不会嫁给他呢！"可那些留存至今的信件早已戳穿了她的谎话，说起这话时脸上小女儿般的神情也出卖了她的心思。

相扶相伴二十多年到今天，爸爸妈妈也时常会有短暂分居两地的时候，只是不再写信了，视频电话取而代之。方式变了，深情却从未减，反而随着时间酿得愈发的醇厚，还添了几分年轻时不常有的老来俏。每次短暂的分居，他们只要有时间，必然通视频，每次通视频，必以小时计，或许我是被他们用狗粮和柠檬养大的吧！两人每次隔着屏幕看着对方时，眼底的星星都还闪着光，一把年纪了，却还是17岁第一眼的惊喜和欢喜。

这是一个平凡的故事，20世纪90年代的爱情，或许都有着差不多的特质。车、马、信件，分别、重逢，相濡以沫，跨越世纪，来到这个最好的时代，也一路建设着我们最美的祖国。爸爸妈妈的故事是90年代爱情的缩影，是那个时代的缩影。千千万万相似或是迥异的小故事共同书写着70年来中国举世瞩目的一个个大故事，正如千千万万的故事主角为祖国的建设添砖加瓦。我的父母亦是如此，20年来坚守在中国面向世界第一线的广东沿海地区，辛勤劳动，点点滴滴地奉献着自己的微小力量，一如并肩的每一位劳动者。

从慢慢的信，到视频中眼底的星，联系方式的变化见证着信息技术的飞速发展，而不变的是深深的情。恰如70年来不平凡的中国故事，历经70年的奋斗，历经70年的伟大变革，不变的是实现中华民族伟大复兴的梦想，而我们正离这个梦想的实现越来越近！

深蓝色的希望

——中国海军七十载

华西口腔医学院　刘子杨

壹

舰亡与亡，志节凛然，无愧舍生取义。

——刘步蟾

1895年2月10日

山东威海湾内外炮声隆隆，硝烟弥漫。

被困于刘公岛的北洋舰队弹尽粮绝，危在旦夕。

“定远”舰停在滩岸边伤痕累累，不堪久战……

北洋水师右翼总兵刘步蟾坚辞拒降，但也深感无力回天，为免资敌，他忍痛下令炸毁了由自己在德国监造并一直驾驶的“定远”舰，当天深夜，他服毒自尽，以身殉国。

北洋海军覆灭，中国海军陷入了前所未有的低点。

这种境况，就这样，持续了半个多世纪。

贰

海军陆战队的战旗，唯有向前方。

——《中国海军陆战队之歌》

1949年4月23日

华东军区和第三野战军遵照中共中央革命军事委员会关于“成立华东军区海军司令部”的指示，在江苏泰州白马庙成立了华东军区海军领导机构，组建了第一支海军部队——华东军区海军。人民海军由此正式诞生。

从此，维护海洋主权、捍卫国家领土主权的中国海军，开始了乘风破浪走向远海的航程。舰艇在人们的视野之外无声游弋，立志成为令人胆寒的国之器重；军人在深蓝色中沉浮，随时准备用生命的代价去印证使命的伟大。

叁

我们受了多少窝囊气才有今天。

——张召忠

2017年4月25日

每年4月23日是海军节，25日张召忠在采访中讲到中国海军的发展时，却哭得像个孩子。

他说，一次他受委托到某地讲航母，讲稿都准备好了，到了地人家不让讲，说："你们海军什么毛病，整天鼓吹航母航母，要那玩意儿有什么用。"讲到这里，平日总以笑脸示人的他当场飙泪。

当年，我们一边向往着军事杂志封面上的伯克级驱逐舰，一边掰着手指头数着那仅有的几艘"051"，数来数去，算了又算，最终无奈接受了我国军舰无论是量还是质都远不如美国的现实。

可谁又能料想到几十年后，我们拥有领先世界水平的战斗机，我们的国产航母也已正式服役！

肆

别怕，我们是中国海军，我们带你们回家。

——《红海行动》

2018年2月16日

《红海行动》首映，5日后票房突破7亿元，最终收获超过36亿元的票房。

《红海行动》反映的事件是2015年也门撤侨，这是中国政府首次为撤离处于危险地区的外国公民采取的专门行动。在那次行动中，临沂舰接回第一批124人只用了39分钟，平均每人为18秒；而第二批撤离的455人只用了81分钟，平均每人不到11秒。当时，一张海军女战士牵着小女孩撤离的照片在互联网上广为流传，两人均面带微笑，丝毫看不出她们正面临战火的威胁。

勇者无畏，强者无敌——当身处无助之地，绝望的恐惧将人吞噬，当那一缕光芒出现的时候没有人会拒绝，而中国军人，就是这缕光芒！

结

2019是新中国的70年，亦是中国海军经历风风雨雨的70载。

可又何止这70载，月华似练，遥看沧海成桑田，是铁骨铮铮的一辈又一辈的中国人用汗水与泪水谱写着耀眼的光芒与深蓝色的希望。

我们从未生活在一个和平的时代，在我们看不见的地方，仍然存在着战争杀戮；但我们生活在一个和平的国度，在我们不知道的时候，有人在替我们负重前行。

蔚蓝色的大海里，水灰色的舰船上，对讲机里，低沉的声音透过无线电流强有力地传播着："中国海军，为你护航！"

追忆七十载，奋进新时代

华西药学院　陈芷倩

七十载沧桑砥砺，七十载筚路蓝缕。这七十年，是艰苦奋斗的开拓年，是成就变迁的创造年，是伟大变革的发展年。七十年，一件件造福华夏、享誉世界的中国大故事不断发生，一个个激励人心、感动中国的小故事从未断绝，它们共同铸就了七十年中国辉煌，实现了中国从站起来到富起来再到强起来的伟大转变。让我们追忆七十载中国故事，奋进新时代复兴历程。

站起来

“中华人民共和国中央人民政府，今天成立了。”1949 年 10 月 1 日下午三点，毛主席这短短的一句话却向世人昭示了中国命运的历史性改变，开启了近代以来久经磨难的中华民族站起来的伟大历史，沉寂多年的华夏大地开始走向新生，而这段站起来的道路一走就是三十年。

1952 年 7 月的第一天，新中国第一条铁路干线——成渝铁路建成通车，一大早，菜园坝重庆火车站就挤满了人，当大家一起唱起“我们要和时间赛跑”时，每个人的心里都充满着对未来的希冀。第一条铁路通了，通的不仅是连接两地的道路，更是祖国人民心中的寻梦之路。寻梦，中国这条东方巨龙不仅要在地球上，还要放开眼界到宇宙中去。1970 年，我国第一颗人造地球卫星——东方红一号成功发射，嘹亮的《东方红》乐曲在太空回响，拉开了中国人探索宇宙奥秘、和平利用太空、造福人类的序幕。面对这一历史性成功，它的技术总负责人、中国“卫星之父”孙家栋说：“每次发射，没有一个人敢说这次发射是绝对成功的，投资要十个亿，初期干的时候一个型号干十年，干的人加起来就有十万人。”可见这是一位位以国家使命为己任的科研工作者一年又一年青春岁月的不朽结晶。在这站起来的三十年，在一位位华夏儿女的点滴奋斗下，我们对内实现了新民主主义向社会主义的伟大转变，建立起了社会主义基本制度；对外进行了抗美援朝战争，恢复了联合国合法权利，回归了安理会常任理事国席位，中国正一步步在世界崛起。中国人民真正站起来了！

富起来

探索复兴的道路，唱响春天的故事。1978 年，“实践是检验真理的唯一标准”成为新中国成立以来我党历史上具有深远意义的思想先导，党的十一届三中全会拨乱反正，揭开了社会主义改革开放的序幕，开启了中国人民由站起来到富起来的伟大转变的历史。

“1979 年，那是一个春天，有一位老人在中国的南海边画了一个圈……”开放深圳、珠海、汕头、厦门，中国与世界相连。外出务工、经商、求学的人越来越多，“春运”一词于 1981 年在《人民日报》首现，它承载的是一位位为祖国建设添砖加瓦的中华儿女一个个永远也说不完的故事。到 1984 年，年广久瓜子厂雇佣人数已过百。面临牢狱之灾的他，被邓小平同志点名提出，“让‘傻子瓜子’经营一段，怕什么？伤害了社会主义吗?”那一年，邓小平同志已步入耄耋之年，但老人的一句话振聋发聩——贫穷不是社会主义！于是，无数愿意用双手创造财富的“傻子”，一头扎进了神秘莫测的“海”，开始了一场改变命运的探险。已届不惑的柳传志终于下定决心，怀揣中科院的 20 万元投资，开了一家“中国科学院计算所新技术发展公司”。在深圳两间四周杂草丛生的“简易房”里，任正非和他人合伙投资 21000 元创办了一家小公司，取名“华为”。在富起来的历史时期，一批批像他们这样的青年人打拼出了自己的一片天地，也创造了中国发展的辉煌。自邓小平同志提出建设有中国特色社会主义的伟大号召后，三十多年来，我党领导人民开辟了中国特色社会主义道路，形成了中国特色社会主义理论体系，完善了中国特色社会主义制度。我国已成为世界第二大经济体，中国人民真正富起来了！

强起来

一个时代有一个时代的主题，一代人有一代人的使命。党的十八大以来，在以习近平同志为核心的党中央的带领下，我国继续统筹推进全面发展战略，开始向科技强国冲刺，综合国力大幅提升，特色大国外交不断推进，中国智慧、中国方案响彻世界，国际形象空前飙升。中华民族开始走向强起来的新时代。

2012 年，诺贝尔文学奖首次喜临中国，作家莫言把他家乡的红高粱搬到了世界文学的版图上，这位“寻根文学”作家在他的获奖感言中谈道：“我是一个讲故事的人，因为讲故事我获得了诺贝尔文学奖。我获奖后发生了很多精彩的故事，这些故事让我坚信真理和正义是存在的。今后的岁月里，我将继续讲我的故事。”而他的这些故事就是中国故事，一个个中国故事共同铸就了华夏辉煌。2014 年，第一届世界互联网大会在乌镇召开，互联网领头人齐聚一堂，当年艰苦创业的中国青年如今已经在各个领域改变着世界，向世人展示中国力量。2016 年，一种神奇的支付方式——“移动支付”悄然而生，“新四大发明”响彻“一带一路”。G20 领导人齐聚杭州，中国女排重获冠军，中国一步步在世界发声。不忘初心，砥砺前行，我国正继续迈向中国特色社会主义的强国之路。

漫漫历史长河，七十载也许只是“弹指一挥间”，但是对于近 14 亿中国人而言，这是一段我们共同见证和经历的峥嵘岁月。在每一个大时代的宏大故事背后，是一个个小故事的倾心吐露，是无数个命运体的历史巨变。今天，我们追忆中国故事，回望七十年壮阔历程；明朝，我们奋进新时代大门，开启每一个充满希望的未来。让我们共同携手，用激情、梦想与奋斗点亮中华民族的璀璨星空，昂首再启程，共筑中国梦！

祝我生日快乐

公共管理学院　郝梦媛

我的生日是1949年10月1日，母亲告诉我："孩子，你的出生是一个奇迹。"我还没来得及知道自己是什么，就被母亲吹向了天空，当我落地的那一瞬间，红墙、黄瓦、青砖，一座高高的城楼撑开了我的眼眶，城楼下人头攒动，我看到城楼的中央站着一个高大伟岸的男人，他说："中华人民共和国中央人民政府，今天成立了！"霎时，我的耳边涌来一阵又一阵的欢呼、一声接一声的"毛主席万岁！中华人民共和国万岁"！我不知道他们这些人在高兴什么，但是看着那个被众星捧月发着光的男人，我的嘴角不自觉地向上扬，我好像能感受到他、感受到他们那来自灵魂的喜悦。

没来得及再多看一眼，我的大半个身子已经被泥土吞噬，我拼命向上探头，想要再看一眼，再多看一眼。

我的生活陷入了一片黑暗。我听说过昙花一现，只能拥有一瞬间的世界，然后便是永无止境的黑暗，我害怕自己会是他们中的一员。可我不能放弃，我一定要回到那个世界，我一定要再见到他，我对自己说。

再见到阳光是1950年5月1日，眼前依旧是那座城楼，城楼中央站着的依旧是那个男人，四周还是有很多很多人，一切好像都没有变，恍惚间我好像回到了7个月前的那一天；但一切好像又都变了，城楼中央的那副画像好像和我记忆中的不太一样，虽然那张脸依旧和我心中那个棱角分明的面庞重合在了一起。

之后那个男人很久没有出现，而我也在等待中认识了很多新朋友。听邻居说，我是松树，是"凌风知劲节，负雪见贞心"的松树，我们对面的那座城楼叫作天安门，那个男人的名字叫作毛泽东。

在我一岁生日的那一天，我收到了来自各地亲戚的贺生信，他们说我出生的这一天是有历史纪念意义的一天。不等我细细看下去，一阵阵整齐的口号便从远处传来，我惊喜地抬头，他果然又站在了城楼的中央，此刻的他庄严肃穆却又难掩激动的心情。那也是我第一次看到阅兵仪式，邻居说那些穿着干净的军装，动作整齐划一的人，是保护中国全体人民的军人，是保护中国一草一木的勇士，我望着他们，敬慕之情油然而生。

夜幕降临，我再次翻开那些贺生信，看着信中写的那些发生在各地的事，觉得甚是有趣，不知不觉读到了天亮。东北的表妹说那年的头三个月，土匪作乱，民不聊生，还好解放军出动，看来要不了多久，土匪就会被消灭了；四川的姑妈说，她们的家乡正热火朝天地进行土地改革，农民生活变好了，人人都说毛主席好……

之后每一年的生日，我都会见到他，也会在阅兵仪式整齐的口号声中细细品味亲戚朋友的来信——1951年，我和远在西藏的表姐终于取得了联系，她的来信字里行间都溢着喜悦，她告诉我西藏和平解放了；1953年，表妹家乡的土匪终于被消灭干净，但是表妹被爆竹的噼里啪啦吓得不轻，然后过了不久，去抗美援朝的解放军也凯旋回来，她说自己还给他们遮了太阳，让我好生羡慕；1956年，第一辆解放牌汽车、第一架喷气式飞机都新鲜出炉，不光是我的亲戚，身边走过的人谈到这些，脸上好像都隐隐泛着自豪；1964年，第一颗原子弹在新疆爆炸成功，远在北京的我好像都感受到了那足以撼动人心的巨响，据说住在吐鲁番的表舅一家被震得晕了好几天……

但在1966年到1976年的那十年光阴里，我收到了很多悲伤哀恸的来信，抚摸着那些文字，我好像能触到那些伤口、那些感伤。但所幸，我们相互扶持、相互安慰，1976年之后的我们，比之前更加坚毅，更加心向阳光。

之后的每一年生日，我还是会在一队一队解放军方阵踢着正步经过我的时候，读着我的贺生信。每一年的阅兵仪式里都会出现各种各样我以前没见过的好看衣服，他们说那叫军装，只有军人才能穿的好看衣服，还不断地冒出很多我记不住名字的大家伙。我只记得一个家伙叫作坦克，听说它能摧毁一堵城墙，吓得我每次看见它都老老实实地收着我的松针，生怕惹怒这个厉害的家伙。

天安门一天比一天气派，我也一天天长大，从一棵小松苗长成了一棵大松树，还穿上了好看的衣服。中国也在一天天变得强大：继1970年发射“东方红一号”、1973年袁隆平成功培育籼型杂交水稻、1974年成功研制第一艘核潜艇后，中国在1978年实行了“改革开放”的伟大创举，那之后，中国在农业、工业上取得了举世瞩目的伟大成就，政治文化水平逐步提高，综合国力不断增强。许海峰在1984年的奥运会上拿到了中国第一块金牌，中央政府分别在1997年和1999年收回了香港和澳门，“神舟”系列飞船到今天已经成功发射到十一号了……

今年，2019年，是我70岁的生日，也是中华人民共和国70岁的诞辰。祝我生日快乐，也祝我们的中华人民共和国生日快乐！

我的村庄

——我的中国故事

经济学院 刘 婷

熊培云在《一个村庄里的中国》里把他的村庄描述为：再也回不去的地方。我的村庄也像其他无数个平凡的村庄一样，在一代又一代人的努力下，成为只能存在于记忆里的故乡，它在历史的洪流中孕育出一个又一个中国故事，如此我才能踩着 20 世纪的尾巴，从那些青葱岁月里窥得属于我的中国故事。

（一）爷爷的小卖部

20 世纪 80 年代，爷爷的小卖部基本是全村人的“生活用品补给站”，那个时候村里的道路基本都是泥巴路，村里人想外出购物可谓困难重重，即使出村了，镇上也没有大型超市，只有到市中心才能买到需要的东西，因此村民大多会就近在爷爷的小卖部买一些杂物和生活用品，只有临近新年，才会叫上左邻右舍一起外出大采购。后来镇上开了一家超市，再后来村里也有了“新农村超市”，市里甚至开了一家沃尔玛超市，这里连外国商品也可以轻松买到。“淘宝”流行起来以后，姑姑婶婶总喜欢聚在一起讨论哪个商品便宜又好用。爷爷的小卖部就这样在超市的发展潮流中默默退出了。

（二）夏日的集体插秧

1966 年我的爷爷 20 岁，他不曾向我提起那段时光，但总会在饭桌上提醒我好好吃饭不要浪费粮食，把自己碗里的饭菜扒得干干净净。最令我印象深刻的是夏天左邻右舍的集体插秧：一户人家往往会叫上关系好的几户人家一起工作，直到所有人家的田都插上了绿油油的秧苗。小时候我和哥哥姐姐一起去田里插秧，夏日的热浪、刺眼的阳光、聒噪的蝉鸣，至今让我印象深刻。

（三）火把与行走构成的新年

1980 年我的母亲 6 岁。一次走亲戚的时候我突发奇想地问她：“姨妈住这么远，你小时候要怎么走亲戚呢?”母亲不以为意地回答：“走过去咯。”她回答得很平常，也许是因为经历过所以觉得这是一件可信的事情，但我却很难想象，那么远的路程，在交通闭塞的那个年代，他们确实是用双腿丈量过，甚至连手电筒都没有，到了晚上只能举着火把前行。母亲上高中的时候，摆脱了步行的困扰，她在路边拦下拖拉机询问是否顺路，然后和同乡的朋友一起在聒噪的发动机声音中回家。在我小的时候，摩托车就流行起来了，后来我逐渐长大，越来越多人拥有了小轿车，其中一个叔叔在 21 世纪初就从事起了驾校教练的职业。村里的泥泞小路也变成了水泥公路，村庄确确实实地改变了。

（四）漏着雨的土坯房

土坯房就是用泥土盖成的房子，用塑料篷布蒙住屋顶，然后盖上瓦。似乎这种方式不够“保顶”，一到雨天，母亲就要把大大小小的脸盆铺满房间，用来接漏进屋的雨水，有些雨水溅到地上，稍不小心就可能来个平地摔。而现在纵观我的村庄，基本上都是两三层的小楼房，还有些人家住进了别墅，即使偶尔看到只有一层的小房子，也必定是铺上了瓷砖和水泥的地面与白墙。那些漏着雨的日子，那些铺满房间的脸盆，那个摔倒在黏湿湿的地上哭得撕心裂肺的小女孩，再也见不到了。

（五）被填充的住宅

小时候我从不懂得停电的困扰，因为唯一需要用到电的，似乎只有常年被蚊虫环绕的昏黄的电灯泡。长大了每次遇到停电都恨不得自己是个电力工人，马上修复故障，恢复供电。没有电意味着没有光的夜晚，意味着看不了电视节目，意味着不能用电饭煲煮出香喷喷的米饭，意味着冰箱里的冰激凌马上融化，意味着不能享受空调带来的清凉，意味着不能用电热水洗去一天的烦恼。印象中空荡荡的四方房子如今已渐渐被各式各样的电器填满。

（六）红色电话机的牵挂

爸爸妈妈很早便外出打工了，我与爷爷奶奶一起留在村庄，红色电话机成了我与父母唯一的联系。小小的我不懂离家的哀愁，只觉得那红色电话机拥有神力——难道是《欢天喜地七仙女》里边的千里耳下凡了吗？不然隔这么远怎么能听见彼此的声音呢？后来爷爷奶奶也离开了村庄，那电话机又成了我和爷爷奶奶的传声机。不知道从什么时候开始，距离似乎被无限缩短了。QQ、微信、E－mail……地球在移动通信的助力下，成为一个村庄，遥远的距离，只缩短为一个电话。

（七）回不去的村庄

2006 年，爷爷 60 岁，这一年他决定跟奶奶一起去深圳的工厂里工作。我从未想过爷爷会远离乡村，虽然在他之前早有大批人选择背井离乡。奶奶的弟弟就是第一个离开村庄的人。1980 年 8 月深圳特区成立，几年后我的舅爷爷踏上了去深圳挣钱的道路。

早些年他在工厂里当技术工人，后来自己开了一个工厂，于是村里人被他的创业史激励，纷纷外出闯荡。本以为这样的背井离乡在城乡差距的作用下只会愈演愈烈，但近几年不少人都选择回家工作了，原本冷清的乡村渐趋热闹起来。在深圳待了几年后，爷爷也回来了，他和老朋友一起唠嗑，谈起村庄的变化。

我的村庄也只能存在于记忆中了，这个村庄却是我们的国，我们的根，我们的魂。正是无数个普通的我们的故事汇聚成了伟大的中国故事，我们经历过的每一天都成了历史，与其感叹时光飞逝，不如珍惜韶华，莫忘旧土，奔赴前程。

纸写历史，人向未来

——“古法造纸之乡”石桥村的记忆

艺术学院　李泽罡　龙婷婷

“你想考到村外面去吗?”我望着这个皮肤黝黑的苗族女孩。

“当然想啊。”女孩不假思索地回答，她的眼睛里有光。

这个女孩叫杨晓芝，家住石桥村，位于湘黔边陲。这里奇峰怪石、万木争荣，这里青树翠蔓、蒙络摇缀。人们沿溪建房，以造纸为业，不觉间，绵延千年。

清明节，我来到石桥——一片宛如桃花源的净土。

杨晓芝的家族世代沿袭造纸，她的父亲杨建国从小就随着父辈们一起工作。清晨，薄雾冥冥，杨建国扛着和自己个头一般大的斧头上山伐木，取构树之树皮作为造纸的原料；将树皮剥下置于溪水之中，水流湍急，激起千层浪；经一下午的浸泡，坚硬的树皮变得柔韧，将其放于烧得正旺的沸水里，搅拌研磨成纸浆；纸浆沿着模具慢慢铺开，如烟如缕，经暴晒、水分蒸发成纸。

就这样，日复一日，杨建国成年了。

十八岁那一年，他对他的父亲说，他想去参加高考，殷切的眼神里藏着一颗热忱的心。

他的父亲却斩钉截铁一口回绝，说：“不行，如果你走了，家里谁帮着造纸，不造纸又怎么活下去呢?”

杨建国为了维持一家老小生计，放弃高考，选择留下，而这一留就是三十年。到现在，他去过最远的地方，也只是离石桥村不过几十里路的县城。而今年，是她女儿杨晓芝的中考，她说她想考出去。

我怀着疑问：“你爸爸支持你考出去吗?”

杨晓芝咧嘴，笑得甜美而单纯：“当然啊，现在我们村儿都变了!”

同样是清晨伐木，人们早已习惯了电锯；同样是混凝土，人们也开始用机器搅拌；烘干纸张不是只能凭借日光，还有自制的专业的电烘干机。杨建国还嘱托杨晓芝，不必担心家里，说是现在村里建了生产合作社，政府正帮助村民，把纸造下去，把生活过下去。

如今，贵州省黔东南苗族侗族自治州丹寨县石桥村古法造纸，已被确立为“国家非物质文化遗产”，他们所生产的纸张已被指定为故宫文物修复专用纸，并随着“一带一路”走出国门走向世界。

我曾经问杨晓芝：“你是怎么看待古法造纸的？”

她说那是她的骄傲，是她们家的骄傲，是她们村儿的骄傲。

维持生活的重担再也不能将青年人束缚在脚下的方寸之地，经济的发展、国家的扶持、乡村的振兴赋予了当下青年人更多自由选择的权利，古法造纸对于他们而言，不再仅仅只是以此为生的工具，更是以此为傲的历史记忆与文化传承。

父女间，两代人。

古法造纸的技术在改变，但造纸过程中的一颗匠心不曾变。

父女间，两代人。

乡村生活的环境在改变，但彼此间坦诚以待的相处方式不曾变。

父女间，两代人。

他们所代表的平凡中国人的梦想不曾变，但是，实现的可能性在拓宽，实现的途径在增多。

你看到了吗？

新中国成立七十年，无数像石桥村一样的中国乡村——拥抱改变，秉持初心，纸写历史，人向未来，陌上花开，岁月流金。

磅礴东方，吾名华夏

华西临床医学院　张　婧

磅礴东方，吾名华夏，新时代下，依旧有榜样与希望，依旧有撑起民族的脊梁。

——题记

70年历史变迁，100年岁月沉淀，脚下的沃土承载着记忆千万，回首过去，在那个血与火的年代，有那样一群人……

忠　于

1919年，北洋军阀的黑暗统治，巴黎和约的丧权国耻，内忧外患，国弱民疲。百年前，青年的使命是救亡图存，挽救民族之魂，他们怀揣着一颗赤子之心，高喊“外争国权，内惩国贼”，为祖国抛头颅，洒热血。随风飘扬的旗帜，响彻云天的口号，唤醒了沉睡的中华大地，唤醒了不朽的中华儿女，从此，红旗漫卷，满地歌声。

2019年，五星红旗的冉冉升起，中华大地的翻天覆地，河清海晏，国泰民安。而百年后，青年的使命是胸怀家国，实现民族富强。在新征程上，不管乱云飞渡，风吹浪打，都要坚持自力更生，艰苦奋斗，以坚如磐石的信心、只争朝夕的劲头、坚韧不拔的毅力，一步一个脚印把前无古人的伟大事业向前推进。

是什么支撑着百年前的他们和百年后的我们？是“楚虽三户能亡秦，岂有堂堂中国空无人”的不甘愤慨，是“为往圣继绝学，为万世开太平”的雄心壮志，是“不论穷达生死，直节贯殊途”的刚直不屈，更是“位卑未敢忘忧国”的赤胆忠诚。忠诚于国，忠诚于党。国，我心之所向；党，亦我心之所向。

终　于

云山苍苍，江水泱泱，七十年筚路蓝缕、辟除榛莽，终于换得今日繁荣富强、声名远扬。

两弹一星，载人航天，君不见，无数前辈夜以继日沥心血；港澳回归，恢复席位，君不见，中华儿女消愁释闷展笑颜；歼－20飞上蓝天，辽宁舰漫游海面，君不见，国防力量盛况空前。

建中国桥：世界桥梁建设20世纪70年代以前看欧美，90年代看日本，21世纪看中国。铺中国路：高速公路里程13.1万公里世界第一，高铁里程2.2万公里世界第一。造中国港：除了上海港，全球吞吐量排名前十的超级大港，中国已经包揽了七席。安中国网：中国通信业正在酝酿着一出更精彩的“引领”大戏。

前辈为我们铺好了康庄大道，而我们，肩负新时代的使命，也应义不容辞。或许就现在的我们而言，这些事情好像离我们太遥远，但就像汪国真所说的那样：“青年，不一定非要成功，只要有追求；不一定非要成熟，只要肯学习；不一定非要沉稳，只要善总结。”继五四青年之热血，圆中国梦。

衷　于

有一些人说，“90后”是垮掉的一代，我们在一场前所未有的经济腾飞中长大，物质生活相对丰富让我们中的一些人变得“浮躁”“娇气”“不堪一击”。越来越多的负面标签落到我们的身上，我也常常会思考，是不是我们做得太差。

但认真想来，我觉得我们不算太差：我们适应能力强但对这个世界有独特的看法，我们热爱新鲜事物但也拿得起放得下，我们向往自由但也喜欢回家，我们追星但也会顾及别人的想法，我们年轻但也不是天不怕地不怕，我们有自己的野心但有时也会担心把事情弄砸。

我们衷于自己的内心，却被外界标榜为“个性”，如果这就是个性的话，我觉得中国需要一些像我们这样有个性的人，个性到可以独立地与这个时代共舞，意气风发，改变它，影响它；而不是穿上盔甲，安于一隅，适应它，接受它。

钟　于

我钟于我们现在生活的时代，因为它是英雄不问出处的时代。在竞技场的中间，是一块巨大的平台，让所有像我这样平凡的人，都可以通过自己的努力，在竞争中获得成功。

作为一个医学生，我也钟于我的专业，因为我知道，现在已经不会有人感叹“百无一用是书生”了。“经济大国”“科技强国”，每一个目标的实现都需要有足够的知识储备。道之所在，虽千万人吾往矣。

谨以一篇百字令结尾，愿自己及当代青年摆脱冷气，只是向上走，能做事的做事，能发声的发声。有一分热，发一分光。

初
踌躇
何所图
朝朝暮暮
医学坎坷路
心愿济世悬壶
妙手仁心枯木苏
不怕路遥遥风雨阻
为换药到病除眉眼舒
浮萍霜露有人随波而逐
请牢记使命初心不负
晨钟暮鼓从何细数
心有情丝万千束
愿再无疾苦
俗世沉浮
莫忘初
如故
祝

中国航天梦

吴玉章学院　庄晓怡

华夏，古今。

那至今未曾探明的宇宙，放飞多少华夏儿女的梦想，寄托了多少中华儿女的希望。

四百年前，在一个风和日丽的日子，有一个青年，仰望湛蓝的天空，白云悠悠，更添几分惬意。太阳释放着金色的光芒，温暖着大地，照亮每个角落。

天上会有些什么呢？为何时晴时雨？年轻人握紧拳头，一定要去看一看！

于是，他在一把竹椅的周围绑上一圈焰火，坐了上去，望向天空的眼眸分外明净，此行，不管是生是死，都会让我的生命没有遗憾。

跳动着的火苗触到了引线，竹椅在一片绚烂和轰鸣中，带着古人对天空的美好幻想和渴望，升上了湛蓝的天空，拥抱着天空，消失在一片绚烂中。这是一个故事悲壮的结局，也是一个民族飞天史绚烂的开端。

探索天空的秘密，一直都是古人的梦想，“不知天上宫阙，今夕是何年”，苏轼手摇羽扇，望着夜空，独自徜徉、畅想；“小时不识月，呼作白玉盘”，年幼的李白好奇地看着那一轮明月，眼中充满了渴望。嫦娥奔月、后羿射日，一个个传说更是寄托着古人探索天空的热望。

古人从未想到，曾经遥不可及的梦想，会在今天成为现实。

1970 年，我国第一颗人造地球卫星发射成功，在太空中留下了一首激越的歌谣《东方红》，一首令苍穹为之震撼的歌曲，一首石破天惊、浑然天成的歌曲；1999 年，一艘神舟在天际划过一道壮观的痕迹，进入了漆黑如眼瞳的宇宙。

或许这还是序曲，主乐章正悄然拉开。

2003 年，甘肃酒泉，万众瞩目之下，一架雄伟的飞船屹立在发射架边，“五、四、三、二、一……”，中国人的千年梦想在一片掌声和一团火焰中绚丽起航。那架飞船穿过了大气层，傲视着全世界，用龙的双瞳俯视着这颗蔚蓝的星球——这颗曾经“遥不可及”的星球。中国人看，看飞船在星际间穿梭；中国人看，看梦想在苍穹开花；中国人看，看华夏符号在太空烙印。

当牛郎和织女在天际相会时，那是惊鸿一瞥，瞥见了神舟，而他们更巴望着，能有与自己同血脉的龙的子孙来邂逅。

2008 年，中国宇航员在对于中国人来说还是处女地的太空留下了一串“脚印”，一串沉重而轻快的脚印。

何须赘言，你可曾看见牛郎织女的笑靥，那即是证明。

2011年，“天宫一号”再访宇宙，这是一次叩开星宇之门的访问，一次承载着中国人民友好的访问，一次跨纪元的亘古永存的访问。空间实验室，又一个里程碑，抑或是更甚于里程碑的奇迹。我们敢为人先，探索未知祈和平；我们心忧天下，扶摇直上共发展。

从探索者的一步一脚印到一路高歌猛进，渺远的太空留下了我们载人交会对接的精准技术之风采，传来了太空知识授课智慧的声音，彰显了量子领域世界领航的不争事实。“天宫”，一个原本只应存在于四大名著《西游记》中的词语，竟如一幅画卷，呈现在世人眼前。浓墨，那是几代航天人的心血；重彩，那是用一个个数字和一个个符号编织起的梦幻。九天揽皓月，长空摘星辰，一项项瞩目的成就，向世界宣告着中国的腾飞。

未来十年，中国将在月球南极建立国际月球科研站，这无疑是令人振奋的。“江天一色无纤尘，皎皎空中孤月轮”，而我们，即将踏上那玉洁冰清的月球，对着广袤的苍穹吟出：“白兔捣药秋复春，嫦娥孤栖与谁邻?”

探月计划是艰辛的，背后是一代代航天人的呕心沥血。

探月计划是持久的，是日复一日，九层之台起于累土。

——但是，我们的祖国，中华民族的儿女即将用自己的行动，来证明祖国的强大经济实力和先进的科学技术，为世界奉上中华的精彩。

几千年的华夏史，有坎坷，有挫折，但先辈从未放弃过心中的梦想，从未停止过追求的步伐，数以亿万计的中华儿女，或成功，或失败，但天空中那一抹蔚蓝在他们心中永远那样辽阔。新中国成立七十周年，我们更是以持之以恒的努力开拓进取，以卧薪尝胆的壮志实现理想，以破釜沉舟的勇气创造奇迹。

而永恒的宇宙如待解的谜团，还在等待着，等待着。

新时代，化梦想为风，让自信扬帆起航；新少年，坚持心中梦想。世界的航空，中国智慧；人类的探索，中国方案；全球的发展，中国力量。

未来的祖国，让我们一起，一起描绘她的繁荣与伟大；未来的太空，让我们一起，一起撒下我们的——中国航天梦。

你带我走过的一条最浪漫的路——铁路

艺术学院　龙婷婷　李泽罡

这是一个关于爷爷和爸爸的故事。

爷爷说他在很小的时候，住在一个很偏远的山村里，离重庆市区很远，镇上有唯一的一条铁路，却要走上几十里。

那个时候，爷爷还是个孩子，每次都会早早赶去，然后坐在坡上等，等着看火车，就这样看到了十六岁。最后，爷爷踏上火车，离开村子去打工了——当了一个修铁路的工人。每次爷爷对我说起他的工作，黝黑的脸庞上都会露出无比骄傲的神情。爸爸出生的时候，中国已经有不少铁路线了，而我家就安在了铁路线附近的太和镇。爷爷说，只有听着火车的声音，他才感觉自己从来都没有老去。

我的爸爸是一个“压路人”。

每次一条铁路修好以后，他就会开着一辆很简陋的小车，行驶在铁路线上，一旦遇到不平的地方，就停下做标记，有人会来修改，改好后他又开着车继续检查。一次又一次，循环往复，直到路平了、顺了。

2005 年，我埋怨爸爸不来学校陪我参加亲子活动，他说他要工作。

2010 年，妈妈埋怨爸爸一直不能回家吃年夜饭，他说他要工作。

2015 年，爷爷去世了，爸爸为了抢修一条轨道，错过了爷爷的追悼会，回来那天，爷爷已经入土安葬了，爸爸连爷爷最后一眼都没看到。我记得那天爸爸站在爷爷墓碑前，无语凝噎。

2017 年，妈妈陪我来大学报到，我们坐的火车，那也是我第一次坐火车。

时间很长，长到我仿佛看到了在烈日炎炎下修路的爷爷，一镐一镐，一锹一锹把铁路变得平整，把下沉的轨枕重新提升起来。仿佛看到了在寒风阵阵里开车的爸爸，日复一日，年复一年，和其他铁路工人把变形的钢轨恢复到原来的笔直位置上，把松动的铁轨固定螺丝重新拧紧。他们就这样奋斗在铁路一线上，孜孜不倦，兢兢业业。上学前，爸爸托妈妈转交给了我一封信，信中写道：

“转眼间，宝贝已经长大了，上大学了。我却已经有 12 年没有回家和你们一起过年了，对不起，春运……需要爸爸。你的妈妈是个好女人，我不会甜言蜜语，不懂浪漫，也没有陪伴她，可她却把这个家照顾得很好，把你照顾得很好。而你，宝贝，我错过了你成长中很多重要时刻，我没有给你开过家长会，没有陪你去过游乐园，更没有亲自给你买过新裙子，没有尽到一个父亲的责任，对不起。今天爸爸又不能陪你了，工作真的走不开，你到了学校要乖，有什么事情发短信给爸爸，你打电话我怕接不到……”

放下信，我看着身旁把青春都给了爸爸的女人，感受着路的平顺，心里却起伏很大，没忍住就红了眼睛，爸爸的浪漫，就是每一条铁路。在车上，我只感到很骄傲，因为有这样了不起的爸爸。

泪眼蒙眬，光影辗转，记忆斑驳。你是我的爸爸，你是铁路工人，你是最普通的中国人。你没有强悍的力量，只在那平凡的岗位上奋斗着。新中国成立七十年，中国铁路人，永远以甘于奉献的精神和炽热的灵魂，将安全保障传递给人民，将人生年华奉献给国家。他们，惊艳了时光；他们，温暖了流年。

不觉想起那句话——不是每个人都可以成为站在风口浪尖把握国家命运的人物，我们甘做社会机器上那一颗颗小小的螺丝。

繁忙的身影
因为你们肩负光荣的使命
晶莹的汗水
因为你们共筑前行的梦想
南北一线贯通
世界聚在一起
我捧着你的故事
坐上火车
行驶在你用青春浇灌的铁路上
——献给每一个最可爱的铁路工人

七十年风云变迁

经济学院　谭　静　薛赵琴

忆往昔，灰砖褐瓦，稀疏零落，陋室难抵风雨临；
看今朝，高楼耸立，鳞次栉比，万丈高楼平地起。
世间事如风云际变，似白云苍狗，七十年日异月殊，沧海桑田。

1949　破旧立新，国家初创

山河扬旌旂，九州彩练舞，国旗一展东方红。七十春秋多少事，浩气盈胸。

黄钟大吕，云霄炮响，山川齐换锦衣。放眼前程花似锦，万里葱茏。新中国呱呱坠地，巍巍华夏屹立世界。取长补短，博采众长，以他国发展之精粹，适我国之现状，不卑不亢，开拓进取。风沙云雨洗刷屈辱历史，新绘中国发展蓝图，中华儿女执笔勾勒人生篇章。然则，国内仍待政通人和，百废俱兴，幸而，新中国举国上下，怀凌云之志，拥万丈豪情，志于建设富强民主的社会主义国家。

1959　铁人精神，油田喷涌

举国泱泱多伟绩，黎民个个竞豪杰。何者真英雄？何谓丰功？

凛寒料峭荒原中，大庆油田始开掘，铁人精神声声传，为国分忧志高昂。力拔山兮气恢弘，汗马功劳为家国。“宁可少活二十载，舍身拿下大油田”，王进喜以顽强意志和冲天干劲，成为中国工业战线一面火红的旗帜，顶天立地的民族英雄，中国工业落后的面貌发生了翻天覆地的变化。弥足珍贵的精神财富，铁人精神流淌在每个华夏儿女的心中，浸润着我们的心灵，直至开出绚丽璀璨的花儿。

1970　惊世两弹，冲霄一星

荒凉西北两弹出，湛蓝夜空卫星挂，琼霄揽月，凯歌笑还。

惊世两弹，冲霄一星，凝铸中华豪情，科学先贤，霜鬓不坠青云志。寿至期颐，回首望去，只付默默一笑中。科技基础薄弱，苏联专家受命归国，中国国防和航天技术发展遭遇瓶颈。数年伏枥，志存高远；披荆斩棘，不畏艰难，科学家们呕心沥血，为中国的国防和航天事业发展打下了坚实的基础，用实际证明了中国“独立自主，亦可自力更生”的箴言。

1978　关键决策，改革开放

改革气魄惊天地，开放雄心耀古今。克难攻坚兴社稷，鞠躬尽瘁爱人民。

深圳奇迹一夜涌起，四大特区明珠般散落海陆交界线。沿海开放城市，沿海经济开发区，内地由点联结成线，交汇成面，成为中国开放怀抱，拥抱世界的窗口。国内改革旗帜高扬，城市农村经济体制改革雨后春笋般涌现。高考恢复，莘莘学子重返梦想殿堂；发展至上，社会主义事业蓬勃发展，蒸蒸日上。在那春天的故事里，邓小平同志南行讲话，构建了中国新发展的宏图大业，社会主义市场经济体制亦如明星冉冉升起。

2019　中国奇迹，七十沧桑

七十年沧海桑田，七十载峥嵘岁月；七十年披荆斩棘，七十载风雨兼程。

新中国犹如凤凰涅槃，浴火重生。中华儿女不懈奋斗，终换来民族独立，国家富强，百姓安居乐业。中国无论在制度，在经济，在科技，在文化，在国防，还是其他领域，都取得非凡成就。再看当下，而今的中国梦，是我们的坚持与信仰，是久久不变的情怀。作为中华儿女，我们应不忘初心，牢记使命，坚定地为祖国的繁荣昌盛和社会主义事业建设奉献力量，缔造出更多不朽的中国故事。

抚今追昔忆往事，重现峥嵘待今朝。
悠悠七十载风云变幻，而今广厦千万，黎民欢颜。
听中国故事娓娓道来，看历史画卷缓缓展开，而今我们共创中华光明未来。

爸爸，你去哪了呀？

——“70年·中国故事”主题微征文活动

华西临床医学院　纪鉴芮

“妈妈，爸爸去哪了呀？”四岁的小七眨着眼睛问妈妈。

“爸爸很快就回来了。”妈妈这样回答，“小七想爸爸了吗？不如你给爸爸写一封信吧。”

“好啊，好啊！”小七很兴奋。

可是给爸爸写什么呢？小七不会写字，甚至连自己的名字也不会写。最后她决定给爸爸画一幅画，用红色的水彩笔画了一个五角星，就像爸爸帽子上的那一个。

“妈妈，爸爸去哪了呀？”六岁的小七系上了红领巾。

“爸爸很快就回来了。”妈妈还是那个回答，“小七现在可以亲自给爸爸写信了。”

“好啊，好啊！还要把那张我加入少先队时拍的照片寄给爸爸！”

小七上小学了，她一笔一画地写下了自己的名字，还认真地把那张黑白照片中的红领巾涂成了红色。

家里新装了一部电话机，只要按几个键，就能听见很远很远地方人的声音。十岁的小七很想听听爸爸的声音。

“妈妈，爸爸去哪了呀？我想给他打电话。”妈妈不答应，小七就不停地缠着妈妈。

“小七你在干什么？”妈妈叫住胡乱按键的小七。

“妈妈不知道爸爸的号码，我就每一个都试一试，肯定有一个是对的。”

时光荏苒，岁月如梭。

“妈妈，爸爸去哪了呀？”一个和小七长得很像的孩子眨着眼睛问妈妈。

“爸爸很快就回来了。”说完，小七愣住了……

“那我可以给爸爸打电话吗？”孩子兴奋地问着。

“爸爸！”电话一头的孩子大声叫着，生怕爸爸听不清楚，“爸爸，你在哪呀？”

“爸爸呀，爸爸现在离你很远很远，你还没有长大，还不知道这个地方呢……”电话那头真的传来了爸爸的声音。

“爸爸，今天上课老师讲了中国地图，我全都记住了。现在我肯定知道你在哪了！”电话这头的孩子系着红领巾。

“孩子，世界很大，除了中国还有许许多多你不知道的地方呢……”

“爸爸，你在哪呀？什么时候回来？现在，我有一个地球仪了……”孩子拿着电话，电视机上的画面是汶川地震中抗震救灾的现场。

“嘀……嘀……”这次，电话那头却没人在听了。

“爸！您在……您什么时候回来?”转眼，孩子已经高三了。

“呜——呜——”电话通了，却没有回答，只有海风呜呜地叫着。

“爸，注意休息，早点回来。”孩子已经不再是孩子。

“孩子，你抬起头看……”孩子仰起头，这一次他终于得到了回答。飞机轰鸣着，飞过头顶，在蓝天上拉出一条长长的洁白尾线。

爸爸，你去哪了呀？

对不起，孩子，爸爸不能回答你。

爸爸，在抗美援朝的战场上，在祖国边疆的哨所里，在神舟飞船和嫦娥探测器的保障队伍中，在水下数千米的蛟龙号里。爸爸在汶川地震的救灾现场，在利比亚和也门撤侨的军队里。爸爸在新中国成立70周年整齐划一的阅兵队伍里，在南海海上舰队中，在朱日和阅兵的歼—20战机里……

边疆腾沧浪　赤心献祖国[1]

文学与新闻学院　沈　奕　纪　旭

【筚路蓝缕从此始】

火车渐渐驶离兰州，浓雾开始消散在宽阔的平野，石块开始暴露在浓稠的阳光下。绿色愈来愈稀有，大片大片的戈壁逐渐出现。一切的白茅与蒺藜，一切的稠花和乱蕊，一切迅速减少的生灵和迅速增长的砂石，都证明你离家乡越来越远。以酒泉为界，你终于四望茫茫，家乡终于像是毫无存在的痕迹般，从立足之地确认自身仿佛变得非常困难，你落下滚滚的泪来。车厢里的其他人开始问询，这时你才意识到你在流泪，些微的畏缩后你开始诉说你的志向和远方。你还清楚地记得在欢送会上你所说的那三句话："人生无处不青山，哪里黄土不埋人，我一定不会给川大丢脸。"[2]你开始渐渐回暖……

新疆的一切都不一样，初接手工作时的冷硬生涩，生活条件的艰苦难忍，戍边之苦大抵如此吧，你想。而通信的不便将你与父母的联系落在几纸家书上，往往一个星期才能收到父母的一封回信。决眦远望，可怜无数山。在党校任职时一年只有一次探亲假，因此当你听闻父亲去世的消息，只能将脸深深地埋入掌心。太阳在戈壁上蒸出恍惚的热气，眼泪落在地上一瞬间被大地吞咽，听不见任何回应。

【知识改变命运】

1978 年对中国而言是具有划时代意义的转折点，中共十一届三中全会开始了改革开放和现代化建设的新时代。而对于你，是每一个白天的汗流浃背，是每一个夜晚的灯光如豆。每当凌晨两三点阒静无声的时候，你会出神地想起你小时候的梦想。当一名军人，拥有坚定的双眼、挺直的军姿，为祖国洒下汗水和热情。你曾经在高二考过空军，可由于身体的原因没能如愿，但你为祖国奉献的心未变，你深深地懂得可以用知识改变命运进而实现理想。

你以政治 95 分的高分考入四川大学哲学系，在这四年，你学会知识，怀揣希冀，祖国呼唤你的声音仿佛越来越清晰。

【人生无处不青山】

在这片疆域你艰难地度过适应期，你快要数不清你走过多少新疆传统村落，校对过多少地方志，这里的一切从陌生变为熟悉。即便一开始的日子是多么苦涩，但当你归属于这片你的流域，即与它冲撞出了最甜的沧浪。每一个村庄都记载在你的心里，黄黏土平顶房屋团在一起，挨挨挤挤，土路歪扭坎坷，但妇女儿童的笑容却和身上穿的衣裳一样鲜艳炫目，在浓稠的阳光下熠熠生辉。你在这里一待就三十六年，已然把新疆当作自己的第二故乡。三十六年葵藿倾阳，物性莫夺，高擎着自己的方向，戍守着对国家的忠诚与热爱。

注释：

[1] 原型为四川大学1978级校友廖运建。

[2] 四川大学校友总会：《改革开放四十周年专栏（三）：廖运建校友专访》，http：//scuaa. scu. edu. cn/info/1008/2772. htm。

今年，他七十岁

历史文化学院（旅游学院）　廖秋灿

一个人吃完午饭，唐正立就到院子里站了一会儿。昨天海洋给他打电话，说今天会到。不知道海洋这孩子什么时候到，也没说个准确时间。他缓缓端了根凳子坐在屋檐下，看了眼院子虚掩的铁门，就想着待会有人要满脸笑意地推开。第一次海洋来找他是四十年前了，唐正立刚好三十岁，有三个孩子，在民办初中教了七年物理。他上课从来不带书，一支粉笔就能讲很久。校长们很喜欢他，据说前任校长被调到城里，要把他带上才安心。但他拒绝了这个好意，事实上，关于另谋更好前程比如到城里这件事，他已经放弃过很多次了。

1977 年底恢复高考，唐正立周围的人都在准备考试，他也报名了。考试前一天收拾行李的时候，之前对此一直默不作声的妻子就抱着孩子静静看着他。两个人都没有说话，大家心知肚明，这一去，考上了，那家里六口人怎么活下去？这样的无声对峙持续了很久，他使劲攥住布包，关节泛白，良久又叹了口气，最后还是把手慢慢松开了。有点凉意了，唐正立伸手把窗户关上，说，别凉着孩儿，走吧。做什么都好，先得把日子过下去，好好活着，才是道理。妻子笑开了。但晚上躺在床上，想着能够重新高考的机会转眼间又消失了，他悄悄抹了眼泪。

他依然当着民办老师，一些不得已的事情除了无奈也没其他多余的情绪了。不过这并没有困扰他许久，另一个喜事就来了，因为他教书教得好加上他是唯一的物理老师，从民办老师转正了。唐正立突然觉得，如果他真的走了，这些小孩该怎么办，谁来给他们讲物理。当年右脚迈了出去，左脚被生活绊住了，那现在，他就要用双脚撑着那些小孩往前走。自那之后，他自编了很多个小故事，把物理的基本现象原理融进去，每节课上的气氛都很热烈，他教的班级也成了整个大镇片区最好的。在偏远的乡村也能发光，因为照亮的是未来这个村里的主人。这群孩子是什么样子，这个村子以后就是什么样。所以唐正立想让这里，他所生长的地方，以后能变得更好。

一天唐正立正在备课，突然听到院子里的铁门嘎吱一声，望过去，有个男孩的脸出现在门那里，等了好一会才怯生生地说：唐老师，我不能上学了。家里没钱，不让我念了，让我出去打工。我很喜欢你上的课，所以从我们家地里挖了些红薯给你。男孩往院子里走了几步，唐正立才看到他背后的背篓，一背篓新鲜的红薯，粉紫色的皮还夹带着新鲜的泥。

听见男孩这么说，他心里微微动了动，想起自己。他先帮男孩把背篓放在地上，问道：你还想念书吗？男孩说，想。好，那就好。他说完背上背篓带着男孩往他们家去，直接给他家里人说，我来出学费，让海洋继续念书吧。当时，男孩家里人都红了眼眶。

其实后来生活好了，他也想过继续去考试。只是他发现自己越来越离不开这些孩子了，有次他悄悄报名了，不知从哪听闻消息的海洋和其他几个孩子又跑过来说，唐老师，你是不是不要我们了。他听着心里很难受，一直告诉自己，再等等。第二年、第三年，他都想走，最后没走成。

好多年过去了，那些孩子都离开了，他还在这。

后来海洋成了公司老总，每年都会来看他，问他需要什么。他那段时间睡眠不太好，就说，想要一个安眠枕，电视上打广告的那种，海洋买了一个很好的给他，在20世纪90年代初，两百块说花就花了。

时间过得很快，他小女儿，也就是我母亲，都要参加工作了。那年小女儿考了大镇的片区第一，大家都很高兴，他也高兴得不得了，专门买了几斤水果，去了他同学，也就是当时的教育局局长那里，说，千万别把我芳妹崽分在城里面了啊。我妈知道了之后，气得跳脚。

今年，唐正立七十了。他那个小镇的主人换了多少代？中国现在有多少个这样的小镇？今后小镇的主人又会是什么样？有一个放弃中国人民大学保研到云南保山的一个小镇支教的女孩，校长问她：你知道这个小镇最后的主人是谁吗？就是这些最终留在山里的孩子。他们现在怎么样，未来的小镇就是怎么样的。

后记：今年，新中国成立七十周年了。当我们几代人一同在这个时代前行，背后是这七十年来所有老师对几代人的默默支撑。小镇主人在换代，老师们也在一代一代传承下去，默默奉献无悔青春。我们不是一定要前往偏远地区奉献，但至少要无愧于曾经为我们付出青春的那些老师们，在我们的专业领域里尽力做到最好，就是回报他们，更是回报祖国。今年，外公七十岁，祖国也七十岁。

以此献给所有老师，过去的、现在的、将来的，城里的、乡村的，感谢他们在这七十年里的默默奉献与付出。

蜡炬成灰，英雄无泪

高分子科学与工程学院　郭思琪

这世界上英雄有千千万万种，神话里的英雄或能开天辟地，或能腾云驾雾。可有的英雄，他们无私开掘生命的能源，而当生命流光溢彩的时候，他们却消退在朦胧的烟霭中。他们就是平凡生活里熠熠生辉的英雄——共产党员。

一提到这个词，时间便被追溯回 1921 年的夏天。在七月江南一个沉闷的夜晚，诞生了中国第一批共产党员，他们见证着新中国的诞生与成长。风雨砥砺，岁月如歌，他们陪伴新中国七十年岁月悠悠，潮起潮落，他们的故事早已与中国的故事融为一体。这些故事你或许没有听过，但无妨他们是当之无愧的英雄。

何为英雄？无畏之人尚可称之。在大浪淘沙的每一个年代，共产党员都无畏牺牲地冲在最前端，以血肉之躯改变民族与国家的命运，只是为了保护国民，富强国家。坚贞不屈如刘胡兰，英勇无畏如董存瑞，大义凛然如黄继光，崇高伟大如孟起安……一个个名字至今仍然鲜活地存在于每个中华儿女的心中，他们因无畏而伟大。除了无畏牺牲，他们还无畏辛苦。

四川省南江县纪委书记王瑛便是今天故事里的第一个主人公。

王瑛在担任纪委书记后不久，便碰到了一件难缠的事。在一次“扫黄”事件中被拘留询查的女孩子于派出所留置室内自杀，只一个月后，便有一封举报信被转到县纪委，信中举报了派出所民警在办案中因玩忽职守才导致了人命事件，但这位民警仍然逍遥法外。因为当时有关部门对这个案子已有结论，所以很多人都劝王瑛应付一下算了。但她坚决不同意，关于案子，因为嫌疑人中有很多政法干警，反侦查能力极强，所以王瑛等人的取证工作一度陷入僵局。但他们无畏辛苦，连续五天五夜未眠地与主要嫌疑人反复谈话，就在这段时间，各种阻力接踵而至，指责、谩骂和威胁不绝于耳。但王瑛始终保持着沉着冷静，最终掌握到大量第一手材料，使得真相浮出水面。

不止如此，在 2006 年王瑛因为长期坚持在抗旱的一线而晕倒在现场，等她被送到医院后才发现自己已经是肺癌晚期。但她无畏病痛，直面不幸，拒绝了领导为她减轻工作的好意，还以不减从前的热情继续投入工作中。在这之后的两年多时间里，除了 10 多次的化疗，其余时间她都扑到了工作中。在汶川大地震发生时，正在重庆接受化疗的王瑛中断了自己的治疗，经历了五百多公里的颠簸赶回了南江，并立刻带领其余干部尽快奔赴到了救灾的一线。同年十一月，因疲劳过度，王瑛的病情迅速恶化，在去医院途中不幸去世。而这样的党员也并不是少数，能做到如此般无畏辛劳无畏牺牲，英雄之名他们当之无愧。

何为英雄？无私之人亦可称之。作为一名共产党员，他们深知“僵卧孤村不自哀，尚思为国戍轮台”的道理。平日里，他们用细心与热情为群众的生活斩断了根根刺人的荆棘；危难时，他们无私的奉献又犹如烈日下的荫蔽与风暴中的港湾，令人安心于无形并温暖于无形。在人们看得见和看不见的苦难中，共产党员永远无私地冲在第一线。雪域高原的皑皑风暴下，是共产党员祁爱群用热血与青春温暖了寒冷与人心；在病魔耀武扬威之时，是共产党员李林森仍然无惧辛劳地守在巴山深处，以工作为药，以奉献为营养，与死神抗争，和时间赛跑；在小小一方天地的档案室里，是共产党员杜洪英数十年如一日，为配合其他部门兢兢业业，不断进步。

其中最令我感动的，便是今天故事的第二位主人公杨善洲。

“杨善洲，老牛拉车不回头，当官一场手空空，退休又钻山沟沟；二十多年绿荒山，拼了老命建林场，创造资产几个亿，分文不取乐悠悠……”这首流传在滇西保山市施甸县的民谣，不仅仅唱出了村民们对书记杨善洲的敬重，还生动地记录了一名共产党人几十年如一日对理想信念的坚守，可以说他为自己的国家和村民奉献了一生。在杨善洲年轻的时候，为了提高亩产进而解决村民的温饱问题，他亲自做试验并且示范推广了一种新型的插秧方法，大大提高了当地的亩产，而这期间付出的努力和辛劳只有他自己知道。直到现在，保山当地村民还沿用这个方法进行插秧。

1988 年 3 月退休后，杨善洲婉拒了上级安排他到省城安享晚年的厚意，走进施甸县大亮山，与 15 名职工一道开始了起早贪黑植树造林的生活。那时，大家的栖身处是就地取材搭起来的 40 多间临时简易房。1992 年，大亮山林场盖起第一间砖瓦房，而他却把这房子让给了新来的技术员，自己在四面透风漏雨的简易房里一住就是 9 年。杨善洲虽然是大亮山林场的主要创办人，却坚持不从林场领取报酬。最初的几年，林场每月给他补贴 70 元伙食费，后来调到 100 元。林场曾多次要给他一个月 500 元的补助，他却总是一句话顶回来：“我上山是来种树的，要那么多钱干什么？”退休前他在当地担任县领导干部共三十多年的时间，但令人心疼的是，直到退休他也没有能力在农村为自己的爱人和孩子盖一所像样的房子，他家的房子是竟然是全村最破的。在杨善洲退休选择回到大亮山的林场种树的时候，他的孩子才想方设法地借到了 5 万元在县城附近买了一块地，勉强盖了一幢新房。老伴无奈地和他说：“能不能凑点钱，帮孩子们还钱？”他东拼西凑也只是拿出了 9600 元，为了不拖累孩子们，杨善洲又做主把新盖好的房子卖了。为此，他对自己的老伴始终怀着深深的愧疚。但除了愧疚，他无计可施，已经退休了的杨善洲将全部热情都给了大亮山的林田。

又 22 个寒暑过去，大亮山林场人工林面积已经到达 5.6 万亩，经济价值超过 3 亿元。2009 年，82 岁的杨善洲把大亮山林场的经营管理权无偿移交给国家，当地县政府决定奖励杨善洲 10 万元，但被他当场谢绝。经再三劝说，他接下了保山市委市政府奖励的 20 万元，最后却也捐出 16 万元用于公益事业，仅仅留下了 4 万元留给了他愧疚了一生的老伴。而这样无私伟大的老人的一生，也只是许多共产党员一辈子的缩影。无私如共产党员，英雄之名他们当之无愧。

共产党员用双手改写历史，也亲笔写下了发生在新中国的一个个进步与发展的故事。在新中国向前踏进的每一条路的前方，都有共产党员用血肉之躯开路的身影。他们的故事早已与新中国的故事融为一体。康德说："世界上有两样东西能震撼人们的心灵：一件是我们心中崇高的道德标准，另一件是头顶上灿烂的星空。"无私而伟大的，是共产党员；沉默而闪烁着的，亦是共产党员。如星空般璀璨的共产党员，便是当之无愧的英雄。他们甘做蜡炬，蜡炬成灰，而英雄永无泪。

吾言中国之故事

商学院　李国庆

何谓中国之故事？

以愚观之，中国之故事，乃“起烟于寒灰之上，生华于已枯之木”之异事也。

自中华人民共和国成立七十载以来，七十年之斗转星移，七十年之沧海桑田，七十年之春华秋实。“我今御宇临天下，物泰熙熙忻朝野。”惟此能言尔。

何谓中国之故事？

余之所闻，古有秦皇汉武拓其疆域，唐宗明皇定其家国也；今有嫦娥神舟游于太虚，辽宁蛟龙入于东海也。此亦中国之故事。

何谓中国之故事？

愚以为，中国之事，如蕴墨香之典，盖前辈书、画也；亦如藏五千年史盘礴之，浊而静，亦慨而激。中国之故事，亦千千万万中国人之事也。

饮冰子云：“纵有千古，横有八荒。”中国之地，有善良之民；中国之史，有厚之意；中国之故事源远流长、丰富多彩。

讲中国故事，必以典例呈之。

昔日中国之农村，民贫，一饥两饱，日复一日，日日如斯。

自中华人民共和国成立以来，共产党遵“民惟邦本，本固邦宁”“天地之间，莫贵于人”之道，固改农村之旧制，务为农者难，经七十载之奋斗，已得卓之功矣。党之十八大后，精准扶贫、精准脱贫力之大、效之彰，史上所未有也。今之中国农村，田连阡陌，树满丘陵，房舍轩昂；粉泥墙壁，砖砌圜围，高堂壮丽，大厦清安；山上有物可采，河中有鲜可钓，高陇上牛羊成群，芳塘中鹅鸭成队。乡村振兴计划，将荒徼之处变为富饶之地，实乃鬼斧神工之笔。

讲中国故事，须以伟业览之。

昔日之中国，国弱，常被欺。

自中华人民共和国成立以来，中国共产党育群材，不负民望，立奇功也。原子弹、氢弹之声闻于天，人工合成之牛胰岛素历艰苦之事出；神舟嫦娥翱于九天，蛟龙辽宁游于东海。高铁纵横交错，港珠澳大桥过天堑而成。至于高温超导、中微子物理、量子反常霍尔效应、纳米科技、超级杂交水稻、“一带一路”等，有赤子心之大国工匠竭力而搏，其心可鉴，其情可明。

讲中国故事，应以事实贯之。

新时代，欲使世人知中国，须尽理而言。新中国之史，亦即创制之史也，此一实也；中国共产党走中国特色社会主义之路，前无古人，后无来者，此一实也；“来而不可失者，时也；蹈而不可失者，机也”。中国共产党执稍纵即逝之机使中国为强，此亦一实也。

中国之故事，诵诸子百家，明修身行事之义，赏大家之作，会天工巨笔，晓利钝兴衰之理，研捭阖之论，悟时代之智，非一言可毕之。

中国之故事，包罗万象，举一千从，乃一派“云销雨霁，彩彻区明。落霞与孤鹜齐飞，秋水共长天一色”之景。

中国之故事，书写者当以临川之笔，谱崭新之华章。

“长风破浪会有时，直挂云帆济沧海”，泱泱中华五千年，盛世华章七十载。吾辈当信，中国之故事必千古传矣。

驶过岁月与城市

经济学院　董　琳
化学学院　潘朝众

我是一辆20世纪60年代的自行车。我来自这个城市最大的工厂，被摆在最华丽的橱窗里，人来人往，称赞之声不绝于耳。终于有一天，有一对父子把我带回了家。

他们都没骑我，只是推着我一同走回家。从他们的交谈中，我得知了原来是儿子要娶亲，父亲花了家里大部分积蓄买下了我，用作儿子的婚车。

这一天很快就到来了。一大早就有人把我擦得锃亮，在我的头上戴上一朵大红色的花。年轻的新郎载着温柔的新娘，空气中都充满甜蜜的味道。来喝喜酒的客人总会对着主人家夸我，频频朝我投来羡慕的眼光。我知道，在这个物资匮乏的年代，拥有一辆自行车是多么让人骄傲的事。

婚后，男主人总爱在空闲的时候载着女主人在这个城市转悠。

我在城南看过春天的花儿，就像主人的灿烂笑容，带着香甜的气息；我在城北的树荫下乘过凉，阳光透过斑驳树影，洒在我身上；我偶然会在城东的集市上看到我的伙伴，我们总是用清脆的铃声寒暄；我最喜欢城西墙壁上大片的爬山虎，因为那院子里是我的家。我的轮子丈量过这座城市，我也见证着这个家庭的成长。

小主人几岁了，男主人便载着他去识字班。男主人出发前总喜欢说“抓紧咯”！小主人听见了便咯咯地笑着，然后搂紧爸爸的腰。小主人很轻，有时候我都怀疑他是不是一片树叶，正好落在了我的后座上。每当遇到坑坑洼洼的路段，我都竭力保持我的平稳，生怕把小家伙的屁股震成四瓣。再后来男主人便开始教小主人学骑自行车，小主人学不会，急得大哭，女主人变戏法般地掏出各种自制小零食：玉米做的小丸子，红薯捏的小人。日子虽然清贫，但却是妙趣横生。

日子一天天好起来。男主人升了职，小主人也上了大学。时光犹如白驹过隙，总觉得不过是一晃神的功夫，细数起来才猛然发现，原来已经过了将近三十年。白发慢慢爬上了男女主人的鬓角，墙上的爬山虎也慢慢剥落。又是一个春天，小主人也要结婚了。

男主人主张咬咬牙买一辆小汽车作为婚车，小主人则坚持用我做婚车。“爸，这辆车是您当初娶妈妈用的车，他更是从我出生起便一直陪着我，对我而言意义非凡，我就要它做婚车。”最终男主人还是采纳了小主人的意见。我的心提上去，最终放了下来。

熟悉的大红花，熟悉的爆竹。我载着年轻的新郎新娘，以为也能一直承载着这个小家庭的幸福与梦想。

都说改革春风吹满地，人民越来越富裕。滴滴叭叭的小汽车的声音逐渐占据了这座城市，越来越多的人开起了小汽车。这一天终究还是来了，小主人开着一辆小汽车进了院子。看着阳光下它闪闪发光的躯体，再看看我生锈的部件，我知道，我再也不能够承载什么了。

是的，我的时代过去了。

再没有人给我擦拭身体，再没有人带我去看城南的花儿。我被放到了角落里。我还是像以前那样看着灰尘在阳光里跳舞，然后落在我身上。渐渐地，我变得暗淡无光，在亮闪闪铁皮小汽车的对比下，更显得丑陋不堪。

后来啊，机器的轰鸣时常在周围响起，一栋栋高楼建起来了。

光阴荏苒，男主人变成了爷爷，慢慢地，小小主人也长大了。我已经习惯了小汽车的存在，也习惯了默默地待着。

这一天，小小主人突然嚷嚷着要学骑自行车。

“哎哟，乖崽崽，自行车有什么好呀，万一你磕着碰着了可要把爷爷心疼死咯。再说了，小汽车多方便呀，又省力。自行车都是几十年前的老古董了。”

“爷爷，你不知道，现在啊自行车可流行了。有一种东西叫作共享单车，就是你用手机扫描一下车上的二维码，就可以骑走它了。”

“哦？这么方便？你怕不是哄爷爷的吧。”

“当然不是哄您的啦。现在共享单车普遍得很，几乎城市的每个角落都有它的停放点，随时随地都可以来一场说走就走的旅行哦。”小小主人说着，眼睛里冒着兴奋的光芒。

“那这种高科技肯定很贵哦。”

“才不贵呢。每次骑行半个小时才收一块钱，可划算了。而且骑自行车又节能又环保。那些小汽车屁股嘟嘟地放着黑气，可都是污染啊。骑自行车可是一点污染都没有，而且有些小汽车进不去的小巷子，自行车都能进去。我的同学们出去玩都骑共享单车的。哎呀爷爷，正好家里还有一辆自行车，您就教教我骑吧。”小小主人说着，便拉着爷爷朝我走来。

原来院子外面的世界已经变了吗？自行车又成为流行了吗？我突然想起记忆中的城南的花，想起城北的树荫，想起城西喧闹的集市。想起许多年前的午后，一对父子向我走来，记忆中的身影与眼前爷孙俩向我走来的身影缓缓重叠。

这还是自行车的时代。

送考

经济学院 李沁雪 肖 琪

聒噪的蝉鸣夹杂着碎言碎语，夏日的凉晨透着丝丝烦闷。2017 年 6 月 7 日，又一年的高考，蓄势待发。

男人和儿子面对面地坐着，心不在焉。生活，似乎有些不一样了，也似乎还是平时的模样。桌上的早餐依旧和昨天、前天一个样儿，鸡蛋、牛奶、培根、面包……

儿子的反常父亲看在眼里，平时吃顿早饭可以聊出半个天下的儿子，今天愣是一句话未曾开口。这么多年，男人早已习惯了沉默，如大多数父亲一样，默默陪伴儿子的成长，一时之间他也不知道该如何开口。诡异的安静，在抑扬顿挫的路边小贩的叫卖声中，越发显得滑稽。

“时间差不多了，走吧。”等到儿子吃得差不多了，男人终于开了口。

六月的阳光似是怀有一腔孤勇的少年，热烈而灿烂，奔涌而下。

望着儿子紧绷的唇角，这个沉默寡言的男人，破天荒地挑起了话题：“紧张吗？我和你说千万别紧张，就是一场考试而已，没什么大不了的……”平淡的语调，苍白的言语，男人似乎也意识到了自己安慰的无力。“儿子，你已经很棒了。又不会没有学上，不过是学校的层次不同而已。你老爸我当年可是复读了两年的人呢!”男人特意加重了语气，看着儿子有些松动的嘴角，安慰似乎起到了点效果，“给你讲讲我当年中、高考时候的故事吧!”

曾经，男人也是他们村鼎鼎有名的“学霸”。中考的时候以几分之差未能进入中专，在那个考进中专就可以改变农村户口的时代里，这无疑是一份巨大的打击。那时候家里条件还可以，哥哥姐姐都出来工作了，而家里人也不想埋没他读书的才能，便供他读了当地最好的高中。离家的自由瞬间冲淡了中考失利的失落，县城里的一切都是新鲜的，他也不由地放飞自己，成绩下滑得厉害。幸好有个做教师的哥哥，耳提面命，总算将他揪回正途上。

想想那个时候叛逆的自己，男人一本正经的脸上难得地露出了一丝无奈的笑容。“那高考复读两次又是怎么一回事呢？你不是改邪归正好好学习了吗？”看到放松下来的没大没小的儿子，他心里的那根弦也松了松：“臭小子!”

那时候，各个高校招收的学生都很少，而且，在高二的时候就会组织一次会考，会考就会刷掉一大部分的学生，可以说只有通过会考，学生才算真正摸到了高考的门槛。男人极度偏科，尤其是政治这科，一百分的卷子只能拿到四十几分。

“要是放到现在这种分科后‘3+2’的这种高考模式，你爹我说不定都去清华北大了呢!”

“你就吹吧！爷爷奶奶是怎么允许你复读了两年的?”

是啊，复读两年，这要有多大的勇气才能做出这样的决定啊！每每想到那个炎热的夏天，想到那场父母对峙，他对母亲就充满了感激。如果不是她的坚持，她的深明大义，她的目光长远，就不可能有如今的他。

复读了一年，第二次高考却仍是落了榜，少年的失落不掩于色，家里一张张殷切期望的脸是他最羞以面对的。他甚至做好了暑假就出去做学徒打工的准备，来补贴这些年整个家庭在他身上花费的金钱、精力。父亲、母亲和哥哥都在，阴云密布的房间里压抑得他喘不过气来。母亲首先开了口：“继续读，读书才有出路，我们这一家也不差你一个劳动力。”他是早产儿，从小就长得瘦瘦小小的，一看就不是干农活的料。他知道母亲最担心的是他若是不读书，可能连媳妇都找不到。“我不同意！他这么读下去，也没什么结果，还不如早点学门手艺，既可以扶持家用，也可以早点为未来做打算。”父亲和母亲就这样僵持着，谁也不肯让步，谁也不愿低头。最后，一直沉默的哥哥开口了：“读，当然得读。小二那么聪明一定可以的。”哥哥和母亲的坚持终是让父亲闭了口。在哥哥的帮助下，他又一次回到了高三。许是母亲和哥哥的态度给了他勇气和力量，这一年他终于不负众望，考上了一所医科大学，走向了如今的人生。

“你啊，现在机会多了，是没法体会那时我们的心情了，好好珍惜现在的条件吧。爸爸妈妈永远是你的后盾。人生的路总归要你自己走。尽全力，不留遗憾就好。”

十分钟的路途即将抵达终点，这可能是男人最后一次陪儿子走向学校了，新列车的汽笛已经拉响，未来的旅途他终究要一个人面对。

学校外早已拉起了警戒线，有的父母抓紧最后的时间叮嘱孩子，细心做题；有的妈妈特意换上了旗袍，希望能有个好彩头；有的孩子笑嘻嘻地勾肩搭背走进去了，没心没肺似的。

“去吧!”

儿子踏着沉稳的步子向前走去，融入人群，愈走愈远。一百八十多公分的个子在人群中依旧是那么显眼，显眼到男人似乎明白了儿子终将远走，显眼到他竟生出些许的不舍。

曾经的自己也是这样一步步走进考场，走进社会，走到现在。岁月终究未曾饶过谁，双鬓微白的男人再也不是当初意气风发的少年了，新一代的年轻人终将承担起新时代的重任。未来的路，或崎岖不平，或布满荆棘，唯有不断开拓，才可能抵达最后的终点。

时代的故事从未停止叙说，新的篇章即将展开。

“你很好，未来，希望你可以更好……”

七段回忆，七十年

电气工程学院 张翰林

1949 年 10 月 1 日，收音机里断断续续的嘈杂声将靠在父亲肩头熟睡的他闹醒。

收音机里传出毛主席模糊却铿锵的声音：“中华人民共和国中央人民政府，今天成立了。”中国在经历近一个世纪的风雨飘摇之后终于翻开了崭新的篇章。不明所以的他靠在父亲的肩头上，看着周围的人们手舞足蹈庆祝着，他也举起了双手，笑逐颜开地随着父亲淹没在庆祝的人海中……那一年，他一岁。

1965 年春，苏联宇航员在太空舱外进行人类第一次太空行走的消息传到了他的耳中。宇宙的神秘瑰丽令他心驰神往，他立志当一位宇航员，飞向无垠的太空。为此他日日夜夜不知疲倦地读书，目的是考上一个好大学来实现自己的梦想。他的父亲十分不解，看着每晚小房间里挑起的煤油灯光，嚼着烟叶愤愤说道：“连饭都快吃不饱了，哪还有时间关心天上发生的事呢?”他依然坚持着，准备着来年的高考。

1977 年的冬天，从丝厂下工了，六岁的儿子扑到了他的怀中，他走到路边给儿子买了一个三分钱的烧饼，儿子享受地坐在他的肩上啃着烧饼。此时无数青年从他们身边走过，向县中学的方向走去，高考制度恢复了，万千回乡知识青年得以重新怀揣梦想参加高考。他同样有那一份掩盖了十年的梦想，可望望肩头上的孩子，现实的压力实在是太大，他再也没有勇气踏出那一步，他轻轻闭上眼，轻轻地嘀咕了一句：“你可得给我考上啊。”那一年，他三十岁。

1987 年，他重重给了自己儿子一个耳光，此时的他皱纹布满了脸颊，正如多年前他去世的父亲一般，全是老茧的手因为愤怒而不断颤抖，眼前的儿子，穿着花衬衫，抹着头油，下身穿着喇叭裤和霹雳皮鞋：“痞子，学也不上，我怎么生出了你这么个儿子?”他的儿子头也不回地转身走了，他望向不断远去的儿子的背影，感觉自己的生命也在慢慢地消逝……

1996 年，火车月台塞满了人，一幕幕欢聚离别再次上演，青年们拖着行李，响应国家的号召，奔向南方搞建设，他的儿子也在里面。他和孩子他妈慢慢将儿子送到月台，声声汽笛催促着他们分别，他的儿子在简单告别后，便拖着沉重的行李坐上了离开的火车。他望向火车里的儿子，似乎有千言万语想要道出，话到嘴边却又说不出口，只能轻轻说着：“从四川出发到广州最快都要两天时间，饿了就买点东西吃，别嫌贵就饿肚子，假如在那儿觉得累了，就回来吧……”火车缓缓地驶向了前方，仿佛也带走了他的很多回忆。

2008 年 5 月 12 日，已经退休的他和老伴的生活因为汶川大地震产生了波澜，这场大灾难将中国人民的心聚在了一起，每天都会有救援队从他家门前驶过，头顶上每隔一段时间便会有几架救灾直升机呼啸飞过，他不禁向老伴感慨：“国家这几十年真的发展了好多……”儿子也在灾后第一时间打电话过来询问二老的状况，儿子事业有成，已在广东定居，曾多次邀请他们到广东定居，他只是笑笑说：“我们俩都老了，你有这份心就好了……”这事也就这么搁浅下去了。不久之后，他在电视上看到了翟志刚完成了太空飞行的报道，似乎几十年的心结在此刻也被打开了，他拿出了家里珍藏的美酒，一个人自得其乐地喝了起来，对着电视上一个劲儿地傻笑着，谁也不知道他怎么了。

2019 年的春节，此时他已经七十来岁了，他怀着忐忑不安的心情和老伴第一次坐上飞机，途中飞机遭遇强气流急剧抖动起来，他拉住老伴颤抖的手，说：“以前多大的风浪我们俩没见过，这有啥好害怕的?”飞机最终平稳降落在广州白云机场，儿子和儿媳早早在接机口等着他们，他一见到儿子就兴奋地感叹：“从前四川到广州最快也得两天三夜，现在飞机两小时就到了，发展得太快了啊……”他的孙子爬到了他的腿上，他颤颤巍巍地将孙子抱起来，就像七十年前开国大典那天父亲对他所做的那样。“时日如梭啊，果真是时日如梭啊”，他笑着说出这句话，沟壑纵深的眼窝里闪烁着点点泪光。

七十年很长，长到写尽了他那一代人的一生；七十年很短，短到中国在这段时间里也仅仅完成了中华民族伟大复兴的初始阶段。“他”究竟是谁并不重要，他可以是那一辈平凡工人中的任何一位，世间的悲苦并不相同，但在这七十年的中国历史中，每一个中国家庭都随着社会的剧烈变迁而不断浮沉，他们牺牲了很多，他们奉献了很多，都是为了建设一个更美好的明天而奋斗。万千中国家庭就如同无数本微不足道的砂砾集在一起，打下了中国七十年建设的坚固地基。他们的故事无人知晓，过去的经历与情感似乎在今天更显弥足珍贵。这就是我想说的中国故事，愿每一个从过往风雨中过来的中国家庭能够在未来的日子里幸福美满。

火烧不尽，风吹又生

法学院　尹还竹

2019 年 3 月 30 日晚上，当我们都安稳地沉浸在睡梦中时，四川省凉山州木里县雅砻江镇立尔村的森林一角的火焰正悄悄燃起，在海拔 4000 米左右的林地上迅速蔓延，从火星变成火海，从平地烧到悬崖。

远处传来的浓烟呛醒了当地村民，他们贡献出所有能用得上的财物帮助当地消防员们一起去试图扑灭这场大火。然而火势越来越猛烈，救火人员的力量显得越来越渺小，越来越无法对抗。邻近的西昌市消防员闻讯立即赶往凉山救援。在所有人不眠不休将近 24 个小时的努力下，火势终于逐渐变小。

然而就在扑火人员的转场途中，受瞬间风力风向突变的影响，山火突然爆燃，27 名森林消防指战员和 3 名地方扑火人员随即失联，当地政府一边继续扑火一边寻找这些消防人员。这条消息一经报道，所有人都默默祈祷：消防员只是丢失了通信器，他们正在某一处等待救援。但噩耗最终还是在 4 月 1 日傍晚传来：30 名消防人员的遗体全部找到。他们当中有刚满十八岁的大男孩，也有正值中年的家庭顶梁柱。他们带着亲人的挂念毫无畏惧地冲进大火里，却再也没有像以往一样带着满身的荣耀走出废墟。留下的只有期盼他们回家念课文的孩子、满心欢喜准备国庆婚礼的女友和天天给他们发消息却再也等不到回复的父母。

在美好的世界和致命的凶险中，我们中的大多数都会选择前者。但总有一批像这 30 位消防员一样的共产党员义无反顾地选择后者，不管是内忧还是外患都永远走在最前面，用自己的牺牲来换取更多人的安稳生活，因为他们始终把人民利益放在第一位。难道消防员面对大火时就不害怕吗？他们会被烈火烧得血肉模糊，会被浓烟呛得窒息，也会有自己的情感与牵挂，但他们同时也明白自己所扑灭的每一平方米火都会给周围的民众带来一平方米的安全范围，都有可能拯救到邻近的森林资源。在他们的眼中已经不是自己生与死的选择，而是个人利益与群众利益的选择。毫无疑问，他们选择了群众利益。他们在入党之日就把全心全意为人民服务当成了自己人生的宗旨，在任何情况下都把党和人民的整体利益放在首位。这已经融入了他们的骨血之中，哪怕是面对死亡的威胁也毫不迟疑。

不只是这 30 位消防员，还有 18 年前在南海撞机事件中丧生的王伟，2018 年 8 月为群众挡下 40 厘米尖刀的四川民警王涛，在休假途中为救三名落水群众而牺牲的北京战士张利鹏，以及无数用生命践行入党誓言的无名英雄。大火打不败英雄，因为在一个英雄倒下的同时有千万个英雄站起来。他们牺牲自己来换取我们安稳和平的生活，使我们能够在稳定的环境中快速发展经济，使我们在面对侵害时有力量保护自己，使我们能够全心全意地投入社会主义建设之中，他们是应该被记住的最可爱的人。

诚如习近平总书记所说：“人民立场是中国共产党的根本政治立场，是马克思主义政党区别于其他政党的显著标志。党与人民风雨同舟、生死与共，始终保持血肉联系，是党战胜一切困难和风险的根本保证。”在建设中国特色社会主义、实现中华民族伟大复兴的道路上，正是党、正是这些英雄始终在为我们保驾护航。新中国成立七十周年，新时代的中国面临着更多的机遇和挑战，也面临着更多未知的危险。以往不可谏而来者可追，我们能做的就是铭记这些为人民而牺牲的英烈，坚持党和政府的领导，始终心怀感恩，积极投身社会主义建设，早日实现中华民族伟大复兴。

野火烧不尽，春风吹又生。不尽的英雄，不尽的生命力支撑着饱经磨难的中华民族砥砺前行。他们始终在我们身边，我们应当铭记：我们眼前美好生活是因为他们的负重前行。

奋斗寄萧索，不负岁月托

公共管理学院　苏文虹　卢　玮

时光荏苒，神州大地日新月异，七十年华章巨变，七十年沧桑岁月，无数中华儿女砥砺奋进，勤勉耕耘，回首望去，已有三代人甚至四代人，为今日之荣光奋勇前行，开拓努力。

每个人都是七十年中国故事的执笔者，他们或许是埋首实验的科学家，或许是努力拼搏的企业家，或许是传道授业的教师，或许是无数新兴行业的弄潮儿……这无数的小家小我，终汇成一股无坚不摧的力量，将我们推向更好的时代。

时代与英雄总是人们口中常常争论的话题：究竟是时代创造了英雄，还是英雄创造了伟大的时代？我想，第三届未来科学大奖获得者、中国科学院院士、四川大学化学学院教授——冯小明很好地回答这个问题。

岁月所指，吾亦往之

1978年改革春风的号角吹遍整个神州大地，这是一个具有转折意义的时刻，不仅国家开始走向繁荣富强，社会中的每一个个体人生轨迹的方向也发生了改变。1978年的全国科学大会拉开了科技体制改革的序幕，徐迟发表的报告文学《哥德巴赫猜想》在全民范围内掀起一股热爱科学、投身科学的热潮，也彻底改变了冯小明的人生航道。

即使是通过率只有2%的高考，也没有让他却步，渴望知识早已成为冯小明乃至那一代人深深的烙印。高考的重新开设，让许多原本上不了大学的人对知识和未来充满了向往，对来之不易的生活十分珍惜。晨起，立于报刊亭阅知天下事；午时，坐于图书馆奋笔疾书；深更，卧于床榻苦苦思索。图书馆、宿舍、教室三点一线是他们大学生活的全部内容，“因为大家都要刻苦读书，读更多书，恨不得一周七天都在书海里面”。

“我们是从对科学的狂热之中走过来的一批人”，冯小明说。“世界以痛吻我，要我报之以歌”，走过“文化大革命”的一代青年，即使曾经怀有不安和恐惧，但从未放弃对于知识的渴望，对时代责任的承担，应着时代的号召，投身知识的海洋。

埋首研究，甘受无名

从满目萧索启航，潜心磨一剑；从百事衰微伊始，坐得冷板凳；潜心研究二十年，不慕浮名与金银。

正如《人类群星闪耀时》中所说：“这世上所有的伟大壮举，都是悄无声息地完成的。”与巨大的荣誉相对，冯小明教授及其团队的科研起步却显得颇为坎坷。大浪淘沙般的实验，充满不确定性的数据，每一项都使研究格外艰辛。在科研领域，这种痛苦又是必然的。大年三十，还守在实验室等一项结果；深夜十一点，还点亮灯光看一种试剂。新型催化剂研究，这完全是对自然科学全新事物的探索。冯小明在这个课题中扎根了二十多年，也泡在实验室中二十多年。

日复一日的实验，琳琅满目的试剂，成百上千的材料，经年累月的积累，冯小明教授肩负着科学的使命，响应着理想信念的召唤。自 1999 年开始手性双氮氧类不对称催化剂的研究，直到 2007 年成果初显，冯小明教授老老实实地坐了八年的“冷板凳”。当同龄人已经有高水平的成果时，他还在默默探索和不断研究。一场科研的马拉松，跑了二十多年，没有终点；一分求知的热情、激情燃烧数载，没有平息……

为人师表，立德立行

平凡孕育伟大，时间造就辉煌。时光车轮不断向前，中国故事才将丰硕成果一一道来。自 2007 年有突破性成果诞生起，冯小明课题组的研究就不断有收获。直至如今，冯氏手性双氮氧配体及催化剂被国际公认，已是不对称手性催化剂中最为经济、绿色、适用范围广的一种。“那个能够真正影响人类影响社会的结果，也有可能我是看不到的，这个急不来。”这是冯小明教授对于基础性研究的理解，他甘做科学发展的那颗时代的螺丝钉。

在四川大学第一理科楼南三楼办公室走廊的墙上，张贴着冯小明教授对课题组的要求：智慧，勤奋，诚信，自信，抓住机遇，走向成功；坚定信念，敢于创新，实事求是，强化责任。这是自 1996 年建组以来，传承了二十多年的文化和要求，字字铿锵，道出了课题组“咬定青山不放松”的决心。

站在讲台上，他是育人的良师，身正为范；立于实验室，他是未知的开拓者，矢志不渝。时代赋予他使命，家国情怀使他甘为孺子牛。教书育人，组织课题，冯小明教授兢兢业业于他的每一个角色，其实事求是、踏实肯干、探幽索胜的优良科研精神薪火相传。

在知识的荆棘中拓荒，在科学的领域里沉浮。中国科技从 0 到 1，从 1 到无穷，每一位研究者都是中国恢宏故事的执笔者。

尾　声

七十年峥嵘岁月，七十载浩荡乾坤。中国故事漫漫修远，吾辈上下求索。岁月长河，气势澎湃，你我无不是其中一滴晶莹水珠，深知她的澎湃，虽一折再折，却初心不改，奔流到海。

觅渡，觅渡，渡何处？

法学院　金雨涵

故事肇始于故乡毗陵。这座小城，唯觅渡一处最令我不能忘。

我在觅渡给很多人讲过他的故事，一讲就是三年。三年之后的时间里，我却一直在想，究竟怎样才算是讲好了他的故事。这是一个困扰了我很久的问题，无论相隔多少山海，我总依稀听得见那片水域轻语——觅渡，觅渡，渡何处？

觅渡　先生

毗陵地处江南，除却赫赫有名的黄金水道外，京杭运河也从城中穿过，古早时，也是个碧水连天、画船雨眠的水乡小镇。十里水面十处桥，船作车行两岸摇。

早间循着庙沿河一路向西，见到一座秀丽雅致青瓦白墙的江南建筑，便是从前的瞿氏祠堂，瞿氏祠堂前有一座桥，唤作“觅渡桥”。如今，庙沿河已被填平，觅渡桥也不见踪影，只剩那个已有些黑旧的祠堂，改换姓名，称作瞿秋白纪念馆，守着“觅渡”。

秋白先生是我生命中第一位山高水长的先生。

如何称呼一个人，有很多的选择。老师，尊长，在我看来，都远及不上“先生”二字来得大气且亲切。范希文先生千年前曾叹道：“云山苍苍，江水泱泱，先生之风，山高水长。”“先生”既是可以问道求知的辅弼，亦是令人仰望追慕的大师。于秋白，先生一词更加丰富。

自入学起，我便听着先生儿时的故事，唱着先生唱过的校歌，不论是入学开蒙、重大节会还是清明祭祀，老师总是会带我们来到离学校一墙之隔的瞿氏祠堂（现瞿秋白纪念馆）举行仪式。后来我有幸成为先生故事的讲解员，给同学们讲，给老师们讲，给先生的故友讲，也给先生的亲朋讲；讲苏俄岁月，讲文坛双璧，讲秋之白华，再讲到长汀就义。每一次从长汀就义的讲解厅走出来，总有一种怅然若失之感。故事，这就讲完了吗？我这一次讲好了吗？我一讲就是三年，与先生的种种事迹相伴长大。

其实当时，先生在我心中的形象并不完全，像是分裂成了两个：一个是冠英学堂里聪颖的学生瞿霜，与年少的我们并无二样；另一个则是高高在上的逝者形象，是纪念馆大堂里树立的高大铜像，和刘少奇、董必武这些充满历史感的名字排在一起。

读先生的《多余的话》，了解到先生的种种。先生的形象很复杂，他本可在书斋施展拳脚，亦可为人所记，可他却凭着一腔孤勇投入了历史洪流，救国救民。我本以为我了解先生，可越深入，越发现自己如盲人摸象的浅薄。

先生从这黑旧的小屋中走出，踏上觅渡桥时，一定会想自己的人生渡口在何处吧？从觅渡桥出发，到广州去，到上海去，到汉口去，到瑞金去，到苏俄去，一定会想也许下一个地方就是自己靠岸的渡口吧？可惜，先生的一生实乃漂泊的一生，多舛的一生，更是革命的一生。

觅渡　两端

曾有幸有过一面之缘先生的女儿瞿独伊奶奶曾经在《红色气质》的宣传片中谈起她的疑问："儒雅的书生和壮烈的革命者，哪一个是我父亲？"我想这不仅仅是独伊奶奶的疑问，也是先生终身的疑问。

我究竟是文人，还是革命者？

先生说自己的政治生涯是一个"历史的误会"，说自己没有什么"治国平天下"的大志，根子上是个"'读书种子'，爱书本子，爱文艺，不能'安分守己的'专心于升官发财"。

他想："到随便一个小市镇去当一个教员，并不是为着发展什么教育，只不过求得一口饱饭罢了。在余的时候，读读自己所爱读的书、文艺、小说、诗词、歌曲之类，这不是很逍遥的吗？"

可是革命的领导哪里是升官发财呢？发展苏区教育，翻译苏俄的文学作品又哪里不合着这个昔日的学堂骄子的"逍遥人生"呢？

先生真的精于文字，在狱中写下的遗作总是多用反语，惯用矫饰，乍一看似乎是当真在反悔参加革命，让国民党以为他是真心归降了，而后仔细一想便知是假话。这些假话因着他的绝妙修辞和党内起伏的经历显得格外可信，一时蒙过了国民党的高级领导，始终对狱中的他劝降，希望先生这一党内领导的倒戈能够挫一挫共产党的锐气；也蒙过了许多后来的人们，以至于新中国成立后很长一段时间党内对先生的评价都有失公允，直到改革开放之后才得以平反。

前人信了先生的假话，觉得他是个在士大夫和共产主义革命两端摇摆不定、消沉意志，最终背叛了革命的人。多可笑呢，的确，先生的确有缠绵在骨血中的割舍不掉的士大夫情结，可这种根骨里的士大夫文人情结，也正是这样一个革命者的一部分，并且在一定程度上，正是这种中国传统知识分子的心理，才使得先生真正成为一个革命者。

什么是中国传统知识分子，正是"达则出将入相，穷则归园田居"的人生抱负，正是"为天下苍生计"的人生目标，正是"平日袖手谈心性，临危以死报苍生"的高尚气节。先生自幼读圣贤书，拔萃于同侪，十余岁便因清王朝的覆灭而做出剪辫子的骇世之举；又在袁世凯窃取革命成果后，在国庆双十节高高挂起白色的灯笼，上书"国丧"两个大字，为早夭的革命招幡。正是这种种，才使得先生这样一个"江南第一燕"，在国家危难之际将自己的珠玉之身扑上前去救国救民。

有人说他在两端被拉扯、被迫选择，是不幸的。他是不幸的吗？

是，他的确承受着那种每个人——王孙也好，黔首也罢——都会在大时代面前遇到的不幸。

但我以为，先生在承受这种大时代的不幸时，正是通过自己的选择，成为大时代中最幸运的那批人——那批真正为“换了人间”出力的革命者。

先生在被历史洪流裹挟向前时，又何尝不在书写历史呢？从江南水乡边的觅渡桥出发的一介布衣书生，一步步走向了革命历史的正中央。他说着抗拒，道着求饶，不过是文人式的自轻与骄矜。“八七会议”，在这个关系党和革命事业前途与命运的关键时刻，先生认清情形，尖锐地批判了陈独秀的右倾投降主义，并代表中央常委会做将来工作方针的报告。毛泽东评价先生“在革命困难的岁月里坚持了英雄的立场”，是啊，八七会议，1927 年，多么苦难的日子，第一次国内革命战争失败；党内“左倾”情绪飞速滋长，内忧外困，考验着这个年轻的政党，也在考验先生这个年轻的政治家。

渡何处？

文人还是革命者？我想这并不重要。

渡往何处？我想先生也早早做出了他的选择。

因此，在短暂的三十六年生命行将结束之际，先生选择始终作为一个革命者死去。

身体原因不宜长征的先生留守苏区，送别了战友之后，他依旧在苏区坚持《红色中华》刊物的编辑出版，给国民党造成红军主力仍在苏区活动的假象，为长征大部队转移了国民党的精力。

1935 年 2 月，受中央分局安排前往上海转移的过程中，先生被国民党抓获，这一生的摆渡之路，终是走到了尽头。纵是被叛徒出卖揭穿身份、身缠重病健康每况愈下，先生仍坚持着革命信仰。国民党官员用叛徒顾顺章劝先生投降，先生慷慨道：“我不是顾顺章，我是瞿秋白。”“我情愿做一个不识时务的笨拙的人，不愿做个出卖灵魂的识时务者。”

1935 年 6 月 18 日，福建长汀罗汉岭。临刑前的先生神色如常、谈笑自若，喝酒吃饭，一如往常。饭毕，先生指尖夹着半燃的香烟，从容走出大门，一路高唱自己年轻时亲笔翻译的国际歌，到达刑场，他盘膝坐在草地上，对刽子手微笑点头说“此地很好”，便饮弹洒血，从容就义。

一年年的来去，一次次地经历，我总是逡巡在觅渡旧址上，想象着觅渡桥的模样，想象着桥下水上来往觅渡的小舟，想象着先生一次次从这里出发的身影，想象着先生在挣扎与纠结之中坚定的目光；猜想是谁将这座桥唤作“觅渡”，是否他也寻觅一个答案多年，猜想他最终是否得到了内心的答案。

而我想要讲好这个故事，也许还需要很久很久。

风雨七十载

吴玉章学院　林镇阳

花开一瞬，中国的故事却一直被诉说。

忘不了，那一片片枪林弹雨中夹杂着共产党人的鲜血，正是这样的赤子之心换来了民族的自由；忘不了，那一声声口号夹杂着中国人民的汗水，正是这样坚定的信念换来了社会改造的成功；忘不了，那一次次社会革新彰显着领导人的意志，正是这样勃勃的雄心换来了改革开放的繁荣。忘不了这个国家的点点滴滴，从贫穷到繁荣，从无人问津到争相合作，从囿于世界小小的一隅到成为屹立于东方不倒的雄狮，中国的故事未完待续。

眼前一片荒芜，是生与死颜色的交织。

天空中寒意微微，云层将群山掩蔽，远处有孩提的哭声。满眼是一片狼藉，废墟里夹杂着尸体和爆炸过后的弹片，在轰炸中不幸丧生的父母紧紧抱着自己年幼的孩子，可能连一句道别还没来得及。大轰炸过后人们的心中只有灰烬，燃不起点点火星，从那时候起，自由安稳便成了大轰炸中幸存孩童的唯一所求。

历经数年，当年幸存的孩提也已经长成意气风发的少年，而他们也在中国共产党的带领下获得了一生所求的自由。当他们挥手告别浮沉过往时，心中亦是百般滋味，过往的岁月对于这些少年来说，像一部漫长的电影，从黑白到彩色，一幕幕，那么真实，却终究只是回忆。少年们积极地投身社会主义改造的行列中，守着奔向社会主义的理想与信念，在国家建设的一线挥洒自己青春的汗水，多少个日落黄昏，在铁器碰撞的叮当声中轻描淡写地过去了。

1952 年 7 月的第一天，少年们停下了手里的工作，来到了菜园坝重庆火车站，与其他建设者一起见证新中国第一条铁路干线——成渝铁路建成通车这一个振奋人心的时刻，当大家一起唱起“我们要和时间赛跑”时，对国家的信心和对未来的希冀再一次注入每一个人的心中。少年们第一次体会到了自我的价值与国家的强大，心中也更加坚定：最美的风景，一定是在远方。这像是对光阴与自我的约定，为了这个约定，少年们走出了生命中那扇小小的幽窗，将自己最美好的青春年华奉献给了祖国，赶赴一场祖国的盛世，静待子孙到来时，为他们讲述自己的中国故事。

眼前一片繁盛，是悲与喜颜色的交织。

时光辗转，少年长成。他们的孩子也俨然已经长成少年，1977 年，当得知恢复高考后，他们便鼓励自己的孩子追求更高更远的舞台，为了自己的未来，为了祖国的未来而奋斗。结果亦喜亦忧，但在他们的世界里不言放弃，曾经经历的劫难，尝过的苦楚万千，便是不惧怕春秋飞逝更换，日月穿梭回转，这种无畏的精神也很好地传承到了下一代的血脉里。

来年，国人的生活变得丰富多彩起来，许多前所未闻的外来品牌和外来文化冲击着国人的神经。或许曾经的少年不太理解子女时髦的着装，可能因此喋喋不休；或许子女的口味已经和他们大相径庭，做饭时常为此而头疼；或许子女在外界接触的词汇太过新颖，他们在理解时为此抓耳挠腮。改革开放是中国改革的一个里程碑，带领着国人走在发展的前端，改变着国人的思维方式。在这些经历过祖国沧桑的“少年”眼中，从新中国成立起就同祖国邂逅一幕幕风景，有的转身即忘，有的刻骨铭心，而改革开放一定是后者。

1997年，两鬓斑白的他们流下了激动的泪水，“我代表中国人民解放军驻香港部队接管军营，你们可以下岗，我们上岗。祝你们一路平安。”这一句话久久萦绕心间不能褪去，时过境迁，记忆拉回到从前，任人宰割的屈辱再也不会重演。他们也许错过了意气风发的自己，也许错过了珍贵的亲情，但是他们没有错过祖国的统一与强盛。

流水华年，光阴往来。经历得太多，忘不了的也太多。

忘不了每每春运时壮观的场景，忘不了互联网世界的神奇与奥秘，忘不了中国在21世纪创造的种种奇迹。曾经不以为意的时光，都在悄然诉说着一个个故事，而故事的主人公是共产党和他的人民。

长亭短亭，晨走暮留，望不尽人生路，只当作一世修行，不知道曾经的“少年”还有没有下一个七十载，但是他们与中国的故事未完待续。

光阴似酒，酝酿人世悲喜，给予无私的馈赠；光阴又如禅，把最美妙的东西，落在修炼它的人身上。几番风雨，几度春秋，光阴都不曾更改，变换了的是情怀，是国家。

小说

于荒芜处生希望

文学与新闻学院　谭雨轩
华西药学院　王　骏

万物各得其和以生，各得其养以成。

——题记

一只收获蚁从阴暗的洞口爬出了地面，它工作很勤奋，为了自己的生存，更为了种群的发展和壮大。不过它勤奋的动力并不是源于它的意识，而是源自一些它身体深处的、镌刻在双螺旋里的秘密。

这已经是这只收获蚁第七次来到地面。没错，它还是一只出生不久，新近参加到觅食大军中的年轻工蚁。尽管这已不是它第一次爬出洞口，但它还是没能够习惯蚁洞外的环境。它的触须上下摆动着，感受着周围炎热干燥的空气；触碰着地上坚硬滚烫的沙石。这时突然一些细小但密集的震动从远处传来，它可以感受到这些震动在逐渐增强。本能告诉它这是危险的，毕竟那些能引起如此巨大震动的家伙，能够轻易地要了它的命。

在2016年8月以前，这里曾经是阿拉善盟的一片荒漠，它也曾具有一切荒漠该具有的特征——炎热、干燥和荒芜；在2016年8月之后，这里的一切都在悄然发生着改变。

小包是土生土长的本地人，他是看着这片荒漠长大的，从某种意义上来说，也是这片荒漠看着小包长大的。但不管怎么样，荒漠和小包都生活在每天彼此看与被看的状态下。用小包的话来说，他爱这土地爱得深沉，不愿意远离家乡。而事实上，小包不想给自己的人生增加太多的负担，只想往返于村子和小镇之间，作为一个枢纽，来传递村子里的老人孩子和外出打工的青壮年相互之间的思念和忧愁。对于他来说，他的人生目标就是平平淡淡地过完这一生。

2016年8月的某一天，对这片荒漠来说是重要的日子。村上来了一群城里人，带了很多的东西。在他们带来的东西里，除了随身衣物和一些必需品，还有几棵树。那树的树叶很绿，绿到和周围荒芜的环境显得格格不入。那群人进入了村委会，不知和村主任聊了些什么，就马上在村主任的带领下走了出来，径直走向了小包的家里。从村主任的口中，小包得知了事情的大概，这些人在弄一个叫什么“互联网+”的东西。“互联网+”中有一个项目的目的是绿化环境，保护地球，而阿拉善盟地区是中国土地荒漠化较为严重的地区，所以项目组选择在阿拉善盟地区种树，打算以阿拉善盟地区作为实验点，为项目的可行性做出证明。作为少数没有外出务工的青壮年劳动力之一，小包首先成了村主任动员的对象。村主任希望小包能够受雇于他们，成为一名种树工人。在小包的脑海里，只在镇上的广播中听到的“互联网+”好像和植树造林没有什么关系，但他还是很乐意在空闲时间做些事情，所以他二话没说就答应了。

于是种树的行动就那样开展了，他们种植的多是已经长出枝叶的小树。村子里的高中生在放学之后也加入了种树的队伍，为家里赚些补贴。第一天的工作很快结束了，几十棵树屹立在了曾经光秃秃的荒漠之上。收工的时候，太阳刚好落在地平线上，小包没有立马收拾工具走人。看着那些充满生机的树和它们被夕阳拉得很长的影子，他在想，前些年都是雇人砍树卖钱，为什么今年换成了花钱种树呢？

小包虽然只在送信的空余种树，但是工作的效率十分高。他手握锄头，头戴草帽，准备在这片碎石和沙砾之上开辟一方绿色。“足蒸暑土气，背灼炎天光”，这句高中学过的诗句竟然不自觉地浮现在他的脑海，那时对这句话不过是字面理解，如今才真正地体会到劳作人民的艰辛。随着植树的不断进行，那一排排梭梭树一步一步地向荒漠深处延伸，仿佛在这一方死气沉沉天地间筑成一道绿色的长城。

可事情往往并不会一帆风顺，随之而来的是种植下去的树木成活率不高的问题。尽管梭梭树是耐旱能力极强的品种，但是也没有避免这样的情况发生。在所有种树的人当中，小包是第一个感到着急的人。他是真正意义上看着这片荒漠渐渐披上绿色外衣的人。他懂得那抹绿色是多么的珍贵，打心底里不希望它消失。他借去镇子里取信件的机会，到镇上的图书馆翻阅农林业的书籍，向镇子里林业专业人员询问解决方法，慢慢地他积累了越来越多的经验。以前的种树方式，是先挖一排坑，再放进去树，最后才浇水，但这是不科学的。梭梭树生命力虽强，一点点水就能生根发芽，但这不代表着梭梭树不需要水分，如果没有水，梭梭树会在几小时内死亡。小包改进了种树的方法：挖一个坑，种一棵树后，马上浇水，让梭梭树得到充足的水分。隔了一段时间，他发现自己种树的成活率升高了。

渐渐地，村外的黄沙路旁慢慢有了绿茵。而回荡在村子里清脆的铃声也变得急促起来，村里人看着小包用力地踏着已有破损的脚踏板，风风火火地把信件送到每一户人家，然后又急急忙忙地扛起锄头和树苗，向村头前面的山包走去。为了方便新种树苗的浇灌，小包挖了一条小小的水渠，从村尾的小河引水到村头的老胡杨旁边。小包用挂在脖子上的毛巾擦了擦汗，咕隆咕隆地喝下了大半瓶水，坐在锄头上休息。小包看了看四周，以前来帮忙的高中生已经不来了。一是因为天气太热，种树太累；二是因为马上要到学期末了，要准备考试了。

“考试呀。”小包挠了挠头，好像这是一个多么遥远的字眼。而在小包身后，一辆骑起来叮当叮当响的绿色自行车安静地立着。

小包做邮差这一行五年了，再加上现在种树的三个多月，离开学校也有快五年半了。和小包一起长大的小伙伴，嫌弃家乡的环境不好，基本都出去打工了。小包也想和他们一起出去闯荡，自己经常去的小镇都有这么多新奇的东西，更别说比小镇还大的县城和省会了。但小包不能和他们一起出去，因为小包的父亲是以前村子的邮差，在小包毕业前，一个狂风大作的下午，被风从山包上吹了下来，摔伤了腿。小包心疼父亲，不想让父亲还坚持去取信送信，但村子里总要有一个邮差。小包从那时起，接过了父亲的那辆叮当响的自行车。

小包晃了晃脑袋，看了看周围还剩下的几捆梭梭树，这是这个月需要种植的量。小包举起手中的锄头，准备加把劲继续种树。挖了一个坑后，小包忽然感觉到周围气流变得紊乱了起来，猛地抬头看，眼前黄沙漫天。

“坏了，是沙尘暴。”小包发出一声喊叫。

小包刚把地上的几捆梭梭树抱了起来，沙尘暴就快到身边了。小包抱着树苗往村子里跑，一路上跌跌撞撞。沙尘暴很快就追上了小包，小包用毛巾捂住口鼻，用身体盖着树苗，趴在了地上。

不知过了多久，小包感觉脸上湿湿的，睁开了眼。

“你不要命了？看见沙尘暴不往村子里跑!”父亲在一旁怒骂道。

小包茫然地看了看父亲，而旁边的母亲在用湿毛巾擦着小包的脸。“树，树怎么样了?”小包从床上跳了下来。

“树，树比你命还重要了?”父亲恨铁不成钢地说着。

小包不管父亲说了什么，向村头跑去。到了村头，眼前的景象却让小包惊呆了，水渠不见了，树林不见了，散落在山头的，除了遍地的黄沙，只剩下几棵挺直了腰杆的梭梭树。

泪水，从小包的眼角流下。三个多月的努力，化作了灰烬。小包跪在地上，无力地捶着地面。忽然，小包好像捶到了什么坚硬的东西，便用手向下挖。才挖了一点，一抹绿色出现在了小包眼中，这让小包手上的动作加快了。终于，小包把埋在黄沙下的东西挖了出来，那是父亲留给自己的自行车，不过现在恐怕不能称它为自行车了，它只剩下了一个车架。

树没了，车也没了。小包第一次感觉到这片从他出生就存在的荒漠对自己深深的恶意，第一次，小包有了一个人生的目标，要把荒漠从家乡赶出去。

小包一步一个脚印地走向村委会，敲响了村主任办公室的大门。

“村主任，您能不能借我点钱，昨天的沙尘暴，让我的车没了，树没了。车没了，我就不能送信了。树没了，到时候他们来检查我怎么交代啊。”小包带着哭腔对村主任说。

村主任摸了摸小包的头，语重心长地说：“孩子啊，车没了可以再买，树没了可以再种，人没了，可就都没了。小包啊，在我小时候，可没那么多沙尘暴，可惜这些年来，砍树的人多了，荒漠也越来越荒、越来越大，不过现在国家政策支持，要还我们一个绿色家园。咱们村，年轻人都出去了，就剩你一个，我们村的种树任务啊，也只有你才能完成啊。给，拿去买辆好点的车，别整天骑你爸那辆破车，我听都听烦了。”

小包接过钱，向村主任深深地鞠了一躬，走了出去。

这是小包第二次来县城里开会，小包看了看头顶上的横幅——“热烈庆祝阿拉善盟超额完成绿化家园的任务”。现在一切都变了，村子外再也不是荒漠了，村子里的年轻人不再往外跑去打工了，都加入了小包带领的植树组，在村子周围筑起绿色长城。旁边的人拍了拍小包，催促小包快一点。小包理了理领带，走向讲台，开始讲述自己的故事，分享种树的经验。

小包后来在网上看到了一组图片，他死死地盯着图片上的那抹绿色，它没有被周围的黄色掩盖，虽然细微，但仍骄傲地挺立在中国西北。他知道自己是那块绿色的创造者之一，还知道这些绿色的存在与人类的生存息息相关、密不可分，更知道这世界上有千千万万和他一样的人，尽管语言不通，却都在为着一件事情而努力。

小包书桌旁的相框内放着一张相片，是小包和村头背后的山，山上布满了绿色，小包扛着锄头，笑得格外灿烂。相片的背后印着一句话："绿水青山就是金山银山"。这是小包从习近平总书记的发言里听到的，也是鼓舞小包继续前进的座右铭。

还是多年前的那个蚂蚁洞，一只收获蚁的工蚁爬了出来，不过它已经是上一只蚂蚁的下下代了。当它还不能正式成为一只工蚁的时候，它在阴暗的蚁穴里，也感受过那来自地面上的强烈的震动，但是蚁穴里每天出去觅食的成员都习惯于与这些震动的来源和平相处了。曾经四散着热气分子的洞口开始变得凉爽。今天是它第一次爬出洞口，在洞外，那个光明的世界里的一切都那么吸引它，它挥舞着触须，贪婪地触摸着空气中的新奇的气味。这时它看见了一个比它自己大很多很多倍的生物健步走来，并且伴随着震动，手中还捧着一棵绿色的东西。

匆匆七十

化学工程学院　李婧逸

旭日初升，阳光缓缓洒到屋檐上，像是谁家筛玉米面时不小心扬出来，被风吹散了，覆了青瓦，眼瞧着青瓦便也是金灿灿的了。屋旁的大榆树偷偷探出头，尽情伸展着腰肢，树下的大黄狗懒洋洋地趴着晒太阳，时不时发出“呜呜”的声音，似乎是极为满足的样子。

也不知是哪个冒失鬼急匆匆跑过踩了这黄狗的尾巴，黄狗疼得跳起来，朝着那人的方向凶恶地吠了几声。那人却似乎毫不知情，一股脑往前跑，差点又撞上了转角处的豆腐摊。“阿香这丫头急着去哪呢？路也不好好看！”只听见前面两条麻花辫一边说着“萍婶对不住”，一边头也不回跑走了。

直到看到书院的牌子，阿香才慢下了脚步。顾不上一脑门的汗，她草草用袖子擦了擦脸便蹑手蹑脚走进了书院，没费多少力气就找到了弟弟的教室。还好弟弟坐在窗边，要不然真不知道要怎么把铅笔递给他了，要是让老师发现，他又少不得要被打手心。阿香忙猫着腰小跑到窗边，这才松开一直攥着的铅笔。哪承想手心黏糊糊的，铅笔早就吸饱了汗。她连忙用衣角仔仔细细地将汗渍擦干净，才稍稍直起腰想把笔递进去。刚一抬头就见老师走了过来，吓得她又急忙蹲下，活像偷吃了阿娘藏起来的糖一样，一颗心怦怦敲着胸脯，就差要自己蹦出来了。

“就在昨天，新中国成立了！历经了近百年的苦难，我们终于有了自己的政府，自己的国家。终于不用再打仗了，要是我在战场上牺牲的大哥泉下有知，不知道得多高兴。大家可能还小，不理解这意味着什么，但是你们和你们的儿女今后都将为昨天而骄傲……”老师激动的声音在耳边久久萦绕，阿香听了这话不太明白，却觉得有一种强烈的情感在身体里从下往上涌，漫过了胸口，一直冲到喉咙眼儿，她也说不清那是什么感觉。只听得老师说着说着竟有些哽咽，阿香越发觉得，老师口中说的“新中国成立”应是件非常了不起的事情。

阿香听得一时失了神，回家便耽搁了。阿香一进门就听见阿娘有些怒意地问怎么去了那么久，阿香不敢答，只默默地去剁猪草。好像从来没有人跟她解释过为什么弟弟去上学，她却不能。连她自己都下意识觉得她是家里的大女儿，在家干活是理所应当的。好在弟弟时常忘记带书带笔，她每每去送东西时都能偷偷蹲在窗下听一会儿课。听着老师从孔夫子、爱国运动慢慢开始时不时提到“无产阶级”“苏联”“工农运动”……这些词阿香都不是很懂，算数她倒是学得很快，有时弟弟答不出老师的问题，还要靠她从窗外递答案。

可惜弟弟并不是读书的“材料”，没几年就回来跟家里的姐妹一起干活了。阿香生得一副伶俐模样，学东西也快，不管什么活计在一旁看几眼就能学会。虽然不会使写字的笔，画样的粉笔她倒使得得心应手。她不但缝衣裳、做绣鞋是一把好手，干粗活重活比起男人也不遑多让，因此她什么活都干过，村里的人提起她不无赞一声能干。到了婚嫁的年龄，她每次到公社领粮总会遭人打趣。“听说又有人到你们家说亲去了?”“可不是嘛！这都好几个了！像阿香这么手脚麻利又会持家的姑娘能不争着要吗?”阿香微微有些难为情，但又坦然地说：“哪里？不过是家里人多，兄弟向来娇惯，粮食又按人头分，不得不多做些了。”嘴上一句不提亲事，她心里也半点都不着急。

有次阿香一进家门就看到家里坐了个人，正跟阿爹说着什么。看到她进门便站起来望着她，礼貌地笑笑。阿香匆匆瞥了一眼，话也没说就往院子里去了。阿香正从井里打水出来擦脸，阿娘来到了身后：“人家占彬是读书出来的，家里也是知识分子，现在在市里的报社工作呢！人家来说亲，你话都不说一句就走了，一点儿不识数!”“我这脸上身上脏兮兮的不是更不识数?”她一句堵回去，把水倒了便走回堂屋。

阿香在阿爹身边坐下，瞧着那人高高瘦瘦的，穿了身中山装，胸前别了一支钢笔，金属的笔帽闪着光，像揣了颗星在胸口。想来这人是很有学问的，担心这样出身的人会端架子，阿香便故意语气不善地问：“你叫什么名字?”阿爹顿时瞪了她一眼，占彬却温和地笑着，拿下笔在桌上的旧报纸上写了自己的名字。他的字写得极好，飞扬挺拔，苍劲有力，连阿香这样只识几个字的人都觉得好看，嘴上却故意说：“我不认字。”对方仍是笑着：“没事，我也不会做绣鞋。”后来，阿香嫁给了脾气极好的占彬，还打趣说：“我哪是看上你了？我那是看上你的笔了。”占彬说：“那正好，我们家缺不了笔的。”

说来这笔也算两人的媒人，谁承想因为“笔”差点惹了大祸。“文化大革命”的风来得猝不及防，大家纷纷喊着“破四旧”，要抓出一个典型来。占彬因为在报社工作，写过不少文章，也给村里出过板报，不知被扣了什么帽子，被批斗了还不算，竟要被拉去游街。阿香一听，直接撂下手里的活，拿着扁担冲到了村委会，指着那些人挨个骂，骂得鸡飞狗跳，就差掀了房顶，闹得整个村里都知道了。谁都没想到阿香是如此泼辣蛮横，不讨个公道就不罢休的样子。实在缠不过她，加上本就是欲加之罪，最后只好免了占彬的游街。但报社的工作是不能去了，占彬便留在村子里做一些文书类的工作。占彬生怕后面还有祸事，回家便要扔了那些书和笔，阿香安慰他：“这些物什又没做错什么，也忒委屈了。”

改革开放以后，经济有了发展，家里很快就添了缝纫机，不久又有了收音机。整个家里越发热闹了。农活不多的时候，缝纫机的声音总是响个不停，算不上悦耳，但却成了家里独特的旋律。就和凉白开一个道理，没有人觉得它好喝，但总让人觉得有家的味道。孩子们吵吵闹闹，要不就是在争好吃的，要不就是嚷嚷着要新书包和新文具。他们知道占彬好性子，只缠着他闹。占彬就带着孩子们买了新本子和铅笔，再用小刀给他们削好装进阿香缝的书包里。

家里情况没有以前那么困难了，孩子们都被送去上了学，一周也还是能吃到一两次肉，但大一点的孩子还是要帮着家里干活。大女儿像是继承了阿香的巧手，看到时髦的衣裳款式，回家就自己画了样子，裁布做出来。尤其是做了那两条正流行的喇叭裤，很是让两个妹妹羡慕了一阵。心灵手巧的大女儿在附近也是出了名的美人，甚至有小伙子为她大打出手，这让阿香很是头疼。有一次听说大女儿和一个青年去看电影了，气得她抄起木尺就直奔电影院。阿香觉得这青年嘴上功夫了得，为人不老实，说什么也不同意两人在一起，可是女儿似乎很喜欢他。电影院和以前村里放映露天电影的村头不同，要有票才能进，于是阿香一直站在外面等到电影散场才见到两人。劈头盖脸的训斥和笞打还是没有改变坚定的女儿，看着女儿哭着跑回家，阿香却定定站在原地，许久都没动。

随着儿女们都有了自己的事业，成了家，他们拆了以前的老房子，盖了小洋房。家里反倒安静了许多，只有缝纫机的声音依旧——阿香说什么也闲不住，来找她纳鞋底、缝衣裳的人也源源不断。反正家里的电视机她也不会捣鼓，还是干活踏实。耳边清静了，她的话倒是不少。一下嫌弃地板不干净，一下又数落占彬做饭盐放太多，一天到晚总有她说的。唯有每天吃完晚饭，占彬给她念报纸的时候最安静。占彬就这样日复一日听她的数落，给她念报纸，直到自己白发苍苍。阿香却还一头黑发，不知道是不是她那要强的性子让头发都要忌惮几分。

年轻时风风火火过来的，忽然平淡下来了，阿香心里还真有些别扭。直到小孙女上了小学，每天要过来吃饭，这日子好像又热闹起来。占彬身体不太好之后，阿香才开始学做饭，算不上好吃，但也没人说难吃。小孙女放学回家做作业的时候，占彬就坐在沙发上用小刀给她削铅笔。小孙女让他用卷笔刀削，说是那个玩意儿不费劲儿。吃完晚饭爷孙俩就去遛弯，等着阿香到邻居家串完门一起回家。有时小孙女晚上跟阿香睡，缠着她讲故事，她便把她记得的为数不多的故事翻来覆去讲，这丫头还每次都听得津津有味。阿香在家里是极有威严的，儿女们时时都要赔着小心，但她却对这个孙女尤其偏爱，为她梳头，送她上学，用凤仙花汁给她染指甲，攒钱给她打平安锁……儿女们都说还没见过她对谁有这样的耐心，她生了气谁都不敢去劝的时候大家也只能推小孙女去哄上几句。

后来占彬去世了，阿香一滴泪都没掉，有条不紊地安排着哪日请人念经，哪日下葬，哪日请客，又将她亲手做的寿衣捧出来，安排人给占彬换上。来奔丧的花圈从家一直排到村口，没人开得了口对她说一声“节哀”。她一直都是一副刀枪不入的样子，直到大家整理遗物，小孙女只要了占彬生前用过的一支钢笔，她突然鼻子一酸，险些落下泪来。

阿香的耳朵越来越不好使，看电视也需要有人凑在耳边给她讲解，有时孩子们在身边聊天她也听不清。刚开始她总愤愤不平，这种对外界未知的挫败感让她有点接受不了。她不服老，是的，她夹杂着些许白发却仍旧整齐的发髻也昭示着她的不服老。但是时间是把软刀子，会钝钝地割你，平日不觉得疼，直到某天你突然发现多了一道再无法忽视的伤疤。所以后来阿香也不因为这个发怒了，她就静静地坐着。腿上盖着毯子，手边放着拐杖，看着大家各拿一个手机，半天不跟彼此说一句话，也不知那东西有什么好玩。他们给阿香看旅游的照片、视频，真是有趣。阿香一辈子都没出过这个小地方，因为她晕车。还好，他们替她去了那么多地方，每年扫墓的时候替她去看占彬和阿爹阿娘。

阿香经常坐在沙发里就睡着了，不知是不是梦，她常常看到现在的水泥房子被风一吹就剥落一层皮，露出砖瓦的样子。家里没有电视和冰箱，只有整日吱吱作响的缝纫机，还有院子里的石榴树。阴天雨水会顺着瓦片流到院子里，于是地上就结了一层薄薄的青苔，一不留神就把人摔个底朝天。在外疯玩的孩子只要听到阿香喊吃饭就不约而同地跑回家，有时还要向伙伴们炫耀一下他们家今天有肉吃。阿香一边招呼孩子们洗手，一边抓过顶着一头乱发的小女儿，重新给她梳辫子。不知怎么，辫子前面那张稚嫩的脸又变成了阿香的，她晃晃脑袋，紧了紧肩上的柴，远远地看到家的方向升起了雪白的炊烟。太阳升起来了，阿香穿过林子，猝不及防撞了一身阳光。真好看呐！像极了七十年前那天的旭日，比那日还要好看。

莫忘一朵花儿叫马兰

文学与新闻学院　张雨婷

有一种花儿名叫马兰
你要寻找她　请西出阳关
伴着那骆驼刺啊　扎根那戈壁滩
摇着那驼铃　吹着那鹰笛
敲醒了黄沙漫卷灰蒙蒙的天
——《马兰谣》

窗外几只鸟儿叽叽喳喳地叫着，阳光扑进房里，映着斑驳的树影。快中午了，病床上的老人微微睁开了眼。又一天了啊，他想。氧气面罩蒙在脸上，每一次呼吸都能听到那“哧哧”的声响，估计这声响只有走的那天才会消失了。他偏过头，看见老伴正歪在床边打盹，轻轻握着他扎着针头的手，不敢松开。“你也老了啊。”他心里默念着，眼睛渐渐有些湿了。这一辈子，他没觉得自己有什么可后悔的，也没怕过什么。工作那时不会，现在更不会。哪怕被确认癌症晚期的那天，他也没怕过，坦坦荡荡地和医生说：“我是搞科研的，一不怕苦，二不怕死。”可是，面对这个握着他手的年华已逝的女人，他亏欠得太多了，而且这辈子，来不及还了。

昨晚又做梦了。生病这段时间，他想起来很多以前没时间回忆的事。他看见了那个山洼洼里破旧的小屋，又一次欢呼雀跃地接到了浙江大学的通知书，又一次尝到了那玉米面与榆树叶合蒸的窝窝头。最常梦到的还是黄沙漫漫的戈壁滩，大风吹起来，旋起茫茫沙幕，藏着无数人和事。他知道，他就快要回去了。

虽然不舍得打搅老伴，但是他还是得起来了，还有太多的事没完成。生病这段时间，他抓紧每时每刻，太多事情要交代，学生要毕业了，千万不能耽搁他们。只是辛苦了老伴，来探望的人都推给了她，可把她累坏了。有时候甚至连儿女来了，他都说不上几句话。老人捏了捏老伴的手，惊醒了她。“醒啦，好的好的，我知道，我去叫护士把你扶起来。”他什么都没说，但是老伴什么都懂。因为每天他都只有一个请求——工作。只是这次起床，比平时更艰难。第九次努力后，他终于在护士的帮助下，坐到了电脑前。可是他感觉到握着鼠标的手比昨天更没力气了。他有种不好的预感，得快，再快一点，就快了。

虽然医生护士和家人都不停地劝他休息，但是他知道不可以。他感觉到身体里好像有什么东西在流逝，一点一点，比时间还快。老伴趴到他耳边说了句：“他们想让你休息一下。”他听清了，可是那声音却那样轻，那样远，就像是寂静旷野里偶尔传来的驼铃声那样缥缈。他努力地想支配着自己重重的头颅左右摇动，可是他忘了，他的头是靠别人托着才能支撑起的。“坐着休息……坐着……比躺着好，躺下，躺下就起不来了。”他喘着重气，断断续续地说道。

终于，他叹了口气，挣扎着发出声音：“C盘，我弄完了。”只是不知道怎么回事，眼前变得越来越模糊，他急了，眼镜呢，怎么能忘戴眼镜呢。他急急忙忙找陪在边上的闺女要眼镜。“戴着呢，戴着呢。”老人疑惑了，闺女是说戴着吧，怎么还是看不清呢。电脑屏幕渐渐混成一团团模糊的光影。呼吸越来越困难了，手也越来越难控制了。或者说，身体的每一个微小的动作都需要巨大的挣扎，他越来越控制不住自己的身体了。他突然想起来，在3000多米的山顶测量冲击波的那个夜晚，那么低的温度下身体好像也是这样的。“再给我点时间吧，就一点点，整理完文件，还要给两个孩子写点什么呢，唉，怎么能一直忘了写呢。”

终于，到时间了。老人看不见了，却隐约感觉自己被抱到了床上。意识模糊间，他还是不肯放弃，挣扎着交代着后事，“文件夹……密码箱呀……要小心整理啊！”老伴泣不成声，颤抖着握着他的手：“老林啊，这是我第一次把你的手握这么长时间。”可是老人已经再也说不出话来了。

“可以好好休息了。只是，孩子们啊，你们的以后我看不见了。还有阿琴，你一个人好好的，我在马兰等你。啊，马兰，马兰……”一片黑暗中，他又看见了黄沙漫漫，还有个毛头小子穿着防护服拼命地雀跃地向前奔跑着，奔向他渴望的未来。

“把我葬在马兰，马兰……”他用尽最后力气说道。

一代代的追寻者　青丝化白雪
一辈辈的科技人　情铸边关恋
青春无悔　生命无怨
莫忘一朵花儿叫马兰

——《马兰谣》

人面何处

华西药学院　吴思娴

一

“娘，我想去上学。”

1952 年的冬天，寒风扑面而来。在河南省某乡村的小道上，一个七八岁的女娃拉着母亲的手苦苦哀求着，流下的眼泪滴到地面上就不见了踪影，两个脸蛋冻得红得发紫，浑身打着哆嗦。

“上什么学！你弟弟出生了，没人照顾他，我和你爹还要下地干活呢！不干活哪里来的吃的！”妇人搡了那女娃一把，险些把女娃推倒在地，“而且上学又贵又费粮食，肚子都吃不饱呢，赶紧给我回家，别丢人了！”

“学校里的老师对我都很好，我想去上学！”女娃哭的声音更大了，“而且男女平等了，为什么弟弟出生了就不让我去上学?”

“不行！回家！”妇人的态度非常坚决，拽着女娃的胳膊大步地往家里迈。

一路上，女娃的眼泪和飘落的雪花好像融在了一起。这女娃是许家的大闺女，别人也很少问起她的名字，或许，她是没有名字的。

冬天，真冷。

二

“老许婶子，做衣服呢！”邻居家张大妈的声音总是很洪亮，也不知她哪里来的那么大力气，日日下地干活，居然还练就了一副唱豫剧的好嗓门。她从地里回家后，总是要边烧红薯茶边扯两嗓子的豫剧，待小儿子睡了以后，又跑到老许婶子这里说说心里的不快。

“你随便坐，男工的一批赶出来了，这剩下的是女工的。”老许婶子笑起来总是很和蔼，说话也很温柔。因为在当地的辈分高，人人见了她都唤她一声“老许婶子”或“老许奶奶”，但她实际年龄才三十出头，又因为长得漂亮，当地人都打趣着称她为“电影奶奶”。老许婶子不仅人美，手也巧，因为会做衣服，本村的生产队队长便免了她下地劳动，只要在家里承包了生产队一年四季全队人的衣服就行。

张大妈里里外外、屋前屋后走了一圈，将老许婶子家“上下打点”一遍才搬了凳子坐在老许婶子边，说道："我昨天见你那小儿子了，裤子又破了俩窟窿，你说你管着全大队的衣服呢，省点布头给你小儿子打身衣服不就好了。"

"大队的布，我哪里敢动。"老许婶子一边说，一边换上了缝纫机的线，"倒是这线还能省一省，每月省下来两分钱，够那几个孩子上学用了。"

"也就你手巧，全生产队啊，就你不用下地干活，还拿着男劳力的工分，"说到这儿，张大妈一顿，冷哼一声，"我们阴雨天了还下不了地，拿不到分，你倒好，天天在家里坐着，工分就有了，还有线钱。不过你这做衣服的手艺是啥时候学的呀?"

"年幼时在我大姨家学的，那会兄弟姐妹多，吃不饱，我娘就把我放在大姨家养了，大姨会做衣服。"老许婶子笑笑，把刚刚订好的布换了个方向，又开始准备订另外一边，边摆弄着缝纫机，边说道："别说我了，你家也很好啊，起码一家子人都在一块，里里外外有个照应，割麦时你家那口子还能帮衬着，多好啊。"

老许婶子的丈夫在结婚不久后就去甘肃当工人了，好几年才回河南老家一次，一次也就在家里待几天，平日里都是老许婶子一人打点家里家外的大小事，有时自己的娘家弟弟也来帮衬帮衬。老许婶子没上过学，自然不知道甘肃在哪里，只知道坐火车要坐两三天，中途还要转站。她也不知道要在哪里转站，上次还是她的二弟弟带着她去的甘肃。车站人很多，大家都背着包裹从车窗里翻进去，人挤人，根本没有坐的地方。印象最深的是，当时她站在某个旮旯里，一个小妹走过来，她以为那个小妹要过去，便抬起了一条腿让道，谁知道那个小妹站那儿不动了，她只能抬着一条腿撑了大半天。幸好她那儿子躲在了厕所的门背后，抱着头睡了一夜。

两人之间的话题突然沉默了，又听着啪嗒啪嗒的滴水声，看来是下雨了。张大妈一拍大腿，着急地站了起来，急匆匆地冲了出去，又听着那大嗓门喊道："我家床上的那块顶子还漏着呢，得赶紧去找块雨布罩着床了。"

老许婶子也匆忙站起来，收好缝纫机，找找自己家的顶子哪里在漏雨。打着手电晃了一圈，盖好雨布。几个孩子已然入了梦乡，她又匆匆到厨房把红薯干洗好放到铁锅里，打算明早儿一起煮了当作早饭。

春雨好啊!

三

"武会计，你们又搞什么活动啊?"煤矿的财务科总是很热闹，三天一小聚，五天一大聚，总是搞着各种各样的团建活动，当地大大小小的知名餐馆，倒都让他们吃了一遍。

"不知道，我都烦了，不想去，回家陪姑娘呢!"武会计快人快语，精干的着装更显几分强势。

时光辗转，21世纪初的年代，家家户户都只有一个孩子，父母辈的期望都寄托在了一个宝贝身上，武会计更是如此，孩子做过的每道题必检查，写过的每篇文章必看，生怕她成不了才。

"咔嚓"一下开门声，惊得家中的女童赶紧关了电视，规规矩矩地坐在书桌前。

“我就知道你又在看电视！”武会计生气地冲到书房，脚下的高跟鞋被踩得“哒哒”作响，好像要把地板踩出一个窟窿来。

武会计伸手便要打这女娃儿，幸好在厨房做饭的老许婶子听到动静，急忙从厨房赶到书房，喊住了武会计：“你干吗？放个暑假，孩子看看电视怎么了，就这么一个孩子，打坏了怎么办！”

在20世纪90年代初期，工人家属的户口解决了以后，老许婶子便随着老伴迁来了甘肃，还带来了两儿一女。那三个孩子都在当地矿区上“子弟学校”，成绩都是班上拔尖的，但是家里穷，只好让他们早早毕了业当工人，解决家里经济问题。女儿工作以后又自学考大学，最后函授了一个大学文凭，这才成为当地矿区的会计。后来武会计找的姑爷是当兵出身，退伍以后待遇又好，家里也住起了三室两厅的大房子，还有一辆小轿车。这便把他们年过半百的老两口儿接到了家里，寒暑假期间给外孙女做做饭。

听见小轿车“嘀”的一声，知道姑爷回来了，老许婶子急忙把菜端上桌。等到姑爷进门时，四菜一汤已整整齐齐地摆在饭桌上。一家人坐在一起用晚饭的时候，是老许婶子最幸福的时候。

“爸和妈想回一趟老家，现在火车是一天一夜到吧？”武会计边吃边想起前不久老许婶子念叨想回家的事了。

“妈妈，我也想去。”女儿小声地念叨着，认真地打量着妈妈脸上的神情。

武会计用胳膊肘戳了一下姑爷：“咱俩陪爸妈回去一趟吧，闺女去舅舅家写作业，或者作业写完得早了，就带她一起出门。”

“可是我最近很忙啊。”姑爷无奈地说罢，端起碗来开始默默地刨米饭。

“你俩不用回去了，我和你妈自己回就行，现在坐车多方便啊，又不用挤，我俩进站上车就行了。”武老爹突然插嘴，整个气氛又沉默了下来。

“爸，你别管，”武会计突然生气而又委屈地看向姑爷，“上次过年去我姨家，你说你忙，上上次我奶奶过世，你说你忙，你有闲的时候吗？”

“我是真的忙，你怎么就不能理解一下呢！”姑爷的语气也开始强硬起来。

“女儿的学习是我在管，爸妈的病情是我在管，你家出事了我第一个赶到，我怎么能理解你，你让我怎么理解！”武会计越说越委屈，眼泪吧嗒吧嗒地掉了下来。

“那你别理解了，这饭我不吃了！”姑爷狠狠地把碗摔在桌子上，转身去了卧室。

“离婚！”武会计愤怒地吼出了自己一直想说的两个字，也转身离开了家。这年代，不就是离婚嘛，谁怕谁啊！

留下两老一小面面相觑，窗外一声惊雷，是夏雷。

四

“四丫头马上要到家了呦！”老许婶子已到古稀之年，满头的白发，身体也渐渐地胖了起来，如今两儿一女都过得很好，虽是小矛盾不断，但好在总体还是美满的。老许婶子最喜欢自己的小孙女——人称“四丫头”。

四丫头去年以全矿区第一名的成绩考入了大学，全家都高兴得不得了，那段时间，老许婶子上街都是掩不住的笑意。

“四丫头又坐飞机的吧?”武会计边收拾着晚饭的食材，边和坐在一边的老许婶子聊天。老许婶子上了年纪，根本不能劳累，于是这种全家团聚的日子，掌勺的总是武会计。

“是啊，上两三年大学了，没见她坐过火车，她这一辈，吃得最好，穿得最好，用得最好，前两天回来之前还去旅游了一周。”老许婶子提起四丫头，眼睛里就是藏不住的笑意。

话音刚落，门外“咚咚”的敲门声响起，四丫头到家了。

“奶奶！二姑！我好渴啊，先去找杯水!”四丫头风风火火地冲进家门，拿起桌上的水一饮而尽，然后把两鞋一甩，躺在了沙发上。

“多大的人了，没个正形!”武会计随手递过来湿手帕，好让四丫头擦一把手，“学校是不是很忙啊?”

“是挺忙的，谢谢二姑。”四丫头简单打理了一下，又立刻重新躺在了沙发上，“每天各种各样的作业，尤其是考试周，你都不知道多可怕，我这两年算是见识了，大家为了期末复习能拼命到什么程度，晚上 11 点的时候，深夜自习室都书声琅琅呢。”

“你要注意身体啊!”武老爹听见四丫头回来的声音，高兴又急忙地从屋里出来，一出来就看到四丫头四仰八叉地躺在沙发上，一时之间，又是生气又是无奈，“上大学就教会了你这么没样子，还有，你不会放松点嘛，高中那么苦，大学也那么累，我看你要累一辈子了。”

“对啊，我们这一代，竞争压力本来就大，高考是千军万马过独木桥，大学还要考研，八十多个人最后只能考上几个人，我可不得努力嘛!”四丫头自打上了大学，便不再害怕这个爷爷了。

“不读研，毕业找个工作也挺好的啊，事业单位，多好!”武老爹越发无奈了，这个丫头总是太过好强，比他那女儿还好强。

“这都什么年代了，不读研哪里来的工作啊，不读研还想进事业单位，非‘双一流’学历连工作都找不到，爷爷你的思想过时了!”四丫头也很无奈，年年回家，爷爷总要跟她念叨读研找工作的问题。在她的意识里，书一定要读，不然哪里来的未来。可是爷爷总觉得女孩子不能太要强，安稳地过日子才是真理。

“你呀!”武老爹长叹一口气，又转身进了卧室。

四丫头这次在家只待了一周，说是要急忙回学校继续做课题去。课题是啥？武老爹不知道，老许婶子也不知道，武会计也只能摇摇头。四丫头走的时候，北方已经入秋了，苹果和梨都熟了。

清朝皇室的后代，中国共产党的孩子

——爱新觉罗·毓林的故事

生命科学学院　金启涵

从我记事起，幼儿园和小学的老师和同学就都叫我大名“金启涵”。回家后，爸爸妈妈、亲朋好友习惯叫我小名，除了一位老人外……

爱新觉罗·毓林

爱新觉罗·毓林，我爷爷，可以算是一位风流倜傥的人物，至少他自认为是这样的。从小，他就老叫我“小爱新觉罗”，听得我总觉得有点别扭。直到后来，我爸才跟我透露实情，原来我们家是清朝皇室的后代，而且是家谱有记载的“正黄旗”。好奇的我当天晚上就去了爷爷家，他好一顿忙活，翻箱倒柜地找了一堆残破的书籍和已经泛黄了的证件。其中，有部分家谱的影印版，有各种奇奇怪怪的居民证、税票，都被岁月磨砺得看不太清了，只有几个勉强能辨认出的字迹证实着它们的真实性。不过，在这残破的文件堆里，我翻出一本保存完好的、鲜红的证件，上面写着“中国共产党　党员证”。爷爷拿起它，随手翻了翻，跟我说：“小爱新觉罗啊，要是当初没有党，我们家可能就要断送在我这一辈人手里了。”

那是我第一次知道党，也是第一次知道中国共产党对我们家的影响。

由富贵到落魄

我爷爷生于1912年，一个清朝灭亡、民国刚刚建立的混乱年代。从出生起，他的命运就注定不会很顺利。而我太爷爷，爱新觉罗·载衍，是一位没什么学问的生意人，在京城北海东边的大石作胡同，即故宫后院那一片维持着自己的生计。据我了解，我太爷爷的父亲（爱新觉罗·奕年）是当初京城的九门提督，全称提督九门步军巡捕五营统领。但后来爷爷渐渐被咸丰帝（爱新觉罗·奕伫）疏远，从故宫迁出，在北海那边做起了皮毛生意。我爷爷出生时，是家中的老三，上面还有两个姐姐。一家人住在一栋四合院内，其中一面墙与大高玄殿的西墙接壤，在当时也算是有礼有面的大户人家了。可我爷爷刚上小学，家里就出事了。我太爷爷的父亲去世，太爷爷的妻子沉迷赌博败光了家里的所有财产，最糟糕的是，太爷爷也因为过度劳累生了病。一年后，太爷爷的妻子和他离婚了，带走了两个女儿，留下刚刚9岁的爷爷独守其父……

祸不单行

迫于生计，我爷爷只好辍学，去找点小工打，挣点血汗钱勉强糊口。我太爷爷在几个挚友的帮助下也算是保住了命，但是身体已经垮掉了，生意也都没得做。撑起家庭，甚至是将爱新觉罗·奕年这一支血脉传承下去的重担就落到了我爷爷的肩上。那时，他才不到10岁。

机缘巧合，我大姑奶奶（我爷爷的姑姑）找到我爷爷，把他们父子俩接到了她家，也算是有个照应。我爷爷因此得以读完小学，算是有了个学历。1928年，他在北海公园靠拉车为生，赚的钱还要花去一大笔给我太爷爷买药，剩下的勉强够吃够喝。但每天十几公里的拉车，对于一个刚刚小学毕业的孩子来说还是太苦了。

祸不单行，1931年，日军发动“九一八事变”，侵占东北，又紧接着在北平城挑起卢沟桥事变，把东北、华北地区搅得一团糟。“战争中最受伤的往往是平民”，本来生活就不太富裕的大姑奶奶一家被迫西迁。但我太爷爷的身体不允许和他们一起走。我爷爷只好用大姑奶奶留下的一点钱在南城买了一间十几平方米的小平房，又在那边找了个短工做。据我爷爷说，那是他最艰辛的一段日子，吃了上顿没下顿，不仅每天忙上忙下，还要时刻提防着战争的硝烟波及他们。

“党来了”

我问我爷爷：“当时北平城里那么乱，您是怎么坚持过来的？”

我爷爷拿起那本红色的党员证，翻开第一页，语重心长地说：“在最黑暗的时候，党来了。”

1935年12月，北平城里爆发了数千名学生组成的大规模游行，他们高呼的“抗日救国、反对华北自治”的口号传遍了大街小巷，传到了我爷爷的耳中。他立刻走出了屋门，加入了这次游行。从一些学生的口中，他第一次知道了中国共产党。那是他这辈子最兴奋的时候，原来还有这样一群同志在拯救他们、拯救中国。

1939年，建成20年的中国首钢集团在中国共产党的号召下开始扩大生产。我爷爷借机加入首钢，也离党更近了一步。五年后，爷爷因为工作刻苦、体力过人，晋升为钢铁生产队队长，也获得了入党的机会。迫于不会写字，他一字一句地念出了自己对中国共产党的爱慕与向往，让书记帮他誊抄在纸上。1945年5月，爱新觉罗·毓林正式成为中国共产党的一员。

从那一刻起，红色精神就已经镌刻在了他的心里。

一个忠实的党员

旁人都很难想象，一个爱新觉罗家族的老人为什么会是忠实的党员。但一旦你和我爷爷聊过天就会发现，他是三句话不离党。因为中国共产党对他的帮助实在太多了，多到他一辈子都说不完。

成为党员后，我爷爷积极响应党中央的号召，完成自己的使命。在一次工农运动中，他结识了同样是党员的我奶奶。后来，两人也因为党的原因彼此熟悉，最终走到了一起。

1949 年新中国成立，他有幸成为天安门广场方阵的一员，参与了这场隆重的开国大典。而后来，他又积极响应党的号召，前往山东的一些小工厂传授自己的技艺，可谓是入党后的年月都在跟着党走。

1964 年，我爸出生前，他拿到了新版的党员证，也就是留到最后的那一本。我爷爷这辈子不贪钱财、不贪官位，他甚至连房产证和中国首钢的员工证都没留下来，只留了这一本党员证。他说："这就是我的命根子啊。"

中国共产党的孩子

我爷爷总说他是"清朝皇室的后代，中国共产党的孩子"。

清朝灭亡之后，所有爱新觉罗氏族的后代必须改姓金。但我太爷爷不认，所以他们父子俩就都没改姓。我爸出生在 1968 年，爷爷为了保平安就给我爸取名"金恒明"，后来又改名"金明"，隐去了代表辈分的"恒"字。可他自己还是自称"爱新觉罗·毓林"，因为他忘不了太爷爷的教诲。

但是我和他闲聊时，他总说他是中国共产党的孩子，而且从小就教育我长大了有机会一定要第一时间入党。因为爷爷最清楚，中国共产党救了他的命，加入中国共产党的那一天也是他看到希望的时候。

红色的灵魂

2018 年 1 月，我爷爷因结肠癌离世了。他留下了一份遗嘱，上面有写给我们家里每个人的话。写给我的最短，但也最深刻。只有四个字："紧跟党走"。

生前，我是最喜欢跟他聊天，跟他聊党的人。离世后，他留下了这最后的叮嘱，也算是他老人家最后的要求了。

为爷爷下葬时，我们每人都可以在墓旁埋一样东西。我爸和其他长辈都埋了一些他老人家生前常用的物品，但是我放了一本红色的小册子。因为可能只有我知道，那是爷爷最珍爱的东西，那是他红色灵魂的证明。

结　语

我爷爷总说，没有共产党，可能就没有我们这一家。

这就是我爷爷的故事，一个清朝皇室的后代，一个中国共产党的孩子的故事。

谨以此文表达对中国共产党的感恩，并纪念这位老人"风流倜傥"的一生。

老　虎

经济学院　马金明

最近，小李村的村主任老虎十分发愁，八字眉都快要拧在一起了。他坐在村庄口的大石头块上总是唉声叹气，路过的村民都要好奇地看上一两眼。

说起村主任老虎，他本名也不叫这个，这个外号还是村民给他取的。原因据说是他做事特别“虎”，敢于创新，大胆改革，做了很多之前村民想都不敢想的事情，比如说在小李村修了一条十里八村都没有的水泥路。大家到现在都还记得他当时开动员大会时信誓旦旦说过的一句话：“要想富，先修路。”事实证明，这些年来，在他的带领下，小李村发展得越来越好。这不，前不久，他看村里闲置的土地太多，和村民商量准备把土地集中起来，承包给想要集中大规模种植辣椒的村民，这样一来，那些因为无人种植而荒芜的土地就能发挥作用了。眼看就到秋天了，地里那整片的红辣椒多么喜人！

看看不远处布满乌云的天空低飞的蜻蜓，老虎又沉重地叹了一口气，起身离开了……

何事儿让老虎这么忧愁呢？那有一部分就要归因于这天气了，眼看着大雨即将到来，老虎就开始担心起来。其实，这种情况持续好几年了，每次一下大雨，他就担心村里那几家贫困户的房子，也不知道这些房子能不能撑过去。他记得村里刘奶奶的房子都裂了好大一条口子了。

“村主任，村主任……”村支书冒着尚且较小的雨匆匆忙忙地跑来了，“村主任，快去看看地里的红辣椒吧，看这天气，估计都要泡在地里了。”老虎虽然带领村民承包了土地种植辣椒，辣椒长得是很好，但是每年到丰收季节就苦于没有销售渠道。每年老虎都四处打听询问，通常要花很长一段时间才能全部卖出去，这辣椒也会在地里留很长时间。一旦遇上下雨天，就像今天，辣椒就要毁了。一听到村支书的话，老虎没敢有丝毫停留，立马就跟着跑了出去……又是一阵兵荒马乱。

这天，老虎正摸着自己前几天运辣椒的时候累得又酸又疼的腰，县里的电话就来了，说是明天有扶贫的干部过来。老虎也没有当一回事，毕竟每个月县里都要派人至少来一次了解情况。

第二天，老虎刚刚吃完早饭，就被告知县里的人来了，老虎还有点摸不着头脑，怎么来得这么早？等一看到人，老虎就更疑惑了。“怎么来了这么多人，还有很多不认识的，是有什么大事要发生？”老虎心里这样想着。经过一番简单的介绍之后，老虎更加奇怪了，县长和县里水利局局长、税务局局长、林业局局长等都来了，还有很多县里的其他干部。县长看出了老虎眼中的疑惑，笑着说道：“这些干部是来精准扶贫啦！”

随后，大家开了一个简短的会议。这时，老虎才明白过来：自改革开放以来，我国经济快速发展，人民的生活水平在逐步提高，大部分人都摆脱了贫困，走上了脱贫致富的道路。党和国家曾对人民承诺，到2020年要基本消除绝对贫困现象。目前，扶贫开发工作已进入了“啃硬骨头，攻坚拔寨”的冲刺期。于是，党和政府提出了要“精准扶贫”，即对象要精准，资金使用要精准，措施到位要精准，因村派人要精准，脱贫成效要精准。各个阶层各个部门的干部都要加入扶贫的队伍中来。这些干部是要来精准扶贫了！老虎按捺住内心的狂喜，认真仔细地把本村的情况说清楚了，他是真的希望能够和县里的干部一起努力，让小李村变得更加美好！

大家话也没有多说，在简单了解情况后，立马就开始行动了。老虎先领着干部逐一拜访了村里的几家贫困户。

刘奶奶是个空巢老人，孩子都在外地打工，老伴走得早，家里就只有她一个人，每个月靠着国家补助养活自己。老虎和干部到了刘奶奶家里的时候，刘奶奶正在吃饭，眼看着屋子的左墙已经裂了一条缝，太阳都可以照射进来。屋子里也没有什么电器，就只有两个小板凳，老虎他们一行人连坐的地方都没有。老虎看得眼睛发酸，每年他都会为刘奶奶多争取一点补助金，但是这也仅能满足她的日常消费。县里的干部也不嫌弃，就在刘奶奶门前一棵早就倒下的树干上坐了下来，和刘奶奶交谈了起来。他们一边听一边详细地记录了刘奶奶的情况。临走时，一名干部拉着刘奶奶的手，向她介绍自己是精准扶贫中专门负责联系她的人员，以后有什么问题都可以给他打电话，并把他的电话留给了刘奶奶，并且承诺每个月都会来看望她，也一定会尽全力解决她的问题。

走访完了刘奶奶家，老虎又带着干部走访了其余的贫困户。最后，每一个贫困户都有一个专门负责扶贫的人员，真正做到了精准扶贫！

前几天惨被泡在水里的辣椒是老虎的一块心病，想想辛辛苦苦种出来的东西就这样毁了，老虎就忍不住地心疼。看到县里的领导都来了，老虎就想反映一下，希望县里能够帮帮忙。还没等老虎提出来，县长就拍了拍他的肩膀，说道：“听说你带领村民搞了个土地承包集中种植了红辣椒，做得不错，在这一带都出名了，大家都夸你这个村主任当得好！”这话夸得老虎黑黝黝的脸泛起红色来。当然老虎也没忘记更重要的事，立马就和县长说了自己现在面临的最大问题：销售渠道。小李村是个土地肥沃的地方，红辣椒不仅长得好产量也高，但是找不到合适的购买商确实是一个大问题。县长听后对于这个问题十分重视。

过了几天，县长带着一批人再次来到了小李村，那些人看了小李村的辣椒之后都忍不住称赞，当天就签下了好几个合同，老虎揣着签好的合同，喜形于色。他忍不住好奇地问县长是如何做到的。县长说，一部分买家是靠政府联系的农产品市场；另一部分就是政府把小李村的种植作物、种植情况和产品展示等挂在了网上，不少商家主动找来，想要进一步了解的。县长拍了拍老虎的肩膀，笑着说道：“现如今我们国家互联网发展迅速，很多信息都可以在互联网上发布或者通过互联网查找，很多种植户都会在网上发布自己的产品情况进行销售。”一番话之后，老虎确实受益不少，他暗下决心要多学学上网，要跟上时代潮流！

一年之后，又是辣椒的丰收季，看着红彤彤的辣椒一车又一车地被运了出去，老虎心中十分高兴，政府不仅帮忙解决了销售渠道的问题，还给予了承包的种植基地每一亩地 800 块钱的补助，鼓励大家在家乡创业，拉动家乡经济增长。同时，这还为村民创造了很多就业机会，每到丰收季，就有不少村民过来采摘和管理，让大家不用外出打工就可以挣钱，真正地让更多的人摆脱贫困，创造财富，实现全面小康!

年终的表彰大会，老虎毫无意外地被评为“最美村主任”，他在大会上发言道：“现在网络上很流行的一个词叫作‘打老虎’，很多人也拿这个和我开玩笑，但是大家都知道我不是这样的人。目前是我们国家脱贫攻坚的重要时期，作为一名共产党人，作为一名国家干部，我们需要做的就是为人民服务，坚决不能贪污腐败，收受贿赂。我相信，有许许多多的共产党人比我还要优秀很多，他们一心为人民服务，带领大家脱贫致富，有的干部甚至累倒在岗位上，这种精神值得我们每个人学习！最后，我想强调一句，此‘虎’非彼‘虎’也!”会议在大家的哈哈大笑中结束。

西塞的那扇门

文学与新闻学院　常　乐

（一）

瀚海重波全旌旗，饮马千里断边声。

心知偏向边庭苦，纵死犹闻铁骨香。

吴鸿带着西川军初到惠远城的时候，柳絮一样的雪正从空中乘着凛冽的风飘飘落下，边塞牧民的悠悠长歌伴着绵长劲道的马头琴声环绕着帐篷前燃烧的篝火。火苗在姑娘旋转的裙裾旁跳跃摇动，映亮了远方的山脉、高空的大雕，也把边塞的天地映入了吴鸿墨黑色的瞳孔。

前来迎接的都统偷偷打量着面前的玄甲青年——“及冠之年，才绝京城”。年近半百的老都统暗自思量：京中贵胄多轻防，这等天之骄子竟然愿意来这荒蛮之地，想来又是为了日后晋官加爵做铺垫。

“不知吴将军打算在此驻留多久？何时回京？”

吴鸿没有回答，只是轻轻扫了一眼身后阵容规整的西川军，颔首微抬，闪亮的目光会聚在白茫茫的天地之交。

老都统只看见年轻的将领侧脸刚毅的线条和泛着朔气的盔甲一动，铁骑前行，只留铿锵的声音在耳畔回响：

“敌寇不平，本将不归。”

恍惚之后，都统再抬头，马走人去，只留下苍茫雪地上的一串串马蹄印在月光的流照下通向大雪深处……

（二）

远方飞翔的雄鹰/那是我不醒的梦境/明日/我远去追寻/陌上将绽放热情的花朵

我会悄悄地踏上旅途/为寻找远方的羽翼/身影将消失在昔里/没有一丝丝惋惜

“徐工……徐工……醒醒啊！醒醒啊！”

徐来慢慢睁开眼睛，眼前全是充满关切的黑眼睛，徐来想说点什么，刚一开口，前额就剧烈跳痛起来。

海拔 6341 千米，尼泊尔北部，高原反应。

一年前，徐来被选派参加“一带一路”项目到尼泊尔接入互联网。古朴的佛殿庙宇，慈眉善目的释迦牟尼佛像立在浮屠塔上，安静的杜巴广场装不下徐来年轻躁动的心，食指下的快门咔咔作响，异国风情便就此定格在手机的一方屏幕上。八九岁的红衣小僧还不曾褪去顽皮，一双黑葡萄一样的大眼睛盯着徐来的智能手机滴溜溜地打转，晒得黑不溜秋的小手摸摸光溜溜的脑袋，小心地瞅一瞅年迈的主持，又耐不住好奇，踮起脚尖，想摸一摸徐来手中的“神奇玩意儿”。

“阿查亚，听话!”

徐来看着眉须发白的老僧穿着朱红僧袍从金黄的余晖中走来，想来便是庙中奥利主持，连忙后退双手合十准备行礼。谁料，自己的手却被对面一双苍老的手扶住，再抬头，面前的老者竟然向自己深深鞠了一躬，指一指徐来工装胸前的五星红旗，用生硬的汉语连连说“好人，好人”，再深深鞠躬离开。

走在加德满都弯弯曲曲的小巷中，满身泥泞的孩童在追着阳光奔跑，穿着艳丽的谢尔巴族姑娘唱起了不知名的歌谣。刚才那白眉老僧的两个鞠躬还总在徐来眼前摇晃，他把手放在左胸前，摸一摸那针脚细密的五星红旗，感觉炽热的温度从指尖流淌进了自己的血脉之中……

“主任，明天就安排我进山吧，我要去架光纤，把互联网接入尼泊尔!”

（三）

疾风挽劲松，怒涛撼青山。

狭路逢敌手，此情怎付言。

鼓声雷动，旌旗飘扬。马蹄卷起滚滚黄沙与漫天的白雪纠缠，厮杀声混着兵刃相接的叮当声在天地之间叫嚣。

吴鸿紧咬牙关，长剑出鞘，胯下的宝马长嘶未止，手中的剑影却已是转了无数回合。起身，跳跃，旋转，夜幕下，看不清他的一身玄甲，只看见剑光一闪而过，身后已是伏尸一片。

这个如同玉面修罗的汉将提剑立于战场中心，一双凌厉的眸子已经杀得猩红，他环视四周，感觉无论是玄甲西川军还是塞外的胡骑都笼罩在漫漫血色之中，耳边只有北风在轰轰作响。

“吴将军，当心!”

吴鸿闻言回头，不及看清来者何人，只感觉一股逼人的剑气袭来，天地之间便满是肃杀之意。吴鸿赶忙反手抵剑，平举挡胸，硬生生地迎下对方的直击。虎口还有些麻木，他赶忙双臂一振，趁对方应接不暇时向上挥剑，直指对手。谁料对方也深谙剑道，顺势抽离，纠缠着绕开吴鸿的如虹剑气，抬步运气，平稳后退。“铛——”长剑归鞘。

高挺的颧骨、微卷的鬓发，高大的身姿在胡服下更显硬气。

“不对！这分明就是个胡人，怎会如此熟谙中原剑法?”

“鄙人卓霍格桑久仰吴将军剑法，特前来向将军讨教一二。”

话音刚落，卓霍手中的长剑又再次出鞘，一道银白的寒光直取吴鸿咽喉。剑还未到，森寒的剑气已经刺碎了西风。吴鸿心知遇上了对手，却也不急着拔剑，只是横举剑鞘，用力一推。卓霍剑身稍偏，吴鸿手腕轻转，抽出宝剑向对方小腹砍去。“呲——”一截绣着藤纹的胡布从剑尖滑落，卓霍格桑却轻轻一跃，稳稳落地，就着缓冲蹲下身，扫向吴鸿下盘。

四周充斥着士卒的嘶吼声，黄沙裹挟着兵器的碰撞，无人注意到这边下马的两方将领的角斗。

吴鸿强行压下即将到嘴边的喘息，死死盯着同样有些体力不支的卓霍格桑再次挥剑。出招、拆招、纠缠、抵力！两双同样睿智凌厉的眼睛相对，神色复杂地看着对方。曲遇知音长绕梁，剑逢敌手不愿休。

吴鸿刹那间有些恍惚，再回过神来，眼前卓霍格桑的那把铁剑带着巨大的嗡鸣声逼来。

（四）

姜丝花开了/我翻过山去看你/一路上/是未知的种子破土的声音

山上下雪了/我翻过山去看你/一路上/是灵魂和知识冲破谜团的声音

徐来猛然睁开双眼，摇晃，是大地的颤抖。帐篷外的马灯在剧烈的摇摆中忽闪忽灭，徐来从床上跳下，抱起桌案上的图纸就往外跑。

已经数不清这是第几次恍惚，地震了，徐来摸摸乱蓬蓬的头发，把手中的图纸往地上一摔，一股莫名的烦躁涌上心头。三个月了，已经三个月了，手中的工程依旧进展缓慢。徐来看着地图上表示山脉的一条条纵横曲线好似变成了一条条毒蛇，扭曲着身子，紧紧缠绕在他的指尖，咝咝地吐着信子。

尼泊尔北部山脉纵横，道路在大山沟壑间盘延旋转，连人上山都十分不便，更不必说要把数千米长的电线跨越峡谷建在海拔极高的两峰之间了。就这样，如何完成电线的跨越式建设成为困扰徐来三个多月的谜题。

皑皑白雪，茫茫苍天。小迪雅紧紧地抓着手上的姜丝花，跟在阿妈的背后爬上山，小小的脑袋里还在回想昨天王老师课堂的一幕幕。

“同学们，等到网络联通，你们就可以看见中国的小朋友啦！可以看看孙悟空、猪八戒，还有饺子、春节……”

“老师，老师，什么是网络呀？”

“网络要把那么多东西从那么远的地方带过来，要走多久啊？我爸爸去奇特旺的时候都花了 4 周呢。”

迪雅有些小得意，迪雅的爸爸就在中国的施工队里上班。他爸爸常说：“明天你和妈妈来山上看看，就知道网络长什么样子了。”

远远看见云雾中鲜艳的五星红旗，迪雅的小脸激动得发红，她捏了捏阿妈的大手，想和阿妈说点什么，却又不知道该说什么，只能睁着一双大眼睛，长长的睫毛像蝴蝶的翅膀一样眨呀眨。

（五）

白刃血纷纷，关山月悠悠。
知是故人来，我心空幽忧。

卓霍格桑的剑迎面刺了过来，猛然又被一股气势惊住，电光火石之际，卓霍格桑的铁剑就贯穿虚空刺入血肉，鲜血溅出，顷刻间，卓霍格桑的脸上沾染了斑斑血迹。吴鸿骇然大惊，扭头看去，胡军中一个小卒右手已然负伤，还抓着匕首在颤抖。

“为什么?”

“我要你们汉人的江山，不见得就要耍阴谋手段搞偷袭这一套。”

“兵家取胜，无法可不取。”

“我说了，吴将军于我有恩。”

“……”

“听令，收兵!”卓霍格桑翻身上马。“改日再来拜访吴将军”，说罢，扬鞭而去。老都统看着归去的胡兵，心中大喜。

吴鸿脸色有些难看，只是讷讷地说：“怎么会是他呢?”

是啊，怎么会是他呢?

八年前，吴鸿同往日一样前往老师家学习剑法，行至中途突然勒马。伏下身子，抱起一旁倒在雪地里颤抖的胡人小乞丐，对着不知所措的家丁说：“救济弱者，本就是剑法之本心，想必老师会理解的。”

枫叶红了又绿了，丁香花开了又谢了。两个少年就在一起念书、习武、赏花、品茗……京中贵胄多笑他，竟和一个胡人小乞儿同进同出，吴鸿也毫不在意。

谁料，两年后，这个小乞儿竟然带着盘缠，趁着夜色离开了。交心之友突然不告而别，吴鸿设想了太多太多可能，到最后，只有将这段不了了之的友谊就此埋葬在时光深处……

惠远城内又点起了篝火，火苗攒动着，士卒们笑着分享着烤肉，吴鸿饮了两杯酒后就退到一旁，默默擦拭着自己的玄冰剑，脑中一招一式全是今晨沙场上卓霍格桑的剑法。他修长的手指抚过剑上交错复杂的纹理，好像这样可以抚平自己心中的迷乱思绪。

（六）

瀚海阑干万鼓擂，黑山叠嶂千旌飘。
将军妙计擒敌虏，故交终成陌路人。

吴鸿缓缓合上手中的书信，一双剑眉在昏明不定的烛火前紧紧锁在一起，久久不能舒展。

第十封了，已经是第十封了。自那一战之后，每天城墙上便会射来一支箭，将卓霍格桑的信牢牢钉在城墙上，信的内容甚广，诗词曲赋、剑法武功、山水风光……只是，这封信里从来没有提及战事。

吴鸿也曾把信上交给老都统。老都统捋了捋花白的胡子，皱着眉头，反反复复看了好几遍，感叹道："真想不到这是个鞑子写的！也是一个才子啊，只可惜……唉——可惜，可惜！"

吴鸿慢慢合上双目，可是卓霍格桑的字迹却再次在脑海中浮现，那一笔一画，都是自己所教的啊。如今看起来，竟然是这么的熟悉，这么的——陌生。在老都统眼中，卓霍格桑写的诗词不过就是排遣情绪、表达抱负而已。但是，吴鸿却读懂了，这里面有不辞而别的歉意，有对故人旧事的思念，当然，还有进军中原的野心！

八年前，吴鸿视他如友如弟。几天前，战场上被他所救。明日，又将是一场大战。

明月悄悄爬上树梢，军营的夜晚静谧无声。无人知晓，今夜，将军的营帐灯火亮了一个通宵。

战鼓擂，马嘶鸣。

两军相对，这是拼死的搏击，没有人敢松懈。血腥味在空气中四散弥漫，倒地的士卒发出阵阵哀号，后面的士兵又补了上来，抬起手中的大刀向手上沾满鲜血的敌人砍去。城墙上，早已经布好了弓箭手，吴鸿右臂高举，顿时，盾牌起，万箭发！胡人只顾地上，还没看清天上哪来的密密麻麻的箭镞，就已中箭倒地。卓霍格桑也是措手不及，右臂也挂了彩。卓霍格桑扭过头要指挥乱作一团的队伍，胯下的马却被人抽了一鞭子。马一时受惊，前蹄高高抬起，生生将卓霍格桑扔到地上。卓霍格桑刚要翻身跃起，身下的黄沙却突然抖动。黄沙落，网套起！卓霍格桑还来不及反应，就被西川军重重包围，藏在黄沙下的大网突然收紧，将这个身高八尺的外邦将军牢牢困在网中……

卓霍格桑感觉天地间一瞬间都安静了下来，他只能听见自己剧烈的心跳和吴鸿的战靴踏过黄沙的声音。八年前，也是这样，自己倒在雪地里，耳边只有自己微弱的喘息和那个少年踏过雪地的声音……

史册记载：四十六年，吴鸿大将军率西川军西进，驱匈奴、定西疆、俘虏胡将卓霍格桑……使民安其居、乐其业……将军长驻边塞……守我国门……

三个月后。

牧民的长调伴着悠扬的羌笛在大漠上行走，滚圆的落日在地平线上停伫，戈壁滩上的玛瑙石发出了温润的光泽。吴鸿站在国界碑旁边，挺拔的身姿被投射出长长的影子，像一支大笔，在地上用浓重的墨汁画出一道分界线。他回头，对身后的人说："你走吧，再也别回来了。"

枷锁砰然落地，卓霍格桑拖着步子，一步一步地向着国界碑对面的故土走去，瘦削的脚趾触到吴鸿那道细长如国界线般的影子时，他突然站住了。卓霍格桑想回头再看一眼，看一看中原的山河风光，看一看儿时的故交……

"别回头！"吴鸿清冷的声音传来。

卓霍格桑僵直地立在原地。

"离开我朝疆土，你就生生世世休想回头！这个国界碑绝不容你踏过半分。"

（七）

塞上曲悠悠，有一个挺拔的身影在夕阳下倚剑而立，他守着这扇门。

塞上诗铿铿，有一个挺拔的身影在灯光下描绘图纸，他打开这扇门。

春风送少安

华西口腔医学院　吴妍廷

雄关漫道真如铁，而今迈步从头越。

——题记

一

少安一直很喜欢吃肉松。

当时的少安还是小少安，在父亲上班的工厂里成天疯闹着，向叔叔们觍着脸要一些车间里面剩下的肉松渣子，只沾一些到手指上，就可以一个人坐在大门外面的台阶上嘬一个下午。当时少安就这样想：要是以后能够有一大罐肉松天天舀一大勺下饭吃就好了。想着想着，父亲就下了工，提着他的保温水壶，趿着布鞋，少安就把手在脏脏的裤子上蹭了蹭，站起身来屁颠屁颠地跟着父亲回了家。

父亲最近心情很不好，少安在晚饭后写作业时隐隐听到母亲与父亲闹着，说什么工厂效益云云。他不懂这些，然而想来也不会比作业本上的加减乘除更为令人头疼，遂草草写完作业，跑出去望着家旁边的海，海上的夜空和夜空中闪耀的星星。

少安家在海边，父亲说在那悬崖峭壁的对面是一个叫作金门的地方，金门的那边是台湾，少安有一个远房叔叔在那儿。少安一直想要去看望那位素未谋面的叔叔。

浪花轰隆隆击打着峭壁，和着晚间呼啸的海风，仿佛小人书中描绘的进军鼓，声势浩大，少安仿佛听见了父亲口中的坚船利炮、冲锋号角，寥廓江天万里霜。第一次，少安有了想去其他地方看看的欲望，不只是北京天安门，他叔叔所在的台湾岛，海那边，他身后，这么多地方，苍苍天地，茫茫宇宙，少安忽然觉得自己长大了。

再回到家的时候，母亲已经将父亲赶出了卧室。父亲讷讷地对着少安憨憨一笑，少安突然对自己刚刚有这么不切实际的想法感到羞愧，夹杂着些许沮丧，又有点无奈。是啊，读到小学六年级就要帮忙开始料理家里的地了，之后上个初中，毕业之后代替父亲或母亲的工作。少安想想就觉得这生活太无聊了。父亲的工厂要开始卖其他东西了，以后还不一定有肉松吃。

二

“少安，来个包子！”

“好嘞，您的包子，一毛五，来找的钱您收好！”少安听说广东有个小渔村可以挣钱，他盘算了一下，不管自己以后要干些什么，积攒一些积蓄总没错。于是在这里成为一家饭馆的跑堂，兼职帮老板娘卖早饭。

少安听说老板娘是地主家的女儿，“文化大革命”的时候被批得很惨，差点抹了脖子，却不知道最后为什么又活了下来，还嫁了一个大厨，学到了手艺。后来丈夫去世，她又成了孤孤单单的一个人，好歹有些手艺，索性就到这里来闯一闯。少安的父母已经退休，两人无牵无挂，日子久了，竟生出一点惺惺相惜、相逢何必曾相识的意味来。

老板娘会做肉松，且用的是先夫的秘方，做出来鲜香扑鼻，有时做多了也会留给少安一份。

少安觉得此时的自己很幸福。

三

少安再次回到海边的家里已经是十五年之后了。拿着 BB 机，西装革履的少安风头无两，引得乡邻纷纷围观，颇有当年苏秦挂六国相印回洛阳时的风采。母亲哭成了个泪人，说：“你出去打拼这么多年，也不写封信回来，我好担心呐！”少安指挥着工人拆了自家老房，要在原址起一座三楼的小楼房。

父亲直截了当：“少安，这么多钱，你怎么来的？”疑问间还有一丝警醒，仿佛自己生养的是一只恶狼。

“爸，您真是老眼光看人。深圳是什么地方，改革开放的最前沿，每天都有大把的机会挣钱。我现在在做食品加工这一块的企业，开了个工厂！”

“什么？你一个人开工厂？”

“是呀，爸，我找银行借了一些钱，加上我这些年的积蓄，足够开工厂了！您看这不一有时间就回家来看你们二老吗？”

“儿子，出息了。”父亲想伸手摸一下儿子的头，却终于放下手臂，颇有些落寞地离开了。

四

少安在楼房开工后没几天就走了，又过了足足半年才回来。

回来时少安向村民宣布了一个很重要的消息。

“我打算在村里建一个食品加工厂，各位大爷大妈，可有愿意现在入股入职的吗？

“党中央说了，要先富带动后富。要大家富了，都有钱了，有小汽车、三层楼房了，中国人民才是真正站起来了。”

于是工厂建立起来了。三年后，少安又新开了两家工厂，将隔壁村子的老弱妇女都召集了起来，共同做精品刺绣。这三个村子，从此成了驰名当地的万元户村。

五

“少安，你是怎么做到今天这样的呢?”

“从前我想，要是每天都能有肉松吃就好了。但是现在，我想要全福建，全华南，全中国，每个人都有肉松吃，都有美丽的衣服穿，都能过上自己想过的日子。”

“咱中国老百姓终于过上好日子了，我高兴。”

六

于是大地上高楼迭起，家家充满着幸福的暖意。

海边，一个嘬着手指的男孩子坐在家门口的台阶上，屋内传来一声悠长的“开饭啦——”，男孩一跃而起，拍拍手上的粉末，蹦跳着进了家门，粉末随风飘摇，最后落在了地上，与尘土混为一色。

其他

我家乡的华丽转身

商学院　李天舟

从1949年到2019年，新中国在中国共产党的英明领导下，以坚韧不拔的毅力和卓尔不群的智慧谱写了历史新篇章。风风雨雨的70年，沧桑巨变的70年，中国以神奇的速度实现了经济腾飞。作为一名“90后”，我从祖辈父辈口口相传的故事中感受着祖国和家乡的变化。

爷爷篇——一个城市的诞生

1905年，因一条命名为“正太”的铁路线应运而生了一个区间站点——漾泉，它就是我家乡的雏形。随着一列列满载“乌金”的火车呼啸而过，这个小站变得热闹起来，逐步走向城镇化。一批一批煤炭采掘、冶炼企业相继成立，漾泉摇身成为山西近代工业的发祥地之一。众多行商坐贾为此慕名汇聚而来。漾泉很快又成为连结晋冀两省的商品集散中转地。阳泉这个名字，是在1947年5月2日正式建制更名的。

父母篇——一个城市的发展

20世纪六七十年代，阳泉这座因煤而立、因煤而兴的城市，凭借着丰富的煤炭资源、相对便捷的交通迅速发展，成为山西煤炭经济区的重要组成部分。当时为响应党中央提出对国民经济实行“调整、改革、整顿、提高”的八字方针，市政府集中力量加大对农业的投入，加快轻工业的发展步伐，对部分重工业进行整顿和改造，全市国民经济的重大比例关系趋于合理，大多数企业的产业结构趋于协调，产品质量有了较大提高，全市经济开始出现稳步发展的势头，顺利实现了工作重心的战略转移，伴随着钢铁冶炼业规模化崛起，阳泉市年生产总值跃居全省前列，跨入了一个蓬勃发展的新时期。富足的煤炭资源为阳泉人民带来了丰厚的回报。计划经济时代下，一些只能在大城市才能一见的紧俏轻工商品也出现在了阳泉百货公司的货架上，阳泉因此拥有了“小上海”的美称。

“飙轮迎月入阳泉，灯电照明半壁天。争赞浑如到香岛，飞来仿佛遇桃源。”这是郭沫若夜宿阳泉留下的诗篇。建市30年后，阳泉变得风采多姿，气象万千。以阳泉母亲河——桃河为主线的城市规划改造正式启动：宽阔的桃河大桥连接着市区南北，南山公园依山而建，桃河公园，湖光潋滟。经过旧城改造和新区开发，阳泉城市道路整洁、宽阔。“东水西调”工程使阳泉市日供水能力达23万吨，昔日郭沫若游览娘子关时留下的“回顾陡惊溶碧玉，倒流将见吸长虹”的想象变成了现实。城市居民煤气化普及率达60%以上，城市集中供热面积达居民住宅面积的46%。经过旧城改造，阳泉市兴建了兴隆、赛鱼、四季春三大集贸市场，新建了阳泉百货大楼、兴隆百货大楼、阳泉宾馆、物资大厦、工商大厦、展览馆、青少年宫、体育馆、阳泉火车站等一大批基础设施，新建了彩色音乐喷泉、水上世界等一大批游乐场所。此时的山城，高楼林立，绿树成荫，街道宽阔，交通便利，基础设施日臻完善。夜幕降临，路灯、彩灯、霓虹灯交相辉映，大街小巷灯火辉煌，阳泉成为名副其实的不夜城。

我眼中的家乡——科学化发展的城市

煤炭作为立市之本，曾为阳泉发展做出不可磨灭的贡献。但因我们环保意识和资源保护认识匮乏，煤炭过度开发濒临枯竭，生态环境遭到严重破坏，桃河浑浊发臭变得不再波光粼粼、清澈见底，河里的小鱼小虾失去了踪迹，郁郁葱葱的大山变得满目疮痍不再翠绿。阳泉的繁荣已成为过去。

市委市政府痛定思痛，积极响应党中央能源城市产能转型的号召，迅速调整产业结构，大胆引进物联网、互联网高新技术及技术实体，用最短的时间完成阳泉由工业型城市向智能宜居城市的蜕变。

在转型发展的理念下，百度云计算中心等一批提升山西信息化水平的平台在阳泉这个城市破土而出，智慧城市公共信息平台、“智慧阳泉数据中心”、“政务云”平台、“一张网”即市电子政务外网，在山西率先实现市、县（区）、乡镇（街道）全覆盖；城市管理智慧化程度在不断提高，智慧供热、智慧供电、智慧农业、智慧免费无线城市、智慧气象、智慧医疗等多项便利市民生产生活的智慧项目相应落地；在创新智慧治理上，建立了智慧环保、智慧安监、智慧应急、智慧城管、智慧交通、智慧公交、“阳泉随手拍”等一批智慧项目。这些项目中，阳泉成为山西最早建成公共场所免费无线互联网覆盖的城市。

高新技术在环境治理方面也发挥着不可小觑的作用。大大小小20多个公园镶嵌在小城内，南北两山、公路铁路的绿化让小城再现林在城中、绿意盎然的景象。曾经一位权威人士评价阳泉市是一座“人均建设用地全国最少，人均建设绿地全国最高”的城市。

随着高新技术的发展，开国煤都变身AI之城，云计算、云存储众多高新产业在这个小城落户，人民的生活富足了，城市的和谐程度越来越高了，我的家乡——阳泉成功走上了新型发展道路。智能是我们的核心，宜居是我们的目标，青山碧水、蓝天白云的家乡是我心目中最美丽的风景。

孙衍吾：耕读传家

文学与新闻学院　陈宋釜

中国精神是怎么构成的？是这些平凡人的坚守，是他们的热爱合筑起来的。中国精神，也形成了一件件动人的中国故事。

——题记

蓝色无云的天空，一团团木棉花在树上摇曳。火红火红的花朵，像是为初春的天空抹上了热烈的殷红色口红。蓝色系的沉稳加上白色的纯洁，配以灰色调的典雅，还有流觞曲水式的潇洒刚劲字迹，让书屋在村落之间更加显眼，村落也因隐藏于此的书屋而具有笔墨书香之气。安逸且追求美的意象，在这盛开的木棉花春天里尽情展现。

知海书屋是孙伯伯自己创办的。孙伯伯三次落榜，仍不忘对知识的渴望，加上生产队伍的生产需求，为寻求科学的种植方法，于是创办了书屋，启发明智。

我随着孙伯伯的脚步走进他的私人书屋，才发现里面的东西都是“宝贝”。我们从前没有在意过的东西，在他这里却已经成为流传家中的珍宝。他将自己 20 世纪使用过的煤油灯、竹篓子置于此。煤油灯是用一个竹笼子给包住的，是为了不让煤油洒出来。

有时候我难以想象上一代人的生活，看到这个“珍宝”，我似乎找到可以寻觅的踪迹，我爷爷或者曾爷爷在那个时期的生活是怎么样的。一个家庭能够流传下来属于家的“精神”，是一件值得骄傲的事情。这家的精神是每个小家的内核，也是中国故事的重要组成部分。

一楼的展览还有许多书法。“耕读传家”在十米的“家风家训”长卷上更加具有意气。孙伯伯说，这是他们家里人一起书写的家风家训。孙伯伯还给了我看他的家风家训书画——“贫不卖书留自读”，通俗易懂，却是情真意切。在与他的交谈中，我能明白他对于书籍、知识的渴望，对书屋的坚守。

我询问了孙伯伯的儿子孙春源，他说：“这是我父亲的兴趣所致，我们也很支持他。”那一摞摞牛皮纸包裹着的报纸，有一些还是孙春源帮忙装订的。闲暇之余，孙春源也会带着自己孩子到书屋这边来接受熏陶。从小就耳濡目染，也是一种大智慧。

满屋子的书籍，让我们看到了一个读书人的坚守。我看到 1988 年的《海南日报》还保存得如此整齐、清晰；我看到 1976 年《临床常见问题解答》的人工印刷字迹如此清楚和认真；我看到 1975 年的《科学种田》在一步步指导村民们进行科学种植……岁月留痕，泛黄的书纸记录了一代人的坚守，书写着孙伯伯的小家故事，书写着中国人的平凡精神。耕读传家，勤恳耕耘，读书见识，世代流传。

在我即将离开时，孙伯伯发现书画的一角垂了下来，便立马搬来桌子，呼唤儿子拿来钉子将书画再次钉好，让其牢固在墙上。这个细节，透露出孙伯伯对书屋这份事业的喜爱，以及孙伯伯一家对书屋的热爱，对知识的渴望。

回去途中，我在老书屋旧址的旁边看到留存了 30 多年的黑板。这上面书写着时事，书写着天气预报，让村民们了解和关心国家大事，也指导着人们的生产生活，即便在互联网的时代，仍旧每日更新。隽永的字迹，多彩的粉笔，藏着无数的记忆。历经风雨，勾连过往，连接未来。他们书写着中国人的平凡故事，书写着中国人的坚守精神。

初春草木抽芽，透过高墙的小枝丫看着人来人往。他们一家人依旧如初，继续耕读。

七十年惊涛拍岸，九万里鹏程正举

——爷爷与新中国一同走过的日子

华西临床医学院　李　苒

斑驳的红砖墙上，那个黑白相片里面容清秀、青涩稚气的少年，如今已成为子孙满堂、头发花白的古稀老人，沟壑纵横的面庞是光阴的流逝；正如那个曾经跌跌撞撞地经历过磨难与坎坷，正不断走向强大的中国，欣欣向荣的面貌是岁月的痕迹。

我的爷爷生于1942年，在炮火硝烟的动荡中度过了他的童年。记得我还小的时候，夏天在老院子里的无花果树下乘凉，爷爷告诉我，他小的时候村子里基本看不到人，每家每户都大门紧闭，因为不知道什么时候就会有枪炮声响起，大人觉得家里最安全，出门劳作的时候就把孩子锁在家里。就这样直到解放战争胜利，新中国成立的消息从北京传来，大家奔走相告，村子里到处贴着“毛主席万岁”的标语。

终于，战火纷飞的时代结束了，常常被关在家里的孩子也走出了村庄。太爷爷虽然是面朝黄土背朝天的农民，但他着实想让自己的孩子摆脱吃不饱饭的生活，于是顶着巨大的压力把爷爷送到了县城上唯一的一所学校求学。

随着经济的迅速发展，中国的第一个五年计划超额完成任务，紧接着“实现工业、农业、交通运输业和国防的四个现代化的任务”于中共八大正式列入党章，举国上下又投入紧张的建设之中。为了响应国家的号召，大力发展交通运输业，河南地区交通运输公司到爷爷所在的学校招工，爷爷被领导一眼就相中了，尽管爷爷内心十分不愿意终止学业，但还是决定放弃学业开始工作。于是爷爷背井离乡到远方的城市开始工作，开始打拼。斜靠在老院儿东墙的那个破旧的木制架子车，是爷爷参加工作第一年为家里添置的大件。

后来，爷爷娶妻生子，有了自己独立的小家，为了让妻儿过上更好的生活，他毅然决然地从办公室文书的岗位上转至工资稍高一些的长途司机。经历了严寒酷暑，走遍了大江南北，爷爷凭借他那股子勤劳与能干的劲儿，撑起了整个家庭。

1978年，改革开放如春风般吹遍华夏大地。国家开始推行家庭联产承包责任制，爷爷也分到了相应的土地，再也不用靠着那些少得可怜的工分挣粮食了。改革开放后，国家的各项产业都有了跨越式发展，爷爷也凭借出色的业绩升职，成为单位里的一个小领导。就这样，家里的生活条件变得越来越好了，大人小孩再也不用穿着补丁摞补丁的破旧衣服，鞋子也不需要奶奶一针一线缝出的鞋底；粮食也不用按照职业和年龄定量发放了，粗粮慢慢变为细粮，出现在餐桌上的食物再也不只是萝卜、土豆、白菜这三样了；老家的宅子也不再是那个矮矮的红瓦房……为了明天的温饱而出现的愁眉在爷爷脸上很难再看到了，取而代之的是越来越多的笑容。

一转眼到了21世纪，爷爷退休了。爷爷本该在工作了大半辈子的城市里安度晚年，他却执意要回到农村，他说，那才是他的根。他有时到田间地头去看看粮食的长势；有时到城市里与他的老同事把酒言欢，回忆往昔；有时坐上高铁飞机，带着奶奶去游览大好河山；有时点开微信与许久未见的儿孙分享他的喜悦……

几天前，我问爷爷他这辈子最自豪的一件事是什么。他说，最自豪的事情啊，就是生在了中国，与中国一起走过艰苦的岁月，见证了中国一步一步地走向富强。是啊，七十年风雨同舟，七十年砥砺奋进，七十年披荆斩棘，爷爷作为传承者与推动者，与中国一同走过了七十年。

七十年惊涛拍岸，九万里鹏程正举。愿爷爷福寿安康，也愿中国繁荣昌盛。

回首征程，以诗言志

经济学院　瞿婷婷

从新中国成立至今，祖国走过了七十年的征程。本文以四首原创小诗的形式，回首征程，以诗言志。现在，祖国进入了新的时代，华夏儿女，将继续书写中国故事！

（一）

致敬·铭记

精诚献祖国，热血护人民。
无畏穿深谷，披衣赴火林。
清明逐细雨，旭日映丹心。
大爱传于世，哀思不可云。

小诗漫谈：诚以本诗，致敬在凉山森林火灾中牺牲的英雄，他们凭着责任和一腔热血，赴汤蹈火，在所不惜。致敬，愿英雄一路走好；铭记，愿这一分大爱在华夏儿女间传承。

（二）

咏·大国工匠

心怀伟梦未曾宣，志夺天工永向前。
黄绿红橙争斗艳，虫鱼鸟兽趣相连。
疑难骤降牵心绪，美器终成展笑颜。
不盼芳名垂青史，唯期巧艺可追源。

小诗漫谈：曾有人说，工匠精神有两种。其一，是以一双妙手去传承千年以降的智慧，通过千锤百炼的手法和技艺，呈现出惊艳的美感；其二，则是用巧思和钻研，让生产流程不断进化，最后使生产变得更快速、更安全、更低成本，让更多人用上好东西。

此诗意在咏赞大国工匠及其工匠精神。他们一心一意地钻研技艺，所制之器，精妙绝伦，巧夺天工。他们不求名利，只希望这些技艺得以传承，致力于为祖国的制造业添砖加瓦！

以《了不起的匠人》中的一期为例：

老匠人甘亦可以前是国营厂的漆工，后来开了古董店，进账颇丰。但为了复原以前只在书中见过的犀皮漆，他在1999年关掉了古董店，重新拾起了漆器的手艺。

犀皮漆只在宋代的文献中有所记载，制法早已失传。没有样本可循，只有逐步探索。而漆器，却恰恰是一种特别难摸索的手艺——无他，因为漆器太需要时间。一尊漆器从制坯到成品，需要数十道繁复的工序，耗时整整一年。任何一次风干、刷漆的失误，都会前功尽弃。

更重要的是，漆器不是简单的器物，而是一门艺术。制作一尊漆器，需要的不只是熟练的手艺，还有灵感的巧思。用甘亦可的话说，一尊漆器最终成型的那个瞬间，“你不经意的时候一看到它，心里一动，你就知道这个成了”。

从胎骨到成品，一次次刷漆，不下三四十次。每一次，都要彻底阴干才能再进行下一步，否则便会前功尽弃。

而成品，精美绝伦——今天，甘亦可的作品已经被故宫博物院收藏。

中国是漆器的发源地，是母国。将近二十年的时光，老匠人甘亦可想做的是一件事——做最好的漆器。

（三）

中华咏赞

峥嵘岁月指间悠，漫漫征程梦里流。
畅游长空迎旭日，乘风破浪驶扁舟。
凝心聚力何所畏？众志成城永不休。
一片丹心献吾国，诗书满腹尽筹谋。

小诗漫谈：此诗以每一位华夏儿女的口吻，抒发我们对祖国从新中国成立至今，历经七十年征程的无限感慨；咏赞中华民族团结一心，奋勇拼搏的坚毅精神；表达我们不忘初心，砥砺前行的坚定信念。

（四）

远航·彼岸

曲悠千调扬，亭默百草香。
阅尽风与雨，晴归复起航。

小诗漫谈：写作本诗的初衷有二。其一，抒发对祖国锦绣河山的赞叹；其二，暗喻从新中国成立至今，祖国走过了七十年的漫漫征程，进入了中国特色社会主义新时代，翻开了新的历史篇章。作为华夏儿女的我们，应团结一心，携手共创美好未来！

和“南车时代”的点点滴滴

商学院　吴晶滢

不知从何时起，“南车时代”几个字便如烙印般刻在心头，大约是临立于湘水边的火车头，大概源自幼时莫名的骄傲——“我爸是南车的”，或许是“地铁”和“高铁”让中国更凝聚，约莫是随着“和谐号”和“复兴号”征服世界……

缘不知所起，一往而情深

幼时记忆早已模糊，但有一幅画面深深地刻在我的脑海中——一个穿着男装的小女孩儿在废弃的火车头上爬上爬下，玩得不亦乐乎。那是在湘水边的三台退役的老旧火车头，那是儿时嬉戏的废弃制造工厂，每天打交道最多的不是布娃娃而是螺钉螺母，自此，她便与铁路交通结下不解之缘。

上了职工大院附近小学的她和小伙伴可能都不明白“南车时代”这四个字背后的含义，但是会莫名地因此而骄傲，仿佛说出“我爸是南车的”这句话就让自己充满了无限的勇气与自信，直到后来知晓“高铁”后，才懂得那股没来由的自信背后的强大支撑。

因你骄傲，为你自豪

南车这个被国家寄予了厚望的企业站在中国推动和引领全球轨道交通发展的时代背景下，以稀缺的资源、有限的资金和创新的技术在新中国工业史上曾创造了100多项“第一”。中国高铁从无到有，再到自主创新、高速发展，最后成为高铁强国的全过程，南车凭借创新的技术实力、超强的交货能力、全流程的服务体系，打造了一张中国高端装备企业的金名片，赢得了世界瞩目和认可，创造了属于南车的辉煌时代。也难怪每一个南车人在地铁、高铁等轨道交通上看到熟悉的南车标志时，心中都会涌起一股自豪感与归属感。

世界领先的先进技术、足够优秀的产品设计、经久耐用的质量、不输洋货的使用体验，用以上几把尺子来衡量，中国南车绝对有足够的底气。

寻梦因你，逐梦有你

在耳濡目染的影响下，每一个南车家庭的孩子心中都有一个南车情结，每每听到南车取得的巨大成就，便有一股干劲在血液里涌动。南车给了每一个处在迷茫时期的青年一个关于未来的目标——高中时，老师让大家在便签上写下自己的梦想，这些梦想都和制造、机械有关，欲继承父母的衣钵，在南车集团施展抱负，展露拳脚，弘扬株洲的火车头精神，继续引领“高铁”成为交通领头羊。不出意外地，我也是其中一员，梦想着自己能像父亲一样为中国轨道交通的发展贡献自己的一分力量。

每年9月，南车集团制造的和谐号列车一辆辆驶出，将无数青年学子送往全国各地求学，追逐他们的梦想，他们就像和谐号一样，高速前进，永不知足，不知疲倦地飞速成长，逐渐成为国家的顶梁柱。离乡求学的我也是如此，搭乘高铁每次都能感受到不同方面的提升，就像每年都有所成长的我们一样。希望伴随着高铁的逐步发展，一代又一代的青年也能越来越好。

前路漫漫，未来可期

世界品牌实验室发布的2018年《中国500最具价值品牌》排行榜显示，中国南车以1206.73亿元列第40位，居机械行业第一位，品牌影响力被评为世界性。中国南车的产品已经出口海外84个国家和地区，并开始在全球建立生产基地。高铁已经成为我国国家形象的一张名片，成为中国制造业转型升级的代表产业。高铁走出国门、领先世界是高铁迈出从追随者到领跑者关键的一步，这不仅给国人带来“满分体验”，也令中国科技不断圈粉世界。硕果累累，前路迢迢，年复一年，永远在路上的南车让每一个南车人骄傲自豪并充满期待。

随着中车和南车的合并，“南车时代”彻底消失，留给我的只剩这份历经70年风雨的独家记忆，但是那些珍贵的南车记忆将永远珍藏在人们心间，激励着一代又一代的南车人砥砺前行！

我们家的三个小故事

经济学院　张建玮

爷爷口中的公社

从我记事起，爷爷的腿就一直不好，爸爸告诉我那是因为爷爷年轻时吃过太多苦，但那份沉重的苦在爷爷心里却无比珍贵。在那个人民公社的年代，爷爷作为公社里的保管员，每天负责记录每个生产小队的进度，给大家安排伙食，当然还要和奶奶参加尽可能多的劳动来供养家里的七个儿子。爷爷说那个时候自己的精力好像是源源不断的，每天比别人早起准备公社当天的食物，然后起带头模范作用干劲十足地上一天工，晚上还要骑车去周边的公社开会，回来大多是凌晨两三点，眼睛闭上不久就又开始了新的一天。爸爸告诉我爷爷从不说辛苦不说劳累，是生产队中的模范，但家里七个儿子的饭量也不小，辛辛苦苦一年，家里余粮也只有小半袋。有一次，爷爷生产小队的猪没有圈好，跑出来祸害了别人正在碾磨的粮食，家里无数双眼睛盯着爷爷，盯着那小半袋余粮。爷爷一句话没说，背着半袋粮食就去赔偿公社了。而奶奶擦了擦眼泪也继续出去上工了。

在那个吃不饱饭的年代，爷爷用自己的汗水诠释着一分信义，他们那代人从没想过今天的生活会这么富足。他们当时只是想拼尽全力让这个刚刚诞生的新中国充满力量，不受欺辱，昂首阔步。五星红旗上有他们那一代人顽强、执着的烙印。

爸爸记忆中的哨所

爸爸的微信名字叫亚东，这是西藏自治区日喀则的一个小县城，地处喜马拉雅山脉中部，平均海拔 3400 米。爸爸在他 19 岁的时候，做了那个时代青年心中最光荣的事——背上行囊去参军。他去到了那个环境恶劣的小镇，因为那里有着中国人民解放军的边境驻扎营地。他们每天站岗、放哨、巡逻、训练，即便是雪风刺骨，也不会有一丝懈怠。海拔很高，面条永远煮不熟；家乡很远，思念一直在远方；寂寞很深，雪白的远方仍是白雪。在我不懂事的年纪，父亲就告诉我，边疆需要有人去守卫，他们那个时代以吃苦和责任感为荣，他出发的时候没问过什么时候回家，但离开亚东这么多年，还惦念着那里的安宁。

爸爸是改革开放后那一代国家建设人中的一员，他们为祖国建设而出发，义无反顾，他们肩负责任，不问辛苦。正是他们对国家的热爱和对职业的坚守，为祖国的繁荣打下坚实的基础。他们甘作基石，倾尽所有。五星红旗上有他们那一代人拼搏、奋进的光辉。

我的志愿书

父亲对我很严厉，就像小时候爷爷对他一样，常对我说要好好学习。高考毕业那年，我迎来了人生中一个重要的选择——志愿填报。那也是我成长路上和爸爸矛盾最深的一次，爸爸给我的建议是法律、警察、医学专业，可我选择了他最排斥的经济学专业。在他眼中我的选择就是为了以后多赚钱，在这个国家蒸蒸日上的好时代，他自己的儿子却只想着赚钱享受，心中没有家国，这一度令他失望。但对于我来说，许多财经新闻和财经知识都很吸引我，这个专业也是科学，也是与我们社会发展息息相关的一部分，我毕业以后也可以像医生、警察一样，为国家建设贡献力量。后来，我努力地学，慢慢讲给他听，改变了他最初的看法。

从爷爷开始，我们三代人见证了新中国成立70年来的风雨兼程、70年来的砥砺奋进，父辈们的以身作则向我诠释着平凡人心中的家国情怀。我开始思考我们这代人之于国家的意义，也许是希望，也许是朝气，也许是敢于质疑，也许敢于创新的勇气。70年来的国家独立、国家建设到国家富强，不同时代的华夏儿女虽有不同的故事、不同的精神品质，但都永葆心中对家国的赤诚。

万千之一

化学工程学院　杨俊琪

1926年，“我”，这片土地上万千生命中的一个，于这乱世之中出生，踩在硝烟滚滚之上，一路走来，看着这片深爱着的土地，于坠落中挣扎，于失败中成长，如今向世界巅峰迈进。

从记事以来，山西的这个偏远的小山村就是这个样子了。

在以农为根本的农耕作业里，却难见青壮年的身影；在家宅小院里，也难见一家人整齐和乐；在普通百姓的低檐之下，一家温饱也难以维持。而日寇的侵占，给这不堪重负更添一片灰暗。

家中只有母亲、弟弟、爷爷和“我”，生活实在艰辛，白天躲着倭寇的搜刮，逃到山脚下，夜里躲着山里的土匪，逃到田地里。十一岁的“我”在家已无生计可言，出门寻口饭，卖苦力，只愿能够有食充饥，也为家里增些补贴。因为年幼，“我”也只能做些看仓库、做饭、打杂的活计，却也未能安稳。

那些年的日子里，受过诬陷，扛过打骂，还被迫奴隶一般地为日军修过铁路；见过有地位的人一句话的分量，看过贩毒分子堆里的黑暗，也见着和“我”一样忍受苦难活着的苦命人们。那时的人，谁又不苦呢？乱世里，人的性命、愿望和微末草虫毫无分别，生生死死，已变得麻木。那时在心里，真实地认识到自己是多么微小，生命是那么微弱，但“我”，要活着，要好好活着！因为心中坚信的希望，因为这土地上无数的生命给了“我”希望。

虽然那些日子过得艰难，却也因着有人帮助而一次次渡过难关，那些帮助如同枯木里的一枝嫩芽，干涸大地上的一汩溪流，给“我”带来希望，也给这片大地带来了希望。我们不该如此任人欺辱，这片土地不该就此坠入深潭，那时的“我”并不知道自己想要的是什么，只想看看这片土地不同于此时的模样。外敌未御，而国家仍在分裂，一有战报消息的更新，人们便纷纷发出议论。虽未能有能力改变，但在每个人的议论里，“我”能感受得到，大家的心都被某种东西牵引着。那是我们的国家，而我们正处于水深火热之中。丧权辱国的痛，身于其中，即使渺小如“我”，也会痛到心里。鲜少有人能有闲时间去伤人民之劳苦，哀家国之离乱，但是这份思绪却是实实在在地在人们心中。我们有为民谋生的政府清官，也有为国门坚守献身的前线战士；有战前呼吁觉醒救国的知识分子，也有在战争背后用科技强国的学者；有抵御外货侵占市场的实业家，也有抒爱国抗争之情的京腔刀马旦。

后来，“我”来到一个印刷厂里给老板做打杂工，闲时便在工人车间里观望学习排版印刷，久之也成为工厂车间里的一员。没有上过学的“我”，翻着那本唯一的小字典学习识字，心中怀着暗暗的欣喜。1947 年，解放军终于来到了这里，部队需要一个跟随前线的印刷厂印战报资料等，“我”因为当时表现很不错获得了组织建厂的机会，就一直跟随部队在前线共进退。随部队一起战斗的那段日子，虽然只有两年，却在心中燃着最明亮的希望，共产党的同志们，是看得到百姓民众的苦的，是心系人民的，而“我”，也是其中的一员。在无数次战火硝烟面前，“我”一点都不畏惧，因为“我”已经看到了我们的胜利。

之后解放战争南下来到了四川，也迎来了我国的全面解放。在部队的号召下，“我”开始了学习生涯，上了四年中学便得到了成都工学院的化工机械专业的学习机会。那时“我”并不知道要学什么好，当时的中国需要大量工业建设，需要工学人才，“我”便毫不犹豫地选择了它。那时的自己，是学生里年纪最大的一个，而化工机械的课程又是极难的，但想到自己的努力学习或许还能给这个新中国的建设出一分力，便觉得十分幸福。后来“我”留校任教，在教务处、人事处走过这后半生。在学校里这些年，“我”看着我国的教育事业不断发展，迎来一批又一批莘莘学子，看着青少年的成长，也看着中国的发展。

今天的中国，不再有战火纷飞，或许在当代的青年看来，战争是遥远的，但其实不然，看战火纷飞的中东就知道，乱世从来不远，觉得远不是因为它是历史，而是因为你不在乱世之中。如今的富强安定，是中国一路摸爬滚打，经历苦难，民众心怀家国，共同抗争争取来的；是在一次次错误中跌倒又站起，立足实际改革发展尝试来的。

“我”，不仅仅是“我”，是心怀家国的华夏儿女中的万千之一。我们将载着各自或宏伟或实在的梦想，持着各自不屈不畏的信念，依着伟大的民族精神，走向辉煌。爱我中华，崛起复兴！

（根据采访真实事迹改写）

七十载浮沉，看蒲江发展

公共管理学院　白　杨

蒲江，我的家乡，一座成都的边陲小城，就如沈从文先生描写的边城一样，和蔼，平静，以至于它始终在静谧地睡着。无数的人们在它的怀抱里演绎着自己的故事，清澈的小溪与连绵的山丘造就了这里人们的可爱，同时封闭的环境也带来了贫穷与落后。新中国成立七十载，蒲江在飞速变化，我的家和学校或许就是时代变迁最有力的见证。

我爱我家

老屋是时代的产物，由于外婆是酒厂职工，赶在1993年国家房改的末尾，获得了单位分配的房子。1993年，外婆一家正式搬进了新房，房子位于城西，面积不大，阳台望去，便是整个公园坝与蒲江老城区，空气尚好，就是位于城市要道，门口汽车稍多。小时候在外婆家住过一段时间，比较难忘的就是趴在阳台上，看着那一辆辆飞驰而过的汽车傻乐，一看就是一个下午。

2008年地震，老屋轻微受损，震后迎来了一场大修，亦可称为抢救性手术，这一年是老屋重焕新生的一年。房屋是同人一起呼吸的，人在，房屋便永远青春；人逝，房屋就垂垂老矣。

2012年外公病情恶化，不得已选择了透析，透析二字，仿佛死神预定的车票，不安而绝望。

但外公一直是个乐观要强的人，看得开也放得下。

老屋也从这一年开始步履蹒跚地走向它的归途。

2016年农历八月十二日的晚上，如同之前无数个高三下课后的夜晚，我骑着自行车缓缓走在四下无人的街道，看见妈妈头发凌乱地站在屋前那个十字路口，我心里一咯噔，坏了。

“你……外公走了。”母亲用哽咽的语气缓缓地说着。

“嗯嗯。”我下车，低头，跟在母亲身后，暗暗想着：年前的那场风波终究变成了大浪，可这一切来得过于迅速了吧，昨天晚上去看外公，外公还神采奕奕，坚持自己洗漱。

走入外公的灵堂，看见黑白照片，我才真正相信，那个严厉刚硬的人真的走了。

那一刻，我突然觉得那些电视剧里面的场景是多么虚伪造作，人真正面对亲人离世时，是那么的无助与平静。山高水长，可却再不能见。

外公走后，我又去了一次老屋吃饭，老屋好像一瞬间就风烛残年，客厅的灯光昏暗，窗外树影斑驳，人影绰绰，大家默默无言地吃完了这顿便餐。

2017年夏，酷暑闷热，下午两点，我躺在老屋的床上翻来覆去，百无聊赖，遂决定出去买点吃的。一下楼，听到那些爷爷奶奶叽叽喳喳地谈论着什么，我没在意，骑上我的小宝马（电瓶车）飞驰出去，街口，一大群人都在围观告示，我拼了命挤进去一看：搬迁告示！

这栋楼房居然要拆了！

我既是震惊又是难过，心中五味杂陈，老屋要走了。

2017年冬，因外公去世而神伤过度、卧床一年之久的外婆病情也逐渐恶化。我听亲戚讲外婆的事，他们说外婆是个很善良的人，出去买肉，肉没买到，还搭进去了钱，后来才知道她把肉都给了路上遇见的穷人。外婆一直对我很好，看到她躺在床上，口不能言，花白的头发，我心里格外疼痛。大概一个月过后，外婆也走了。

费孝通先生在《乡土中国》里说，家是中国乡土社会的基本社群，用差序格局形容中国乡土社会的特点，如石头投入湖面，一圈一圈形成波纹，我们身边的关系也如此，由近及远，依次递减。中间那个人不在了，所依附的关系也没了，家也解体了。

我最后一次进入老屋是2018年12月放假回家，老屋里的灯也不怎么亮了，电也快用完了。

在两次大型的相聚后，老屋最后的使命便结束了。

2018年12月20日，大家正式搬离了那个家，老屋也在当晚的夜色里沉沉睡去。

我的母校

学校历史悠久，其前身为南宋礼部尚书魏了翁于1210年创办的“鹤山书院”，七百多年来，历经沧桑。学校坐落在风光旖旎的白鹤山麓，蒲水之滨。校内小桥流水、假山喷泉相映成趣，花团锦簇，树木葱茏。

20世纪50年代的鹤山书院，如同所有的旧私塾一样，山腰之间，三两先生，书声琅琅，潺潺小溪。

60年代，学校有了一定的发展，现代化的教育慢慢地开始实行。

70年代，受到“文化大革命”的冲击，学校一度停课，直至1977年高考的恢复，学校的教育才迎来了一次真正意义上的重生。学校师生勇于进取，勤奋努力，学校于1982年荣获四川省重点中学名号。

在之后，学校积极响应国家科教兴国与教育现代化号召，对学校教育进行了一次次的改革，为蒲江人民培养出了一代代英才。

人们常说：石子留下了青石板的光阴，青石板留下了街道的光阴，街道留下了成长的光阴。对于每个蒲中学子而言，蒲中的蓝天、溪流、一花一草便是我们的青春，是我们共同的光影记忆。

结 语

点一盏青灯，烁光熠熠，家乡魅影，朦胧将现。

酌一杯清茗，醇香满满，家乡气息，鲜莹扑面。

掀一页画卷，万物芸芸，家乡美景，清晰可见。

我的家乡不过是一个小地方，但是一个让人不得不爱的小地方，不得不爱她的山山水水，不得不爱她的风土人情。

群山拥而拱之，溪河经而缓之。这就是我的家乡——蒲江，新中国成立七十年，蒲江成长七十年。

沧海桑田，陡然巨变。蒲江的发展或许就是新中国七十载的缩影，无数仁人志士换来了今天的和平与繁荣，今日生活来之不易，我们应当珍惜。

最后用鲁迅先生的话作结吧：愿中国青年都摆脱冷气，只是向上走，不必听自暴自弃者流的话。能做事的做事，能发声的发声。有一分热，发一分光。就令萤火一般，也可以在黑暗里发一点光，不必等候炬火。

村口的苏医生

华西公共卫生学院 蔡宇琪

白鹭桥镇共 14 个行政村，住着 5765 户人家。每个村都有村诊所，诊所的规模不大，但也算是“五脏俱全”，基本能满足村民常见疾病的诊治。

白鹤村的村口立着一块刻着“白鹤村”三个字的大石头，离石头五十米远的地方有一栋两层楼高的民居，这里便是老苏医生和他的儿子小苏医生的“大本营”——一楼是工作区，二楼是生活区。老苏医生平时最喜欢做的事情便是天气好的时候，在院子里搬来他的睡椅，躺在上面闭着眼睛，一边缓慢摇动着椅子，一边小声哼着曲子。睡椅吱呀吱呀地响，老苏医生的调子轻轻地哼。

今年是小苏医生在白鹤村坐诊的第二十七年，也是老苏医生退休的第二十二年。二十七年前，从卫校毕业的小苏医生考取了执业医师证后本想留在城市以求更好的发展，但最后还是听从了父亲的安排回到了白鹤村，和父亲一起开起了诊所。

老苏和儿子小苏不同，老苏没有经历过系统的现代西医的教育，是个赤脚医生，以前就靠着一个四四方方的药箱在白鹤村走家串户进行诊疗。那时候交通不方便，没有现在直通到每家每户的柏油路，老苏也没钱买自行车，只能靠两条腿穿行在泥泞路上。有时深夜有村民来敲门请老苏看病，老苏拿起药箱便得出门。父亲的辛苦小苏看在眼里，村民也看在眼里，所以在小苏毕业时，村民们都觉得老苏一定会让小苏留在城市发展，不会让他回来再经历自己经历过的辛苦。可谁知，老苏却让小苏回来了。大家都想不明白，包括小苏。

三十多年前，在白鹤村，能考取卫校的大多是学习成绩优异的青年，加之学医的过程非常艰苦，学有所成的医学生毕业后大多都会努力留在城市，以求摆脱曾经的艰苦生活环境，小苏也一样。城市不仅意味着优越的生活条件，还代表着更广阔的发展空间，不管怎么看都远远比回到农村要好得多。因此，在小苏听到父亲提出要他回到白鹤村的要求时，惊讶之余更多的是生气，认为父亲目光短浅，完全不考虑自己的前途。小苏和父亲为此争执了三个多月，最终，小苏没能说服“固执”的老苏，还是回到了白鹤村。

小苏回到白鹤村的第一个月很不适应——白鹤村的基础医疗条件远比他想象中差得多，听诊器和血压计已经是父亲药箱里的“最高配置”。村民长期以来不良的卫生习惯、像父亲这样的赤脚医生治疗操作的不规范、必需药品的缺乏、公共卫生设施的欠缺……这些都是摆在小苏面前亟待解决的问题。对其他留在城市的同学的羡慕及对自己所处环境的迷茫让小苏陷入了困境，一个多月的时间里，小苏整天无所事事没精打采。于是老苏找到他。

“为什么你毕业后成了这副鬼样子，没有一点年轻人的朝气?”老苏严厉呵斥道。

“回来又不是我的选择！是你逼我回来的！如果不是你，我现在应该拿着手术刀在干净整洁的手术室里跟着前辈做手术，而不是在这种破破烂烂的乡下受罪!”小苏也不甘示弱地说道。

“一个只会埋怨环境而不会尝试着适应环境、改变环境的人，即使待在干净整洁的手术室里也是什么都做不好的。我看啊，你要一直是这种混吃等死的状态，你连到这里工作都不配。你当初报考卫校学习医学就只是为了留在城市吗？学医的意义到底是什么？你自己好好想想吧。你现在这副样子实在是太差劲了。”老苏说完便离开了。

小苏开始思考问题的解决方法：村民卫生意识不强——需要定期进行卫生知识宣传，向他们科普相关知识；赤脚医生操作不规范——需要组织培训他们，使其掌握现代医学规范的操作方法；必需药品缺乏——需要联系村委会和乡卫生院，对必需药品进行适量补给；公共卫生设施欠缺——需要上报村委会，加强公共卫生基础设施建设。初步方案确定后，小苏便开始找到相关部门协商，想要尽快将工作开展起来。可是，哪有这么容易。

村里医生不多，经过专业学校培训过的只有小苏一人，定期的科普宣传缺少人员，加上村民大多不愿意在这种活动上花费时间，相比这种“枯燥但有意义”的科普讲座，江湖戏班子的不定期“巡演”反而更受欢迎；老苏行医近三十年，以前学习的老方法早已在脑海里根深蒂固，很难改变；乡镇卫生院药物也不富余，对村诊所药物进行及时补给很难做到；村委会不重视基础设施建设，白鹤村的公共卫生条件严重滞后。小苏想要实现目标，道阻且长。

小苏开始找寻其他出路。首先要做的是规范操作，既然老苏难以改变原来的习惯，那就尽量避免其直接进行注射等操作，只进行疾病诊断，其他操作由小苏来做。第二件急需解决的便是药品问题，老苏以前学过一些中医，懂把脉，会自己配置药方，这些药可以治疗感冒等常见疾病，小苏则通过多方途径几经波折找到了市里的一家药厂，打算从厂商直接进购少量必需药品。群众不来参加集体科普宣讲，小苏便挨家挨户地拜访，到村民的家里给他们讲解注意卫生的重要性及相关注意事项。村民平时习惯将生活垃圾随意扔弃在田埂里，清理起来非常不方便，家中厕所内的排泄物常常随意排入池塘、水坝等处，污染了生活水源，大大增加了疾病传播的风险。小苏详细列举了村民的这些不良生活习惯对传播相关疾病可能造成的影响并上报给村委会，并与村委会的领导商讨出了解决方案：在村内设置固定的垃圾站来收集村民的日常生活垃圾，每户轮流对垃圾站的垃圾进行定期清理。村委会上报有关部门申请在村内建设化粪池，并禁止村民再向池塘、小河等公共水域排放污物。小苏还对村民近几年的患病种类、患病率进行了统计，结合村民生活习惯，对几种高发病的病因进行了分析，制定出了相关的预防措施，并积极向村民科普如何通过健康的生活方式预防这些疾病。

那段时间，小苏每天都很忙，白天给村民看完病后晚上还要抱着专业书研读，好进一步完善相关方案，还要抽空去联系药厂、联系村委会，四处奔走。老苏则是晚上躺在院子里的睡椅上，默默看着二楼小苏房间里透出来的光。深夜，院子里只有睡椅的吱呀声。

两年后，小苏的努力初见成效，村里的环境卫生得到了明显改善，注意个人卫生基本成了村民的共识，曾经因食用不洁食品导致的食物中毒、腹泻、呕吐的病例数有所减少，公众健康水平略有提高。小苏很开心，老苏也是。

三年后，县医院面向全县的医生举行招聘会，且在公告中指出“有从业经验者优先考虑”。小苏的同学第一时间把这个消息告诉了小苏：“这五年你在乡下历练了这么久，这次招聘会可能是你进入县城工作的最好机会了，赶紧来报个名，别忘了啊!”小苏回到诊所，内心泛起了些许涟漪：这期盼已久的橄榄枝，接还是不接？要不问问老爹？虽然他肯定会让我继续留在这里，毕竟当年毕业的时候他的态度那么坚决。不过还是征求一下他的意见吧。

小苏找到老苏，向他说了县医院招聘医生的消息并询问他的意见。出乎小苏意料的是，这一次老苏什么意见也没提，只说了一句：“你自己决定就好。”

小苏很苦恼，一边是自己梦寐以求的进入城市工作的机会，另一边是自己为之努力了五年，卫生条件终于有所改善的白鹤村。鱼与熊掌，难以取舍。

第二天，小苏像往常一样前往一户村民家中进行科普宣讲，在门口遇见了那户人家八岁的小女孩儿，她在教自己四岁的妹妹怎样洗手。“这方法不就是我当初教她的吗？现在她自己也能当小老师了呢。”一瞬间，小苏心中涌上一股暖意，二选一的答案，已经很明显了。

招聘会报名的截止时间到了，小苏的同学很惊讶小苏到最后竟然没有报名：“你不是一直都很想去城里工作吗？待在那个地方是没有多大发展空间的，你就不为自己未来考虑考虑吗?”小苏笑了笑，说道：“当初被父亲强行安排留在这里我的确心里有些不甘心，为了证明自己想了很多办法，也做出了一点点成效。五年的时间让我浮躁的内心平静了很多。行医不分地域，守卫好自己的那一方百姓的健康，便是最有意义的事，我喜欢这里，我想在这里继续做一些微小的工作。就像希波克拉底说过的，‘无论至于何处，遇男或女，贵人及奴婢，我之唯一目的，为病家谋幸福’。”

这一年，老苏正式退休，小苏从父亲手里接过了诊所，小苏心里明白，他要做的事情，才刚刚开始。

风吹过立在村口的那块大石头，旁边院子里的睡椅还在吱呀吱呀地响，老苏的调子还在轻轻地哼。

70年·小故事·大中国

历史文化学院（旅游学院） 杨海容
计算机学院（软件学院） 周欣元

故事讲述人杨同学：我曾在家里找到过一本关于访问西德的日记，也曾在家里看到过一张双子塔的照片。那是我的外公在20世纪访学时的记录，纸边早已发黄，照片也是黑白。如今的他已至耄耋之年，可仍然每天坚持画图纸，去工厂捣鼓机器。我不知道是什么能让他坚持这么久，直到看到西南联大同学上课的一幕幕才恍然大悟——在茅草屋里静听雨声，学习物理和天体的演变；在土沟里伴着炸弹声，领悟着黑格尔的思想和泰戈尔的诗……一代又一代的学者撑起了中国的脊梁，是他们的孜孜不倦、夜以继日创造了今日繁荣富强的中国。那时的学生不仅为个人前途而学，更为国家命运而学。那时候的通信不比现在发达，无论是留苏还是旅欧都是一个人的修行，用漂洋过海的信件与家人保持联络。这些学者忍受过枯燥、孤单、寒冷，也享受过赞赏、鲜花、掌声，千帆过尽之后，他们又回到了最初的最平凡的起点——或工作于更先进的实验室里，或工作于大自然与田野里……我的外公在那座小城里没有多大名声，可无数像他这样默默无闻的学者陪伴新中国走过了一年又一年，一岁又一岁……

高二那年，一本新家谱出现在我的桌子上，“清白传家，四知家风”，这是爷爷平时常和我唠叨的。为了重修家谱，爷爷这几年查阅不同的资料，或手写或复印，再把它们整合出来，没学过打字的他开始接触电脑的键盘输入，开始接触打印和复印，开始接触对他来说的新兴事物。我问他何必那么辛苦，他说为了那些离开家乡的人归来后还能认祖归宗，我却说他是想把家族家风传承下去。家风有着悠久的历史和传统，凝结着世世代代的家族智慧，更凝聚着中国人的家国情怀。诚实守信、清清白白、浩然正气……这些优良家风陪伴着一代代中国人成长，在困难时代支撑着我们，在平凡年代激励着我们前行。新中国即将迎来七十华诞，我想为所有重视家谱、传承家风的人点赞，是他们让中国人的思想里有了家国的概念，让中国人的血液里有了历史的热度，让优良的家风有了时代的意义。

故事讲述人周同学：这是一张我偶然在互联网上看到的照片——一位青海玉树藏族拖拉机手。它唤起了我回忆中一位长辈给我讲述的故事：在20世纪70年代农村机械化落后之时，全国各地相继成立了人民公社机耕队。这位老人工作的农场在祖国的东北，小麦播种面积占70%以上。小麦是“种在冰上，死在火上”。3—4月陪伴农民的是凛冽的寒风和拖拉机链轨、播种机扬起的尘土，5月中旬陪伴着他们的是风、旱和小麦苗的破土，8月底陪伴他们的是麦子的收割……这样高强度的劳动背后，是一颗颗踏实肯干的心。这位老人就是我的大爷爷。在那个年代，他全年收入只不过300元，还要向生产队交一半买工分。那时每个负责操作拖拉机的职工吃苦耐劳大半生，养活了无数农村老百姓。到今天，新中国成立70周年，我国正努力实现传统农业向现代农业的转型升级，设施农业、观光农业、精准农业、太空农业等技术使如今农产品生产的方式大大改进，但我们永远不会忘记在几十年前用老式拖拉机和耕犁养活全国人民的农民。

时光流转，回到现代——2019年，中国经济正在飞速发展，国际地位和影响力也在不断提升。无数中国人不畏困难、白手起家，用科技、匠心与创意书写了经济全球化背景下的中国形象。如今，一批批新兴的创业团队正在积极发挥自己的智慧与力量，他们就是——中国大学生创业者。他们在中国大学生创业道路上正越走越远，为中国的明天贡献自己的力量！中国大学生创业者年轻且富于活力，有目标且又有持之以恒的毅力。草木蔓发，春山可望。圆百年复兴梦想，再创辉煌。俱往矣，数风流人物，还看今朝。

胡杨情深屹边疆

水利水电学院　邓虎超

那一天，我挤着拥挤的地铁，正感受着成都这座大城市里人潮带来的温度，不经意间的抬头，让我看到了这样一句话：斟一杯酒，一杯敬南方，一杯敬北方，南方是梦想，北方是故乡。它打动了我，扰乱了一个正赶回家乡的游子的心弦。

我的家乡在遥远的西北边陲，那是一座美丽的小城，也有一个诗意的名字——“伊宁”。至于我为什么会生活在如此遥远的边疆，那就要问一问那段艰苦奋斗的岁月，问问那一代扎根边疆、用汗水浇绿荒漠的新疆建设者——新疆生产建设兵团人。如今，他们或是满头华发坐在田埂上遥望着绿油油的庄稼，感受那些奋斗岁月后带来的微风徐徐；或是像我的爷爷化作一颗明星，回顾着自己义无反顾的一生，祝福着美好生活下的我们，期许着新疆终会成为一片钟灵毓秀之地。

1942年的一天，爷爷诞生在四川省荣县的一个穷困潦倒的家庭。那一年注定是让历史铭记的一年，那一年的中国内忧外患，那一年的中国叫“饥饿的中国”。爷爷幼年失怙，母亲改嫁，可谓“山河破碎风飘絮，身世浮沉雨打萍”。爷爷曾无意中提起，那时无家可归的他睡在田野的草垛里，甚至在漆黑的夜里被狼舔舐，但那狼却低吟一声转身消失在了黑夜之中。说到这，他紧皱的眉头渐渐舒展开来，然后用着味道已经不太浓厚的四川方言说，这是老天爷保佑，让他活下来干一番大事。

或许真的是上天庇佑，以织布为生的邓家收养了爷爷。在当时，机匠家庭的生活还算富裕，他又是家中独子，所以受到无微不至的呵护。即使没有血脉上的纽带，他们也过着其乐融融的生活。后来爷爷为了感恩邓家的养育之恩改名为邓国华。那时的人们盼着有一天赶走日本侵略者，期盼着国家终有一天会繁花似锦。

这一天终于到来了，1949年，天安门城楼上庄严地宣告“中华人民共和国中央人民政府，今天成立了”，消息传遍了大江南北，传到了爷爷家中，爷爷也违反了“独子不当兵”的祖训，毅然选择了在沙场上报效祖国。多年后，他将那段戎马岁月锁在了记忆的抽屉里：一身崭新的军装，一排精致的奖章，还有一个红色的党徽。

1963年，一首《我们新疆好地方》唱动了复原回来的爷爷。轻快优美的旋律、悠然婉转的歌声多年后还引得爷爷低声哼唱。于是，年轻气盛的爷爷放弃了好工作，带着花季之龄的奶奶，响应党的号召，踏上了遥远的西北之旅。没想到一去就再也没有回头，一待就是一生。

启程前，爷爷带着奶奶难得在成都游历了一番，便踏上了漫长的千里之行。窗外的世界不停地向后闪过，像是越来越远的道别。车厢里很安静，隐隐只能听到低声的啜泣。突然有人情绪变得激动，失声痛哭起来，车上的人都难以抑制住离别家乡的心情，或是眼含热泪，或者相拥而泣。爷爷则只是搂紧颤抖的奶奶，目光坚定地望向窗外，好像在说："既然选择了远方，便只顾风雨兼程。"

哭累了，大家就盯着窗外的风景，家乡的绿水青山不见了，取而代之的是湛蓝的天空和荒芜的戈壁。恍惚间，半个月过去了，爷爷终于来到了与歌曲中描述迥异的新疆伊宁，但这丝毫没有动摇血气方刚的爷爷干出一番事业的决心。从此，爷爷和奶奶成为新疆建设的开拓者——新疆生产建设兵团人。

"三块木板，一床被子"就叫家，"一碗糊糊，一个馒头"就是一顿饭。思虑单纯的兵团人，只想着多做贡献，条件越是艰苦，干劲越是充足。爷爷先后做过建筑工人、炊事班长等。他干一行爱一行的热情甚至让奶奶都吃惊不已。退休后，走路都会气喘吁吁的爷爷会骄傲地说："那时的力气都是用不完嘞，一次卸下几吨粮食都没得问题。"然后扬起嘴角，和蔼地笑着看向懵懂的我。

再后来，改革开放的福音终于传到了遥远的新疆，家庭联产承包责任制给农业生产注入了新的活力，爷爷也因此能量槽加满，像呵护自己的孩子一样照料着分来的一百多亩地。同时，酷爱发明创造的爷爷创造和改良了各种农具。辛勤的付出终有回报，爷爷成为连队里的第一个万元户，还几乎全票当选了"优秀共产党员"。谈到这些记忆和荣誉，爷爷总是喜笑颜开，他希望我也能早日成为共产党员，我也能拥有这样的荣誉。

日复一日，年复一年的劳作，爷爷因此过度劳累，积劳成疾，只得放下手中的农活，把田地交给下一代的兵团人。

爷爷晚年时再也无法劳作了，每天下午 7 点便准时守在电视机旁，我们要把手中的遥控器交还给爷爷，因为每天的新闻联播就是爷爷的精神食粮。我们一边吐槽着新闻的无趣，一边看着目光炯炯的爷爷，他也不管我们的抱怨，只是一会看向电视，一会低下头记着些什么。

2016 年，爷爷受不住久病缠身，抵不住岁月的侵蚀，与世长辞。最后一次听到爷爷的声音时，我还在异地上高中，已经病危的爷爷话却说得异常清晰，内容也很简单："超超，你要好好学习啊，不用担心我。"我哭着答应着爷爷。那个疼我爱我的爷爷，那个在新疆奋斗一生的爷爷，化作夜空繁星中的一颗，在黑夜中给我们光亮，却再也无法发出任何声音。

深夜，大学的校园里静得像是只剩下我自己，我正抬头盯着远方难得出现的圆月，恍惚间，我看到了蝉鸣的夏季里，爷爷正坐在绿意盎然的院子里凝视着远方，我多想和那道目光对视，也许那目光里是片片随风舞动的胡杨林，写满了那段艰难的岁月，写满了兵团人的故事。

现在我将爷爷的故事写下，追思那些扎根边疆的兵团人，缅怀那段属于奋斗的岁月。

信与新

——连接过去与未来

文学与新闻学院 葛 帆 权湄荻

亲爱的权：

近来可好？学习、生活可还顺心吗？

说来也奇怪，咱们一个南方姑娘，一个北方小妹，相隔天南地北；你喜面食，我爱吃米饭；你听着秦腔，我从小哼着《刘海砍樵》；黄土大地赋予你淳朴热情，南方水乡孕育了我多愁善感的性格；温带的热风拂过你的面庞之时，我正在为潮湿的梅雨而发愁……按理来说，生活习惯、语言文化等方面千差万别，聊不到一块去；可偏偏我与你一见如故，收到你的信应该是高三这一年最开心的事情了。见信如见人，见你如遇知己，我简直诧异，信中我们怎么会有这么多的事情可以聊！

上次你在信中问起我的家乡的情况，我一下子哑然，我似乎从没有刻意去了解过她，关于她的记忆也是零零碎碎，不知从哪讲起，所以没有来得及回复你。也许你是随意问的，但是信虽已停笔，那个问题却留在了我心里，成了一个结。我想，如果我都不去了解她，何以谈得上对得起这座养我育我的小城呢？所以啊，我就去跟家里的老人聊了聊，从他们的眼中，我看到了一个不一样的小城，一个历经战乱和改革重焕生机的小城。

你愿意我讲给你听吗？

我生长在一座美丽的湘南小城——宜章，她虽然不繁华，但清甜的空气和悠闲的生活节奏，都在诉说着她的柔情万种。每天早上，总有起得早的大爷，踱步至宜人广场，来上一套太极拳；下午时，便有学生倦鸟归笼般欢快地边叽叽喳喳边跑回家，难怪她多次被评为我们那儿的“宜居城市”。

但她并不是一开始就那么美好的，她也曾历经炮火纷飞，也曾经历温饱挣扎。听老人说，以前的宜章可不像如今。

也许咱们是文科生，能够体会到原始古朴的美感，但是，想想身处当时的人们，他们可是切切实实地感受着生活的贫穷和不便啊！

当时经济落后，哪里又有多余的钱去发展教育呢？最直观的体现就是我的母校——宜章一中。常听以前的校友、我的老师说，宜章一中的校舍是他们一肩膀一肩膀挑出来的。虽是玩笑话，却也不乏真实性。老照片上，老旧的校舍立在一座座山间，那时候老师得上山下山去讲课，后来实在不便，他们就把中间的山一担担挑走，总算有了一个较为平坦的操场。

宜章一中占地面积很大。每一隅都是一处风景，教室窗儿明亮，周围林荫浓密，楼后便是环山跑道和足球场、篮球场，压力大时还可以去后山的拾芳亭走走。

要想富，先修路。宜章是进入广东韶关的一个重要节点，去往韶关，一定要经过107国道。以前的107国道，坑坑洼洼，路面不平，大大影响了交通效率。

但是现在呢，107国道附近的南京洞已经成了宜章一个新的开发区，变化不可谓不大啊！

这样的变化还有很多，种种改变交织，既让我对她的过去感叹，又让我为她的现在倾心，不知道你能否理解我的感受呢？出来见识到繁华的大都市后，我愈发想念我的小城，想念她出门就能买到一应俱全的生活用品的便利，想念她不失人情和温暖的小城模样。故乡毕竟是故乡啊！特别是在改革开放之后，她在各方面都得到了更好的发展。

听老人说，我们的小城几十年来招商引资，引进了一批大型企业；构建了一个高新技术产业园区，光我知道的就有一个君悦物流；国家还实施了精准扶贫，帮助贫困地区摆脱了贫困的帽子；在交通方面呢，村村通公路进一步完善，还修建了从白石渡到宜章的双向道，修缮了宜章到郴州的公路，修建了高大明亮的百通汽车站……而且，大家愈发重视精神文化的建设，最近呢，政府还新修了一批文娱休闲场所，宜人广场、尚书广场、梧塘湖公园……无论你是想要散步，还是想去赏荷，都有了很好的去处。权，如果有机会的话，我真希望你能来看一看！

我的小城很美，之前经济不发达，也没有机会让她的风采展现在世人的面前。现在我可要很骄傲地告诉你，宜章这边有一座山——莽山被评为了国家4A级景区，著名的莽山烙铁头蛇就是在这里被发现的。莽山素有“第二西双版纳”和“南国天然树木园”之称，现在莽山开发工作逐步推进，再加上交通日渐便利，与外界的联系日益紧密，来小城的人越来越多，我真开心大家能知道她！如果你来，我们夏季可以去漂流避暑；冬季可以欣赏霜花美景，享受滑雪的快感。

现在的小城，是越来越美了啊！

我享受着这种种便利，但是，喝水不忘挖井人。听老人说，这些都是改革开放四十载的成果。

现在改革还在持续深化进行中，她还有下一个十年，下一个四十年……下一个四十年后的她又会变成什么样呢？权，我不禁有点浮想联翩了。宜章令人着迷的地方还有很多很多，如果你喜欢清静闲适而又充满人情味的小城，那么欢迎你来宜章感受一下她的温柔。

这是我的家乡，那么你呢？我也想听听你的家乡故事，下封信跟我讲讲好吗？

祝：

安好！

帆

2019年4月19日

亲爱的帆：

收到你的信我非常开心，谢谢你为我讲述你家乡的故事，我仿若看见了她岁月流转中的模样。如果有机会的话，我会去宜章做客。另外，哈哈，帆，我们陕西人不仅吃面，米饭也是我们餐桌上的主食哦！

看到你珍藏的小城回忆，我不禁动容，也随即想起了我的家乡。那是关中一座依傍渭水的小城——渭南，我想向你介绍的，是这城中的一座老站，你愿意听我讲讲关于它的事吗？

记忆是从1933年开始的。

“三秦要道，八省通衢”几个字被用遒劲的楷书刻在我们渭南的老城楼上，久历沧桑。然地理之优势却在清末变局中黯然失色——骡马车轿固然不敌铁路之益。顺时代大势，杨虎城将军力促秦人铁路之梦，渭南车站便在1933年诞生了。时任铁道部部长顾孟余题写的牌匾嵌在法式建筑的票房上，伴着老站经历了风风雨雨的八十多年。曾经的老站因陇海铁路的通车而辉煌一时，与之相随，渭南县城也日渐成为晋、陕、豫商品流通的枢纽和关中地区重要的物资集散地。于是，众多商贾相继在老站附近开办工厂，兴建商业店铺和粮食集市，而铁路职工、小商小贩也迅速聚集此地，由是，县城区开始向西扩展。可以见得，铁路与老站的存在使渭水畔的这方土地焕发了新的生机。

与老站相依而存的，是铁路旁的“河南巷”。我打记事起就从长辈口中得知了河南巷的故事——由于战乱和灾荒，众多河南人流落四方，部分沿铁路而行，最终扎根老站附近，不改习俗，不改乡音，由此在渭南度过了几十载春秋，见证了渭南老站的繁盛与衰落。

仍记得幼时要抵达老站票房，必要经过河南巷。进了老站大铁门，先走过铺满石子的铜锈铁轨，而后走下几阶土台，便至巷口。巷子窄小，仅容两人并肩擦身而行，众多低矮幽暗的棚屋紧密相连，其中偶尔传来犬吠鸡鸣，老旧的瓦片，滴水的房檐，老人在窗台置放的坛坛罐罐……众多意象皆为这个有故事的小巷添上一层历史的旧味。走过低洼曲折的巷子，老站票房便现于眼前。但那时的老站之貌已无法让我联想起它几十年前的辉煌——票房门牌遗落，窗牖残碎，荒草丛生……“渭南车站”几字在尘埃的遮掩下显得可有可无，倒是和站前堆放的破落二八单车相得益彰。隐约记得，那时还有少许货运火车驶过，空气里总是飘有微微的机油气味，忽略一切具体物象，那片地方在我的印象中便只剩下锈迹的黄色和机油的黑色。是啊，自我出生起，看见的就是这样一个落魄老站。

老站是真老了啊。

谈起老站的由盛转衰，便要追溯到20世纪60年代。当时由于三门峡水库的修建，陇海铁路被迫改线，这一改便也带走了渭南老站的繁盛岁月。而后，老站一度被用作货场，以一种低调的形态继续自己的使命。然而随着渭南城区的不断扩展，原先处于边缘地带的老站渐渐被包裹在城中，与其旁曲折的河南巷一并在这城市里动弹不得，难以喘息。在发展的城市中，久历沧桑的河南巷显得格格不入，其中房屋皆年久失修，巷道窄小，排水排污不便，可以说它已是渭南城最大的棚户区了。而由老站延出的铁路更是横穿城区，我至今都可与友人对它津津乐道——在汽车来往、行人穿梭、店铺林立的柏油大路上，哐当哐当的火车行驶而过，所有动态之物都为之止步，静候其行。但必须承认，此时横穿城区的铁轨已经带来了交通堵塞问题和不容小觑的安全隐患，这便成了那时人们的大困扰。

在2012年，政府开始对老站及其附近施工。政府决定拆除以河南巷为主的棚户区和旧有铁轨，取而代之的是修建一条宽阔的道路。工地的隔离墙建起，挖掘机轰轰作响，我再也进不去那个老站了。不舍，不舍。想起幼时母亲用单车载我穿过河南巷、路过老票房的时景，我怅然地望着工地隔离墙，想象墙里曾经的岁月，盛也好，衰也好，它也是一代人芳华的记忆啊。

工程一年后结束，在老站曾经矗立过的地方，出现了一条极其宽阔的马路，路旁是高耸的路灯，暮色起，华灯上，照亮了那曾经幽暗曲深的一方天地。而谈起老票房，它还好好地存于原先的地方，且已被列为文物，牌匾和户牖皆经修葺，一改往日颓废模样，重焕生机。在老站工作数年的两辆旧式火车也在翻新后进入了秀丽的公园，节节车厢成了花店、茶室、咖啡厅，而车厢外成了孩童们嬉戏的好去处。

今日的老站卸去了几十年的责任，已然成为渭南城的亮丽风景，承映春秋。我无法亲历老站的八十多年，但在改革开放洪流里成长的我却能看见老站承载的珍贵记忆。老站是渭南城的历史，象征了渭南的变化与发展。往事如烟却并不如烟，老站始终存于我们渭南的血脉里，且将陪伴这座城市在改革开放中不息发展，不息前行。

实在惭愧，我的照片没有你那么多，找来找去，只觅到了这一张——由时任铁道部部长顾孟余题字的老站票房牌匾，你觉得如何？

地方虽小，但愿你前来一游，我不胜荣幸！

华辞不表，千言万语见面详叙。

愿安！

权

2019年4月25日

赠您七十载清风明月

——给任弼时爷爷的一封信

外国语学院　覃兆玲

任弼时爷爷：

您好！

您如今过得好吗？在宇宙空间的某个角落遥远地看着当今中国这片苍茫大地，内心有何感触呢？当时新中国成立才一年，您还没来得及好好地看看您所倾注了毕生心血而锻造出的新中国，就离开了我们。您曾说，如果共产党人不善于建设幸福快乐的社会，那就不算作是胜利。（共产党人如果只晓得用战争和暴力来推翻旧的制度和统治，而不善于建设新的丰衣足食的幸福快乐的社会，那我们也是不会胜利的。——1944 年 4 月，在陕甘宁边区高级干部会议上任弼时所言）百姓丰衣足食而又快乐幸福的新中国，是您的期望和理想。您知道吗？七十载过去了，中国变化了许多，也成长了许多。她似乎达到了您的期望，又似乎还有很长的路要走。而如今的我，就处在这个日新月异的时代里，看着她不断强大起来，且让我借助老人之言和历史资料跟您慢慢细说新中国成立以来至今中国这七十载的清风明月吧。

七十年光阴太长，发生了太多您或许都无法预料的事情。我应该从何说起呢？这七十年来，涌现了无数像您一样为祖国事业而奉献终生的人。叶剑英同志曾经说，您就像是我们党的骆驼，中国人民的骆驼，一生兢兢业业也毫无怨言。（他是我们党的骆驼，中国人民的骆驼，担负着沉重的担子，走着漫长的艰苦的道路，没有休息，没有享受，没有个人的任何计较。——叶剑英在任弼时追悼会的发言）您虽然早已远去，但您的“骆驼精神”却永世长存。在新中国成长的七十年里，这些一直在奋斗的“中国人民的骆驼”，总会让我想起您，也总会给我坚定的信心：我相信有他们的存在，中国一定拥有一个灿烂无比的未来。他们是中国的骆驼，亦是中国的脊梁。不如我给您讲讲他们的故事吧。

您少年时期思想活跃，指点江山，挥斥方遒，决定“毕业之后，欲志于工业”，走工业救国之路，然而您成年后看到——若腐朽的社会制度不改变，兴办工业以强国并无可能，这才走上了终生革命的道路。欣慰的是，20 世纪 50 年代，中国工业终于有了蓬勃的发展。您年少时期“工业救国”的心愿，在“一五”计划的指导下，在全国人民团结奋斗的汗水中，得以了却。到 1957 年底，“一五”计划各项指标都大幅度超额实现，汽车飞机制造业等一些现代工业体系从无到有地建立了起来。现代工业体系逐步形成，工业布局也得到了完善。交通运输业发展尤其迅速，铁路公路线不断拓展，促进了全国物资交流和经济发展。这翻天覆地的变化和令人骄傲的成就，是您都无法想象的吧？曾经您心心念念的工业救国之路，我们帮您实现了。也就是在那个时期，“铁人”王进喜成为时代的楷模。我常常会从他身上看到您的影子，惊叹于他的毅力和坚忍不拔的意志。您曾说：“能坚持走一百步，就不该走九十九步。”而他这么说：“有条件要上；没有条件，创造条件也要上。”他只是个贫苦农民的孩子，讨饭放牛做苦工都是生活日常罢了。可也就是这样的人，成为全国劳动模范。在他身上，我看到了“骆驼精神”：一个普通的石油工人，却能把平庸的事业做到极致。不顾病痛用身体去制服井喷，没日没夜地钻井，没有休息，没有享受，只有对建设事业的热爱，只有对中国美好前景的信仰及因此带来的无限动力。20 世纪 50 年代，不止他这头“骆驼”，还有千千万万的“骆驼”，成就了中国的工业发展。中国，从被人肆意欺凌满目疮痍，到走上发展的正轨。中国迈出了第一步，您看到了吗？

虽然中国有了发展，可外部环境却日益紧张。美苏争霸，我们夹在中间受到很大的威胁。他们是世界的两大霸主，拥有强大的军事力量和科技实力：核武器、导弹、人造卫星……可我们仿佛初出茅庐的孩童，知识和科技什么都是一片空白。20 世纪六七十年代的中国，真的过得很艰难。百年国耻不堪回首，落后就要挨打的历史不能重演，所以就算是拼尽一切也要把中国的国防和科技实力提升上来。没了苏联对我们的援助，我们白手起家，步履维艰。所幸有一批在海外求学的爱国赤子，历经种种阻挠，甚至被拘留被污蔑毅然回到了故土，搭建起国家的科学技术的框架。原子弹的研究之路充满酸辛，邓稼先作为能力出色的科学家挑起了重担。他守着大漠孤烟，耕耘出无数令世人震惊的成果。他就算身体受核辐射影响依然坚持工作，因为心中有信仰：中国一定不会重蹈覆辙。在那段混乱的岁月里，虽然有黑暗有退步，但仍然有为中国的发展事业奋斗的人，“骆驼精神”也依然存在。

20 世纪八九十年代的中国，在我心中是中国的重生时代。在经历思想混乱和社会动荡之后，中国终于安静了下来，认认真真地去思考：中国道路应该怎么走？而您的老战友邓小平，为中国的未来做好了规划：对内改革，对外开放。转型阵痛存在，思想激烈碰撞。从高度集中到放松限制，市场活力迸发，经济得到了飞速发展。听长辈说，一位邻居叔叔，在厂里工作了五六年，厌倦了循规蹈矩的生活，只身前往东南沿海一带闯荡。那里是一片生机勃勃的土壤，在那里，他从一个普普通通的理发师做起，随后去纺织厂工作被提拔为经理，开了卡拉 OK 店，最后开了鞋厂。十几年的含辛茹苦，成就了他的今天。如今鞋厂规模很大，形成了完整的体系。他也曾投资亏损，可他总是心态极好，陷入困境也能冷静面对，继续埋头苦干自己的事业。他们那一批下海闯荡者，有的人投资亏空接受不了打击就回乡了，但真正能做一番事业的，还是有“骆驼精神”的人。这些人，推动了东南沿海一带经济的发展、城市的发展。无限希望，无限美好，中国就此展开了新的篇章。

现在，终于轮到我自己给您描述我所看到的中国是什么样子的了。21 世纪的中国大概更加令您骄傲了。中国正前所未有地处于中华民族伟大复兴的时代。神舟飞船宇宙遨游，蛟龙巨舰下海捉鳖；5G 技术领先世界，移动支付方便快捷；“一带一路”倡议得到广泛响应；人类命运共同体的理念得到认可……太多的传奇故事被书写，一个又一个看似不可能成为可能。现在的中国没有辜负您和所有为中国复兴抛头颅洒热血的先辈的心血和期望。而您的“骆驼精神”，更在各行各业广泛存在。在故宫修文物的工匠，进行火箭心脏焊接的技术人员，甚至是路边十几年如一日卖良心包子的店主，在他们身上我都看到了您的影子。这七十年来，您一直与我们同在。您与一切被战火洗礼过的灵魂，同中国和人民的命运一直融在一起，无上光荣。现在，处于这个和平的时代，我们似乎无法如同您一样浪遏飞舟，力挽狂澜，为中国的发展做出不可磨灭的贡献；但我想，只要每个人都如同您一样有“骆驼精神”，意志坚定，愿意为自己的事业拼搏，又怎么会得不到追求事业的快乐呢？我们青年一代，虽显童稚但心怀理想，但仰仗这七十年来不断为中国发展添砖加瓦的人民，同样我们也会追求更好的中国。

等到再过七十年，我也希望有这样的青年，送我七十年清风明月，给我讲那时候的中国是什么样子。

柔美信念谱写中国故事的新篇章

电子信息学院　高　检

感动、感恩、奉献、坚持……我们正经历的时代，总在期待着每一个惊喜，又在拥抱着每一种情谊。今天，我们继续用知识积淀和加固心中的追求，用精神装点和延续时代的光辉，这是一种决心，也是一种力量，因为我们深知，过去的日日夜夜，朝朝暮暮，都来之不易。每当想到这些，我就思绪飞扬，感慨万千。

历史的年轮总是不断向前，一个个小故事汇集成了中国故事。从不久前被授予“共和国徽章”的八位伟人的光辉事迹中可以看出，中华儿女在科学和发展道路上的探索从来都是步履铿锵，气宇轩昂。作为一个新时代的女大学生，两位女性获得者首先引起了我的关注。

女性的柔美与刚毅独具魅力。获得“共和国徽章”的伟人一共有八位，其中两位女性获得者用她们的方式照亮了这个时代的另一种精神。她们是中国女性的代表人物，一位是“勿忘人民，勿忘劳动”的申纪兰，一位是“与青蒿结缘，用中医药造福世界”的屠呦呦。

我是山西人，而申纪兰，这位耄耋老者，曾任山西省平顺县西沟村党总支副书记。她出生于1929年，目睹了中国九十年来的历史变革。“劳动”或许是她的第一个代名词，因为她热爱劳动，同时也关爱女性。她的努力，使西沟村实现了“男女干一样的活，应记一样的工分”，而她提出的“男女同工同酬”倡议最终在1954年被写入了中华人民共和国第一部宪法。“改革”或许是她的第二个代名词。“家庭联产承包责任制”在西沟村的施行因为有她的改革而成功。她主张：成林和有林山坡地仍归集体管理；耕地仍然包产到户、自主经营，但实行三年一小调、五年一大调，添人增地、减人减地，确保土地不撂荒。最终，改革宜统则统、宜分则分，统分适度，实现优势互补。“农民”是她给自己的代名词。从扫盲班毕业，担任了山西省妇联主任，但坚决不领厅级领导干部的工资，不转干部身份。她就是这么一个“执拗”的人，执拗到女儿辛辛苦苦坐了一路卡车来看她，但她因为太忙而只匆匆见了一面。就是这样一个舍小家顾大家的女人、母亲、干部身份，身上的荣誉数不胜数。“全国劳动模范”“全国优秀共产党员”“全国脱贫攻坚‘奋进奖’”“改革先锋”等称号都是她的荣誉。而似乎，所有伟大的人都不看重这些荣誉，而只把它们当作是鞭策自己的动力。

从劳动再到生命，“每一个生命都该被珍视”，这是屠呦呦的人生信条。因为她发现了青蒿素，使疟疾——一种世界上最主要的高死亡率传染病，不再威胁到亿万条鲜活的生命。高中时期，我读到过一些关于她的传记，其中令我印象最深刻的就是，她为了实验结果，亲自把自己当作试验对象。正是她这种舍弃自我成全他人的美德和执着科研的精神才发现了青蒿素。

女人都是水做的，自古以来，柔美一直是东方女性的代名词。然而今天，用这份柔美去装点信念，依然十分恰当。因为女性的那份力量就像汇聚的江河之力，那份独特的智慧和别样的魅力也足以水滴石穿。新时代，众多女性已不仅是那个喂养嗷嗷待哺的儿女的母亲角色，她们的信念让她们尝试承担了更多的责任，而这些责任，不仅赢得了她们自己的骄傲，更收获了时代对她们的称赞。

我的座右铭是做一个智慧的女生，做受人尊敬的事。我们正经历的时代，是用科学、理性和探索构建的时代，作为一名理工科的女生，有机会接触到最前沿领域的知识，就更有责任投身其中，上下求索。这个社会的女性榜样在各行各业发挥着她们的力量，我希望自己能够汲取这些伟大女性的特质，在时代的浪潮中，树立起自己的信念。这种信念，能够让我保持一分自我的天性，让我懂得在自己的小家里“长行孝顺酬斯价”；这种信念，能让我“出所学，尽所知”，做更多有意义的事；这种信念，必将推动我，“以青春之我，创建青春之家庭，青春之国家，青春之民族，青春之人类，青春之地球，青春之宇宙”。

女性的信念，是时代的一分献礼，足以谱写出新时代中国故事的一页新篇章。

讲述中国故事　记录伟大时代

电子信息学院　方高运

我是一名大四的学生，作为一名青年学子，应当肩负起祖国伟大复兴的神圣使命。在新中国成立后的不同阶段，总有像我一样的大学生，经历着属于他们的人生起伏，将个人命运同祖国命运相互交织，奏出一曲不一样的乐章。

1949 年，天安门城楼上的振臂一呼，新中国成立了。1928 年，蒋建平出生于江西省新干县三湖镇蒋家村一个农民家庭。恰逢新中国成立和自己的家乡解放，他不顾父母的反对，毅然走上了求学之路。1949 年，他考上了南昌大学农学院森林系，成了新中国第一届大学生。毕业后成绩优异的他被分配到河南农学院，成为一名大学老师。然而从南到北的环境变化，以及艰苦简陋的科研环境，都给了蒋建平不小的打击。但他没有就此消沉，而是积极带领学生进行实地考察。在兰考县的一次实地调研中，他选定了自己一生的研究方向。在调研中他发现，泡桐这种植物不仅能保护村民的房屋不受风沙的侵害，还能保护农户的田地，成为一道天然的屏障。从此泡桐的“倩影”始终让他难以忘怀。这次兰考之行成为蒋建平一生泡桐研究的起点，他一头扎进泡桐实用化的研究中。1973 年 3 月，在总结推广禹县和兰考县试验研究初步成果的基础上，蒋建平牵头成立了“河南省泡桐良种选育与速生丰产研究”协作组，并组织有关单位，开展写作攻关，推动了泡桐科技工作的全面进行。1980 年，因科研成绩突出，蒋建平走上了领导岗位，但是他从未离开讲台，从未间断泡桐研究工作。1990 年，蒋建平主编的 60 万字的《泡桐栽培学》一书出版，该书对他几十年的研究成果进行了一次理论创新性的总结，展示了具有中国特色和优势的泡桐研究。这位 1949 年的大学生用青春交出了最完美的答卷。

1999 年，是充满血与痛的一年，当美国轰炸机的炮火击中中国驻南联盟大使馆时，就仿佛一把刀子在每一个中国人心上刻了一刀。这是痛苦的一刀、屈辱的一刀，也是让无数青年人清醒的一刀。无数的大学生走上街头，表达着对强盗行为的抗议。然而那时的我们没有办法做出最有效的反抗，只能把这份屈辱记住，在重压下不断前行。那时的青年学子更加坚定地把自己的青春投入祖国的建设中，也更加坚定地将国家的命运与自己的命运紧紧相连。

2019 年，我们国家拥有了更强大的综合实力，也取得了振奋人心的成就。从 5G 网络的正式挂牌，到中美贸易时我们底气十足不惧强敌；从中国女排的飒爽英姿，再到国庆阅兵时的昂首阔步。每一个中国故事都在诉说着中国正一步一步地走向伟大复兴。这一年给我留下印象最深的就是，在国庆阅兵时，我和同学们一起聚集在报告厅共同观看阅兵式。当国歌响起时，所有人都湿了眼眶。在场的大学生，每个人的眼里都闪烁着炙热的光。当一列一列队伍整齐划一地走来时，仿佛象征着祖国正稳步走向崭新的未来。当一架架的歼击机从天安门空中飞过，当一辆辆装甲车驶过时，我知道我们不用再忍受屈辱了。我在思考，现在的我和1949年的蒋建平一样，和当年为中国驻南联盟大使馆被炸而抗议的大学生一样，作为一名青年学子，只有将个人的命运与国家的命运、民族的命运、全人类的命运紧密相连，才能获得源源不断的动力，才能在事业上不断前进，才能为实现中华民族的伟大复兴贡献自己的力量，才能在实现共产主义的道路上不断向前。

“一代人终将老去，但总有人正年轻。”2020年新型冠状病毒肺炎疫情暴发，一场没有硝烟的战争席卷全球。在抗击疫情的一线上，有“30后”的钟南山院士指挥全局，有“40后”的李兰娟院士制定诊疗方案，有“95后”的护士朱海秀因害怕父母担心而拒绝采访，有“00后”的护士刘家怡在武汉方舱医院夜以继日地照顾病患。还有许许多多的青年人像他们一样奋斗在一线，毫不松懈。青年人是祖国的希望、祖国的明天，伟大复兴的使命与责任深深地烙印在我们的灵魂中。作为一名青年学子，只有紧握青春的笔，不忘初心，牢记使命，才能给国家给人民交出一份满意的答卷。

领唱时代主旋律，传递青春正能量

——致敬新中国成立70载

法学院　孔梓轩

每当提到歌舞之乡、瓜果之乡，人们都会想到新疆这个美丽的地方。在这片广阔的土地上，异域风情的独特令人沉醉；绽放的雪莲花四海飘香；红枣蜜瓜、葡萄香梨的香甜闻名于世；阅遍千年风光、饱经沧桑的胡杨挺拔依旧；清冽的天山雪水养育了代代子民；广袤无垠的沙漠戈壁，光怪陆离的海市蜃楼，共同构成了“大漠孤烟直，长河落日圆”的西域奇景；神秘的喀纳斯湖等待着人类揭开“水怪”的面纱；火焰山的沟壑犹如正张牙舞爪扑面而来的火浪……很幸运，我出生在这样一个神奇的地方。

可能在大家的固有印象里，新疆的关联词除了美丽还有封闭和落后。在以前，经济、教育、医疗、通信、交通等方面都是“重灾区”，且地方病发病率高、各民族间语言不通交流困难、地域宽广难以集中管理等现象在新疆比比皆是。到现在，老一辈人提起自己的经历甚至还会难过到说不出话来，他们从小要学着给有钱人家放羊、种地干活，吃过树皮，偷偷学习认字，最艰难时还经历过土匪进村杀伤抢夺。处于太平盛世的我们根本无法体会新中国成立、改革开放带给他们的希望有多大。从库尔班大叔骑毛驴去北京见毛主席到现在兰新铁路、天山独库公路、乌鲁木齐机场、塔里木沙漠公路、奎屯高速的依次建成，在国家政策的大力帮扶下，新疆与内地的联系越来越紧密，并以令人惊叹的速度成长起来。伴随着西部大开发战略的深入实施、精准扶贫工作的持续推进，新疆努力突破自身缺陷，大力发展经济，提升教育医疗水平。改革开放以来，新疆不甘落后，在各方面取得了巨大的成就，经济综合实力显著提高，基础设施建设特别是水利、交通方面取得显著成效，特色优势产业快速发展，“双语”教育、义务教育的普及也有了突破性的进展。当写在教科书上的内容出现在自己身边时，我感受到了一种前所未有的激动和自豪。我的家乡，淖毛湖镇，也乘着这趟改革特快列车，发生了翻天覆地的变化。一幢幢美观大气的居民楼拔地而起，有人感叹“真不敢相信这辈子还能踏上地板砖”；抗震安居房的建立几乎解决了所有人的住房难题；特色产业哈密瓜，也渐渐改变了传统的种植和销售模式，通过互联网送达全国各地；同样的路程去市里，过去要走将近一天，现在只需三四个小时即可到达；学校从小院子变成高楼，师资力量也逐年增强，越来越多的学生能考上市里的重点高中，去内地上大学；相比以前，当地就业形势有很大改观，大学生返乡创业队伍逐年壮大。不知从何时起，脱去贫穷的帽子、建设美丽家乡早已成了各族同胞的共同目标。这一切都是党和国家给予的，也是新疆通过艰苦奋斗得来的。

中国 56 个民族中新疆就有 47 个，其中 13 个是世居民族。虽然在人数上，汉族排在第一位，但经过长期的文化碰撞、生活交融，各民族间已经紧密地联系在一起，领悟到“汉族离不开少数民族，少数民族离不开汉族，各少数民族之间也相互离不开”的真谛。在我母亲小时候生活的村子里，只有她们一家汉族人，祖父勤劳能干，祖母善良大方，一家人赢得了全村人的好评与接纳。母亲说小时候受到男同学的欺负，还是同村的维吾尔族小伙出面帮她打抱不平；祖父母有事出门，母亲放学回家就去邻居家写作业、吃饭；隔壁的维吾尔族大婶还给母亲和她三个姐妹起了好听的维吾尔族族小名；为了方便交流，她们学会了几句简单的维语，还教会了维吾尔族同胞常用的汉语。虽然生活拮据，四个姐妹只有两个能上学，但邻里关系融洽，大家在学习、工作、生活上互帮互助，共同进步，展现了平凡之美。在国家政策的号召下，越来越多像我母亲这样的汉族家庭的出现缓解了当地人对汉族人的偏见。同时民族团结模范人物在各地涌现出来：维吾尔族阿妈阿帕里，从 1963 年开始收养了 19 个来自四个不同民族的孤儿，倾尽家产供养他们学习生活。她说：“在我家里，没有民族之分，他们都是我的孩子，我们是一家人……” 2005 年，维吾尔族青年艾尼·居买尔阻止了公交车上的偷窃行为，被歹徒捅成重伤。他本来可以冷眼旁观，但他选择坚定地指着受害者王丽对歹徒说：“住手！她是我妹妹！”这些耳熟能详的动人事迹让人们更加坚信“平等与美好”本身。是国家统一、改革开放的力量再加上百姓对国家的拥护与信任，消除了长期潜伏在人们心中的歧视与隔阂，让各民族和睦友好地生活在一起，并共同珍惜这来之不易的幸福生活。维护民族团结依旧是新疆在做出任何决策前考虑的大前提。高尔基说过：“团结——在人需要的时候，它能帮助人民克服各种混乱。”我相信民族团结的力量会击碎任何企图分裂新疆的幻想！

由于新疆历史遗留问题较多，想补上落下的功课难上加难，但好在祖国母亲没有放弃她，让成绩好的其他兄弟姐妹在各个方面帮助她，她也废寝忘食地汲取知识，一点一点地追上祖国不断前进的步伐……

祖国母亲今年 70 周岁，新疆眼中满含泪水——感恩激动之情无法言说，但请您相信，新疆会用无数个明天向您承诺：新疆，绝不认输！

时光的脚步

——改革开放四十多年与我们有多远?

法学院　周　航

什么是改变呢？我想，改变是一个循序渐进的过程，如同“汇小流而成江海”，江海之于小流就是改变。每一股流水在经昼夜不息的汇流后，才可能奔涌成江海；又像在积沙成塔这个过程中，每一粒沙在经过日月积累后，才可能筑成大厦。

每当把现在老家的模样与十年前的老照片和记忆中的样子相比较时，我的脑海便很自然地浮现出“沧海桑田”这四个字，似长似短的时间跨度无意间令人生出恍若隔世的错觉。

我想可能这就是时光了。

关于改革开放，我常常听见老一辈的人讲起的是——小平同志、经济特区、市场经济，以及“我们当时是多么穷，你们这一代都没吃过苦……”一类类似劝导或者感叹的话语。

这些具有历史意义的词语似乎已与我无关。时光匆匆而过，这些对于老一辈而言又意味着什么呢？是故事吗？又带走了什么呢？是他们的青春吧！

当我们站在此刻回望历史的波折时，不禁要思考，改革开放到现在这一段时光，对于一个社会而言意味着什么？是经久不息的活力和五彩斑斓的文化生机。对一个国家而言呢？是国家一步步走向昌盛繁荣的见证，是一步步从头迈进的勇气和果敢……

2003 年“非典”时我才两岁，未到记事年纪。2008 年汶川大地震和奥运会时我不过也才七岁，记忆中只留下了黑压压一片人在小操场议论纷纷的喧闹声和电视机里福娃可爱的模样。2013 年我十二岁，习近平同志成为我国新一代领导人，扛起了带领国家与民族走向强大的重任。那一年，“一带一路”总被大人挂在嘴边，而我在意的只是 LOL 是否有新角色诞生。之后的几年，我慢慢学会了看新闻关注时事政治，甚至把收看新闻联播当作了学习之余的放松活动。随着年龄的增长和认知水平的提高，我终于也渐渐知道改革开放对于我们而言意味着什么了。

但是这些总归不是时光留给我的故事，我想说的故事才正要开始。

改革开放四十多年，离我们原本很近。

(一)

无可否认，改革开放与我们的联系首先体现在衣食住用行上。

我记得十年前的稻花香草，在微风吹拂下如斑斓的金色海浪，金秋时节亲戚互相帮忙收割谷穗，又互相请客的热闹场面；记得大脑袋电视与影碟机盛行时，每次赶集时都要吵着奶奶买动画片光碟的模样；记得那一年连接村子和小镇的大桥垮塌，奶奶背着半夜发烧的我蹚过河水送我去医院的情形；记得决定转学之际，曾经组织大家拾空瓶，凑钱给老师买礼物的事；记得奶奶买第一个手机时，先藏着不告诉我然后突然交给我时，我那激动的心情；记得和朋友一起凑钱买到心仪已久的手柄游戏机和游戏卡；记得农贸市场人多热闹，讨价还价声此起彼伏；记得老家门前的桃树歪斜地立在前院田坎边上；记得偶尔有熟人过来，在屋檐下坐一坐，散给爷爷一支烟，和奶奶话话家常……

十年后我们又在迎接些什么？

村子里的泥巴路与石板桥被沥青和水泥路替代，众人收割谷穗时稻花香草的清香不再，替代人工的是高效率的收割机器；当初吵着要买碟子的小孩已长大，在如今信息网络通达的条件下，资源共享平台的出现使得我已再会为看不到喜欢的电影动漫而忧虑；老家的大桥早已竣工，河岸边种植了绿化并修建了堤坝，一改往常断桥残垣的样子；曾经的小学已搬迁，新一代孩子们接受到的教育质量显著提高，成长的环境显著改善；农贸市场早已规整化，商品类型分区摆放，干净整洁；我们早已搬家，原来的老房子覆盖上了一层灰尘，像老人平添了许多皱纹……

熟悉的人头发日渐花白，皱纹爬满脸庞，挺立的身躯也逐渐佝偻。他们承认自己老了，但却总是讲："这样好的时代，谁都想多活几年。"

我知道，时代发展带来的恩惠几乎润泽了所有人。

（二）

管子说："仓廪实而知礼节，衣食足而知荣辱。"

康德说："我敬畏头顶上的星空，也敬畏内心的道德律。"

改革开放以后，我们不断吸收借鉴外来优秀文明，同时传承本民族优秀传统文化，发扬我们所共同认可的社会价值观。"文明法治"之花的种子撒播在社会主义的土壤里，开得愈发硕大与美好。

记得我第一次制止爸妈乱扔垃圾的行为时，他们是有些抵触的。因为这样的提醒与他们长期以来形成的生活习惯有所冲突，但抵触感会随着观念的改变而逐渐消失，他们最终不得不承认乱扔垃圾的行为的确有所不妥并加以改正。

记得有一次，我曾看见两个在街上打闹的小朋友不约而同地把手中的水一饮而尽然后轻轻地把空瓶压瘪，乖巧地递给一个拾荒老奶奶。在那以后，我也逐渐形成了把空瓶子压瘪且主动交给拾荒者的习惯。

文明善良风尚永远都在延续，像花香一样，不经意地沁人心脾，由内而外地影响每个人的行为。而同时，社会的法治观念也在不断增强。

20 世纪 90 年代，《秋菊打官司》这一部影视作品反映的是法治观念的普及在现实法治适用中过渡的情形。

对于法治观念模糊的秋菊而言，她打官司不过是为了讨一个公道，但是最后却演变成害得村主任不得不面临牢狱之灾的尴尬局面。那时的她明显已经懂得维权，懂得用法律武器来捍卫自己的权利。但是她仍不知道该如何维权，如何平衡公道与人情之间的关系。

法治在不断完善，并在保护着我们社会推崇的善。对于人情与公道的权衡，人们心中的尺度与界限已经逐渐明朗起来。以公序良俗原则为依托，全国第一例扶老太太案的最终判决得到了人民的认可。

道德不能滑坡，法律对于见义勇为仍然持着最有力的赞同。

社会主义核心价值观发挥着润物细无声的影响力，法律的完善亦让我们的生活有了强力的保障。

道德水平的提高与法治观念的增强，是个人素质与精神力量得到提升与充盈的证明。

从老人到稚子，在新风的影响下，都在变得更加开明包容与乐观积极。希望的种子在萌芽，在精神文明的春风之下，绽放出花海。

（三）

对于作为学生的我而言，最为相关的，莫过于教育。

1977年恢复高考是改革开放的前奏。教育领域的变革事关个人、社会、国家未来的发展。

教育制度不断地探索与改革，教育支出不断地增加，普及教育重要性的宣传力度不断地加大，都彰显出我国对于教育的重视。

我所体会到的不过十多年的变化，但是透过书籍、影视作品、身边人的讲述，我能感受到这几十年来的巨大差异。

老一辈终于明白知识不是无用的，教育改变命运不是空口无凭的胡话。

我姑姑、表叔常常说："你会是我们家族第一个大学生。"在回想上三代都是农民而无一人受到良好教育的窘境时，或者在对有人因为不重视教育而错失改变命运的机会表示惋惜时，长辈们话语中的言外之意总是在向我强调读书的重要性。

他们希望我可以成为家族的光。

而高考，对于大多数人而言，是一次改变人生道路的机会。

从传统教育到素质教育，我国的教育制度一直在探索与创新。

更重要的是，读书重要论已然代替了读书唯一论，人们在认可教育必然性的同时，同样尊重不分高低贵贱的各种职业。职业学校的开展，为越来越多的人提供了更多的选择。

这一切，在改革开放之后，才成为我们生活的可能；这一切，都犹如破开迷雾之后重现的康庄大道。改革开放的脚步不会停止，我们自己书写的故事仍在继续，我对前路满怀憧憬。我知道，这个时代的星光闪耀出的光芒一定有着照亮墨稠般黑暗的力量。

中国之声

——聆听中国法治建设在世界的回响

华西口腔医学院　周梓瑞　吴秉峰　李昊霖　时彬冕

记得小时候，我常常听见，大人们在讨论强制拆迁时无可奈何的叹息；也常常听见，舆论对罪犯辩护律师的无端谩骂。而现在，强制命令的声音少了，平等协商的声音多了；无脑批判的声音少了，理性分析的声音多了。规则逐渐取代了强权，理性逐渐取代了煽情，这不正是法治建设在神州大地上激荡起来的回响？

我们国家从未停下法治建设的脚步。一次次鲜活实践为依法治国提供了宝贵的经验，一篇篇纲领文件不断为我们指明法治建设的方向。而中国之声，也因此发生着翻天覆地的变化。近年来，无论是街头邻里的闲谈，还是新媒体对社会现象的报道与评价，都充分体现舆论规则意识与理性思辨的崛起。舆论的理性导向，不仅维护了美德在人们心中的权威，更让法治之声成为深入人心的主旋律。法治观念正不断深入人心，理性与规则的旋律亦不断汇入时代的最强音。

中国的法治建设不仅激起了国内舆论理性的回响，也在国际社会赢得了高度的赞赏。且让我们听听一个久居中国的外国友人的声音：“记得我第一次在中国网购时，收到的衣服型号完全不匹配。我很礼貌地向商家说明了情况，想向商家退货，却被商家以各种理由拒绝。我尝试去投诉他们，身边的中国朋友竟然告诉我没有投诉渠道，只能靠唇枪舌剑来摆平。虽然在朋友的帮助下，商家答应退货了。但我总觉得一个网购如此发达的国家，竟然没有保护网购消费者的渠道，实在是太匪夷所思了。”不过，在《中华人民共和国电子商务法》出台后不久，这位友人的态度发生了颠覆性的转变：“仅仅几个月的时间，中国政府便迅速出台相关法律，并且以不可思议的速度深入每个中国人的权利意识中。这样的普及速度，在一个国家的法治建设中堪称奇迹。现在，我就能放心网购啦！”

诚然中国法治建设也曾遭受到不友好的扭曲甚至诋毁，但我们已经有足够的底气去发出正义的声音，以捍卫法治之尊严。规则是社会发展的基石，法治是国家文明进步的体现。以规则与理性为核心的法治精神符合历史唯物主义的发展原理，适应信息时代的管理需求，体现了党治国理政的智慧。我们要用实际行动在世界范围内奏响文明而理性的中国之声！

杏林春满，神州永威

华西临床医学院　胡正炎

新中国成立以来，虽曾彷徨不前，却始终不改初心，用满腔热血，写尽峥嵘岁月。七十春秋，祖国的现代医疗事业与祖国一同进步，初生于草莽，蓬勃于春风，医疗事业的发展正是祖国七十年腾飞变迁的深刻体现。

自古以来，丝虫病与贫困相伴而生，我国曾是丝虫病的重灾区。20 世纪 50 年代，科研人员为了锁定传播丝虫病的元凶，深入农村各个角落捕捉蚊子，从住房到猪圈，从水井到砖窑，哪里蚊子多，就在哪里蹲。60 年代，在党和政府的高度重视下，我国著名寄生虫学家冯兰洲提出抓住致命弱点，人群普遍服药，控制传染源的策略，我国掀起了防治丝虫病的热潮，“政府组织，部门合作，群防群治”，走出一条中国特色的传染病防治之路。为了加快防治步伐，专家在参考国外文献的基础上，提出一个大胆的设想——食盐加药。70 年代，山东省率先尝试，并在全国迅速推广，这一举措极大加速了我国消除丝虫病的进程。80 年代，我国医学工作者在分析了大量数据之后得出了丝虫病防治领域的著名理论——“传播阈值理论”，最终确定了基本消灭丝虫病的标准。90 年代，我国实现基本消灭丝虫病的目标。2007 年 5 月 9 日，经世界卫生组织审核认可，中国成为全球第一个宣布消除丝虫病的国家。世界卫生组织评价，中国所取得的巨大成就是全球消灭丝虫病进程中的里程碑。人类与疾病的斗争永无止境，然而在中国，丝虫病已经成为一个旧时代的背影，与贫穷落后的旧时代一起，渐行渐远。

2000 年，经过四十年的不懈努力，经世界卫生组织西太区消灭脊髓灰质炎证实委员会认证，我国已被确认为无脊髓灰质炎的国家。在“中国消灭脊髓灰质炎证实报告签字仪式”上，74 岁的“糖丸爷爷”顾方舟作为代表，签下了自己的名字。2002 年至 2003 年，全民勇抗“非典”，终将“非典”彻底赶出中国。在 21 世纪这一崭新的纪元，中国的医疗事业前途一片光明。

2008 年 5 月 12 日，汶川地震的天灾留下了刻骨的伤痛。当年，我国虽有救援机构、医疗单位参与救灾，但组织间不协调，学术观念无共识，建设标准不统一，专科培训无制度等，使我们的救援效率极低。汶川地震，被视为中国灾难医学的起点，学科建设、专业人才培养、救援机制体系的建立被提上议程。2008 年 9 月，中国高校系统内首个灾难医学系在同济大学正式成立；2011 年 12 月，灾难医学会分会作为中华医学会第 38 个分会成立；2018 年，中国已有三支专业医疗应急救援团队通过世界卫生组织认证，意味着中国应急救援能力已经达到国际标准。如今我们已经能够非常有底气地说，我们已经形成了中国经验、中国模式。天灾的伤痛终会被岁月抚平，十余年来医学救援能力的进步，是中国医者为汶川、为国家、为世界在史册写下的光辉一笔。

后来，中国的医疗事业逐渐走向世界，为更多人提供帮助。中国作为全球最大的急性传染病预警、检测、实验研究体系，在H7N9禽流感防御治疗、抗击非洲埃博拉疫情等方面做出了重要贡献，勇担发展全球医疗事业的重任，成为如今中国新时代盛世繁荣的缩影。

2020年初，新型冠状病毒肺炎暴发，并蔓延全球。84岁的钟南山院士第一时间前往疫情前线，来自全国各地的医务人员主动请缨抗疫作战。疫情发生以来，全国上下团结奋战，充分发挥了中国特色社会主义“集中力量办大事”的制度优势，克服一切困难，众志成城，可歌可泣。习近平总书记在统筹推进新冠肺炎疫情防控和经济社会发展工作部署会议上指出：“中华民族历史上经历过很多磨难，但从来没有被压垮过，而是愈挫愈勇，不断在磨难中成长、从磨难中奋起。”同时，中国针对疫情采取的措施为世界提供了宝贵的经验，中国也担当起构建人类命运共同体的责任，在国内疫情得到控制之后，第一时间派出医疗队支援他国，充分展现大国气度，彰显大国风范。

七十年来，祖国的医疗事业与国家一同发展，从一无所有、艰苦科研，到援助他国、抗病作战，从当家作主、开天辟地，到盛世安康、走向世界，于荒野中破土而生，斩断荆棘砥砺而行，挽住旧日漫天大雪，化作明朝希望火焰，登半山处慷慨长啸，望来时路血泪荣光。作为当代医学生，在终生学习、完善自我的同时，还应不忘祖国之恩，时刻心怀报国之志。此外，还需开拓视野，放眼全球，立志提升祖国医学事业在国际的竞争力，同时心怀世界各国需要医疗帮助的人，彰显祖国大国风度，方不负七十年来祖国与祖国医疗事业发展的一路峥嵘。

正道沧桑，往日成碑，杏林春满，神州永威，平生有志，青云不坠，报我家国，前程可追。

歌颂伟大祖国，奋斗成就新时代

华西临床医学院　李欣怡

自1949年10月1日至今，整整70载。70年，光辉岁月弹指一挥间；70年，中华大地沧桑巨变。从百废待兴，到欣欣向荣；从贫穷落后，到繁荣富强，“可上九天揽月，可下五洋捉鳖，谈笑凯歌还”。但是单单这样说，我们只能笼统地感受到中国强了起来，可具体强在哪儿了呢？今天，我来和大家一起聊一聊那些切切实实发生在我们身边的点滴幸福。

我的室友来自五湖四海，最远的来自新疆，最近的家就在几条街外。可如今我们齐聚在此，遥遥几千里，抵不住中国高铁的发展。有一种速度，叫中国速度，有一种骄傲，叫中国高铁！中国高铁形成了世界上速度最快的铁路系统，北京到上海1318公里仅需4.5个小时，而这个时间德国高铁行驶距离是850公里，日本新干线也只有990公里。2019年8月13日，国家统计局发布的新中国成立70周年经济社会发展成就报告显示，2018年末，高铁营业总里程3万公里，是2008年的44.5倍，高铁营业里程超过世界高铁总里程的三分之二，我国高铁营业总里程居世界第一位。经过近十年快速建设，“四纵四横”高铁网建成运营，我国成为世界上唯一高铁成网运行的国家。自高铁始，中国造曾经被贴上的“低端”标签已被撕下。

高铁解决了天涯海角的交通，而共享单车带来咫尺比邻的便利。赶着去上课，5分钟要从女6舍到达临医楼，怎么办？骑共享单车呀！不得不说，共享单车的出现，确实为人们的生活带来了很大便利。年轻的共享单车企业不仅是代表中国智造新高度、展现创新水平的“金名片”，也在世界创新画卷上留下了浓墨重彩的一笔，彰显着中国创新的格局和势头。数据显示，到2020年，国内共享单车市场规模或将突破300亿元。骑着心爱的小青桔，潇洒地越过人群，此刻我就是华西坝最靓的仔。

谁不曾有过被外卖小哥解救于困苦的经历？食堂关门了也有30分钟即达告慰深夜的饥肠辘辘。寝室聚餐少了为食物选择的纷争，多样的选择把每个人都照顾得十分周到，外卖的便捷多样已彻彻底底改变了人们的生活。

说起“双十一”的盛景，谁又不曾是其中一员？动动手指，就能买遍全球，虽然这并非中国首创，但中国网购的便捷体验和发展速度已经超越了部分发达国家。网络购物不仅改变了实体产业垄断市场的局面，也改变了人们的生活消费方式。

而外卖和网购产业的发展，都得益于移动支付的普及。曾经的“出行在外，腰包必带”变成了“手机在手，天下我有”。人们对纸币的依赖不断降低，现金使用量的减少和移动支付端口的便捷，在一定程度上减少了假钞的流通，降低了货币支付的风险。在互联网时代，移动支付能和各个行业高度融合，不管是线上还是线下，娱乐、医疗、出行、餐饮、酒店等各个场景，移动支付都能很好地融入，解决支付问题。这不仅有利于降低相关人员成本，行业的发展，促进互联网经济的发展，更是方便了每一个人的日常生活。

再说回我的室友，我下铺的姑娘是周深的歌迷，一天蹦蹦跳跳地捧着手机对我说："你看，周深上热搜了！"我定睛一看：下周深圳垃圾分类奖钱。

这并不是垃圾分类第一次上热搜，因为它确实值得成为2019年的热词。为什么这样说？因为垃圾分类代表着国家大力度推进生态文明建设，而我们，每一个中国人民都将成为全球生态文明建设的重要参与者、贡献者、引领者。

在我们的成长过程中，我看见过许多颜色：有浑浊的黄色，是被污染的河流；有漫天的白色，是辨不清雾与霾的天空；有遍地的绿色，是倒地的大片的森林。但是随着国家的发展，这些颜色渐渐发生了改变：有蔚蓝的星空，是控制汽车尾气、工业废气排放后的空气指数优良的上空；有深浅不一的绿色，是实行退耕还林，环境保护后蓬勃发展的树木森林；有黄色，是进行生态保护后我们的"粮食大丰收"；有彩色，蓝绿红灰相间，是以可回收垃圾、厨余垃圾、有害垃圾和其他垃圾为代表开展的垃圾分类回收。这些颜色串成了中国在新时代背景下，生态环境、生活质量等方面取得的开创性、全方位的成就。

"生我者父母，养我者国家。"国富民强，国家强大了，人民才能富足。此刻我在这里，从点点滴滴间感受人民生活的进步，由衷地为祖国感到骄傲。毛主席说过："雄关漫道真如铁，而今迈步从头越。"中华民族伟大复兴的下一步，仍需要我们这些青年去迈出！

讲好中国故事

——记四川大学英烈毛英才

华西药学院　张苗苗

每个时代都不缺乏英雄，每位英雄，都值得牢记。昨日为烈士扼腕叹息，今日为抗击新冠肺炎疫情期间倒下的李文亮等医生泣不成声。每个人都是历史的见证者和传承者，我看到了什么，听到了什么，为什么感动，又为什么热泪盈眶，我会好好记住。

在高三的时候，我有幸正式成为一名中国共产党党员。小的时候我无法理解先辈这样的献身，我一直认为生命是最重要的，可当我真正戴上那枚闪耀的党徽，面对党旗庄严起誓时，难忍的热泪滚滚而下。那一刻我突然明白了，我想起了为这方土地抛头颅洒热血的党员前辈，我想起了舍弃小我一心为国的先烈，我想起了“乌蒙磅礴走泥丸”的英雄。从那天开始，我才渐渐懂得，生命固然重要，但有些信仰，是可以大过生命的。

来到四川大学后，我更是被这座神圣学府的红色基因所深深撼动。2018 年的清明节，我参加了纪念毛英才烈士的活动。辅导员站在我身边轻轻地说，她才二十四岁。是啊，才二十四岁啊！太平本是英雄定，不见英雄享太平。究竟是怎样的家国情怀才让这盛放的鲜花无悔凋谢呢？

我想尽量平复心情为大家讲述她的故事，讲述我们永远的学姐——毛英才烈士的故事。或许这样，她的魂灵才不会被我们滚烫的泪水打扰；或许这样，她才会在我们的拳拳报国心下露出微笑。毛英才烈士，是十二桥烈士中唯一的，也是最年轻的女烈士，虽然年代久远，我们仍然可以从她的故事里看到那个沸腾的世界。

谁都想余生无忧无虑，尽享世俗的美好。可那是一个怎样的时代啊，那是一个吃不饱穿不暖的时代，那是一个路有冻死骨的时代啊。年纪轻轻的毛英才拒绝父亲将她许配给地主的儿子，反对包办婚姻。她努力阅读新书刊，追求新思想；她反帝、反独裁、争民主、争自由。她从未犹豫，毅然放弃安逸的生活，纵使青山白骨，也一定要到达心目中的延安。嫁入豪门岂能实现生命的意义？她的使命，是救国、救民族。

1949 年，毛英才烈士从四川大学毕业前夕不幸被国民党抓获，看着这么一个纤弱的女子，敌人扬扬得意，可他们低估了革命者的精神武器。他们磨破了嘴皮，喊破了嗓子，用尽了酷刑，使出了浑身解数，也没能让她吐露半点共产党的消息。这让我想起了当今的科研工作者，让我想起了奋斗在抗击新冠肺炎疫情一线的医生护士，他们废寝忘食，没日没夜地工作。他们都有一个共同的特点，一个值得我们深入学习的特点，那就是把自我姿态放低，归藏于祖国之下，隐匿于社会之中。

赤子常怀忧国心，毛英才烈士在狱中坚持刻苦学习，与狱中革命者一起合唱革命歌曲。她孜孜不倦学习的精神感染了情绪消沉的难友，每日，大家一起在牢房里唱歌读书。我想，在中华民族最黯淡的时光里，那应该是最美、最能荡涤人心的声音吧。我多想再让她看看今日的校园，让她坐在望江的长椅上，在午后和煦阳光的温柔照耀下，翻开书本，完成她未实现的梦想。可以想象，我们的学姐，在那样惨淡的时光里，都不曾放弃学习，我们更不应该懈怠啊！学长学姐的血肉风骨铸成了我们四川大学的学风，而这传承的任务，就自然而然地落到了我们肩上。

在特务分子欺骗她可以被保释出去时，她拒绝写悔过书，她说没有罪，要如何赎？她拒绝家人拿黄金来赎，她懂得信仰和生命是无法用金钱来衡量的。那视死如归的声音，如今依然在我耳畔回响。我们永远的学姐，希望今日中国的繁盛可以永安你的魂灵。我们多想让你看看这繁华的世界啊，多想让你听听我们琅琅的书声。可是再也没有机会了，但我们不会忘，中国红，是你们的鲜血染成的永不褪色的红！

2019年，是新中国成立七十周年，是五四运动一百周年。习近平总书记号召广大青年缅怀革命先烈，传承红色基因。他说一个有希望的民族不能没有英雄，一个有前途的国家不能没有先锋。所以，先烈自安然长眠，青年当自强不息。吾辈自强，笃定前行，努力学习，奉献自我，建设一个更好的中国，才是对先烈最好的缅怀。

我也深深地感受到，在这样一个太平盛世里，我们依然被一个个天使包围着，保护着。我懂得他们的故事，也想在这个时代里实现自己的生命价值，留下轰轰烈烈的故事。我知道，一个人的力量始终是有限的，但我相信，星星之火，可以燎原。我们的青春就是国家的青春，我们的未来就是国家的未来。在这九百六十万平方公里的土地上，在那亿万个角落里，还会有许许多多个和我一样渺小的人，愿意用自己的青春，用自己的全部，去为我们的国家注入新鲜的血液！

和平年代，我们没有机会为祖国抛头颅洒热血，虽然保家卫国的担子不再那么沉重，但我们深深地知道它的分量。我们把每一位英雄的献身精神汇聚在一起，谱写成中国性格、中国故事。让这样的伟大永远指导着我们，让我们更加努力，更为奋进，为我们“双一流”大学的建设，为全面建成小康社会，为泱泱中华的强盛与复兴，贡献自己的一生。

手执利剑，捍卫边疆

计算机学院（软件学院） 叶浩宇

“钟山风雨起苍黄，百万雄师过大江。”毛主席的这一诗句描述了渡江战役的宏大场景。人民解放军荡起、扬起万桨千帆横渡长江的场面固然壮观，可每当想到这里，我的心中难免泛起一丝酸楚——要知道，同一时期的美国曾经一度拥有过一百多艘航母！

在美国海军第七舰队的航空母舰悍然封锁我国台湾海峡时，看着那钢铁巨兽，再看看为我们立下汗马功劳的木帆船，二者共处于同一片天空之下，这副场景给人一种不真实的印象，仿佛在看一部科幻电影。甚至可以说，好莱坞大片《超级战舰》中所设想的地球人与外星人间的科技差距也不过是这种程度了。

然而这般离奇的落差，我们曾实实在在地遇见过。1949 年，刚刚迎来解放的新中国成立，百废待兴，火柴叫“洋火”，铁钉叫“洋钉”，几乎任何工业品都依赖进口。我们连一颗铁钉都造不出，要怎么制造航空母舰？遇到这样的困难，我们不仅没有退缩，反倒迎难而上。

我国有 960 万平方公里的陆上领土，更有近 300 万平方公里的海洋疆土。中国人民解放军陆军一直是世界上最顶尖的陆军之一，而“里根号”事件充分证明了，作为一支防御性质的人民军队，中国海军同样有能力守卫中国庞大的海洋领土。

七十年来，我国海军的力量取得了长足的进步。2019 年 12 月 17 号，我国第一艘国产航母“山东舰”交付入列，标志着中国正式进入“双航母”时代。“山东舰”的入列意味着我国已经完全掌握了生产航母的技术。

人民海军翻天覆地的变化只是中国军工领域巨大进步的一个缩影。2019 年的国庆大阅兵上，中国人民解放军向世界展示了自己的“十八般武艺”，一时间各类社交媒体都被琳琅满目的新装备“刷屏”。在这其中，最引人注目的当属“东风”系列导弹。东风－41 核导弹确保了我国的核威慑能力。而东风－17 常规导弹更是展示了我国在中程超音速导弹上的重大突破。其突防能力足以突破任何现有的反导系统，精确打击敌方军事目标；甚至可以说，东风－17 代表了目前全世界超音速导弹的最高水平。

提起“东风”，就不得不提我国的“两弹一星”事业。20 世纪中叶，美苏两大超级大国相继拥有核武器，身处博弈中体量庞大的中国有遭受核打击的危险。为了确保我国的核安全，爱国科学家放弃了优越的生活条件，前往祖国西部的大漠深山，制造中国人自己的核武器。

在这段历史当中，曾有这样一个耳熟能详的故事。听说中国人要搞原子弹，外国有人讽刺说：“在原子弹的领域里，你们中国人的大脑还是真空的。”邓稼先听了不以为意："真空怕什么？天底下的路都是从无到有走出来的！"

没有经验，就从零开始，从最基本的物理概念开始。没有足够多足够先进的电脑，那就使用人脑，使用草稿纸跟算盘。凭借这样简陋的装备，他们完成了大量的复杂的现代原子理论计算，成功地模拟了原子弹爆炸的全过程。

1964年，一颗蘑菇云在罗布泊冉冉升起。谁能想到，一个贫穷落后的国家，一个十多年前连铁钉都依赖进口的国家，竟然能以这么快的速度造出原子弹！尖端科技的研发花销很大，这样大的花销，是万万中华儿女用扁担锄头支撑起来的。就如同淮海战役的小车、渡江战役的木船，这些东西虽然看起来渺小，甚至有些原始落后，但中国人用事实一次次证明，只要将人民的力量凝聚起来，多么艰巨的任务都可以完成，多么强大的敌人都足以战胜。

"两弹一星"不止打造了捍卫和平的飞弹，更打造出了造福人类的卫星。自1970年东方红一号升空已经过去近五十个春秋，在如此长的岁月里，我国航天事业一步一个脚印，同样取得了可喜的成就。

"可上九天揽月，可下五洋捉鳖。"时光荏苒，如今我们上有玉兔登月，下有蛟龙入海，可见这天确实可上，这洋确实可下，而"谈笑凯歌还"，似乎也不再是那么遥不可及的目标。

2019年12月27日，长征五号第三次发射成功，标志着我国重载火箭领域的新突破。继天宫一号、二号之后，我们将在几年之内建设一个使用时间更长的、属于中国人自己的第三代空间站。

航天人的雄心壮志不止于此。同样是在2019年，中国航天科技集团豪迈地宣布，要力争在2050年建成地月空间经济区！

这样多令世界瞩目的成就，离不开一代又一代中华儿女的拼搏与探索。中华民族是爱好和平的民族，但伤痕累累的近代史时刻提醒着我们"落后就要挨打"的道理。止戈为武，唯有拥有足够的武力才能确保长久的和平，唯有长久的和平才能谋划长远的发展。我们应当不忘初心，牢记使命，继续向着更加先进的方向迈进。

一代人有一代人的长征路

计算机学院（软件学院）　李小溪　卢　恬

新中国的成立，离不开红军两万五千里的长征道路，祖国的发展繁荣也离不开一代代人民的“长征”奋斗。个人是社会的缩影，每一代人，都有属于自己的长征路，而一代又一代的人在走过自己漫漫长征路的同时，也见证了祖国日新月异的巨大变迁。

我从记事起就生活在城市之中，很多过去的事情都是母亲讲给我听的。我的母亲生活在河南南阳的一个农村里，从她记事起，家里一直被一个字围绕着，那就是“穷”，那时候的贫困生活深深地印在了她的记忆之中，刻在她的骨子里。

那时农村重男轻女的风气很重，母亲是家里的长女，再加上后来有了我舅舅和我小姨，更使得母亲从小就不被家里人重视。作为长女，家里几乎所有的重担都压在了母亲身上。

农活——对现在的大部分同学来说都比较遥远，但是通过一些文学、影视作品，我们应该不难想象它的艰辛。我的外婆带着母亲一起去割草，背篓里装满的草，甚至比母亲还要高出几头。外婆割草，母亲就“捡”草。可是每家都要割草，可见之处甚至都没有绿色，地上哪还有剩。母亲每次都得跑到很远的山坡上才能“捡”到足够的草喂饱家里的牛。直到现在，每当我和母亲出去散步时，母亲时不时还会指着路边的一丛野草突然感慨，说自己小时候割草要是见到这种植物，可得高兴坏了。

那时候物资匮乏，从地里挖来的野菜，水煮，放上盐，根本没有油可放。有一次母亲和邻居姐妹蹲在屋外吃午饭，正赶上村里面来了一个卖香油的商贩，商贩为了推销他的油，就用筷子从他的油壶里蘸了几滴油，点在她们每个人的碗里。母亲说，那时候吃着，真香！我永远也忘不了母亲回忆这段故事时脸上洋溢着的满足。母亲说在她小时候，油条是只有在过年时才能吃到的奢侈品。有一次母亲意外获得了一根像筷子那么长、手指一样粗的油条，不舍得一下子把它吃完，就把剩下的一半装在一个用碎布缝制的笔袋里，很馋的时候，就掰下来一小块。

我的外婆虽然没有念过书，但是她明白教育的重要性，让她的三个孩子都去读书。但是供三个孩子的教育实在艰难，到后来，家里只能承担一个孩子读书的重负。虽然我舅舅和小姨学习成绩都不错，但最终家里还是决定只供母亲一人读书。母亲非常珍惜这来之不易的学习机会，立下志向：一定要考上大学，改变贫穷的现状。

母亲很争气，考上了上海的大学，第一次乘着没有座位的绿皮火车，长途跋涉几十个小时，千里迢迢地进了城市。母亲说，她第一次来到上海，觉得这里真是人间天堂，高楼林立，道路宽敞。

再说说我父亲老家的村子，我隐隐约约还有一些残存的记忆。那个村子里有一条几近干枯的河，河床宽大，但是河里的流水也只够邻居家的鸭子每天去洗洗澡罢了。河的主道堆满了垃圾，村民每天出门都能闻到垃圾的味道，听见飞蝇嗡嗡作响的声音。村里都是土路，如果在下雨天出门，道路泥泞，非常难走。

这两年我再去老家，村貌已经大为改观，到处都是宽敞气派的水泥马路，昔日河床边的垃圾也早已不复存在。虽然水流大小还是依旧，但是河水清澈，偶尔可以看见游鱼。

母亲的家乡变化更大，“南水北调”工程的开展使得周围的环境发生了翻天覆地的变化，村民的生活质量也有了极大的提高，物质需求基本满足，精神面貌焕然一新。

现在，父母还会时不时给我讲起他们小时候的艰苦岁月，不是对过去的抱怨，而是对现在的满足。往年那段与资源匮乏时光抗争的日子，已经成为他们记忆中永存的一部分了。他们这一代的“万里长征路”迎来了黎明的曙光。

上一辈体会的艰难生活，我们这一辈有幸不再经历。作为故事倾听者的我，不禁陷入了沉思：比起父辈、祖辈，我们这一代，不再因为资源匮乏而经历吃不上饭、穿不上衣的困窘生活，人民的物质生活日益丰盈。现如今，我们国家在经济建设和人民民生等方面也取得了举世瞩目的伟大成就。尤其是改革开放以来，中国人民的生活实现了由饥饿到温饱再到整体小康的跨越式转变；中国社会也实现了由封闭、贫穷、落后和缺乏生机到开放、富强、文明和充满活力的历史巨变。

尽管这些真实的故事早已成为过去，在历史这本厚重的书中只是已经翻篇的一页，但我不希望它存在的意义只是寥寥数行文字、薄薄几页稿纸，在一日日的生活中被淡忘，最后慢慢消失。作为故事的复述者，我今天将这些琐碎的东西写在这里，不仅是为了对上一辈那种坚持精神表达怀念，更希望我们这一辈从一个个鲜活的故事中明白现在的生活有多么可贵——前人在汹涌的浪潮中砥砺前行，走过了一程又一程漫漫长征路，跨越了艰难的一关又一关，才实现了一次又一次的巨变。前人的呕心沥血换来的幸福不应该成为我们贪图享乐的资本，历史的车轮滚滚向前，未来的中国属于我们这一代人，我们要在前辈打下的良好基础上不断创新。

现如今，面对复杂的国际环境，面对科技的不断发展，我们每个人肩负着使祖国更加强大的重任，必须要走好属于我们自己的长征之路。想明白这一点，或许我们就会有更大的动力来思考、学习和创新。现在，我们站在新时代、新起点，不忘初心，牢记使命是我们传承的坚持，做时代主旋律的领唱者是我们努力的方向。且放眼未来，看我辈以实际行动奉献自己的青春与激情，为我们祖国创造更幸福的生活和更美好的未来而不懈奋斗！

风雨兼程七十载，继往开来看今朝

空天科学与工程学院　曹玥瑶

七十年星移物换，新中国的成长背后有无数大大小小的故事，小到一个普通的中国女孩坚持数年捡拾行人在华人街丢弃的垃圾，大到蛟龙号载人潜水器成功下潜……正是这些故事，托举起了如今傲然屹立的中国！

七十年时光飞逝，当我们每一次凝望头顶冉冉升起的五星红旗时，每一次吟唱气势磅礴的国歌时，每一次聆听礼炮在阅兵式上隆隆回响时，每一次目送航天飞行器远征星海时……我们就知道，我们的祖国已经是一条腾飞的巨龙了！

那么就让我用最虔诚的热爱，对祖国的七十年峥嵘岁月，献上礼赞。

“暮色苍茫看劲松，乱云飞渡仍从容”，我们脚下的这片沃土遭受过帝国主义的肆虐，却依旧饱含生命力，被改革开放的春风一夜之间唤醒。弹指一挥间，山河巨变，团结勤劳的中国人民在这片土地上创造出了一个又一个奇迹：恢复高考制度，让文化教育重新步入健康发展轨道；圆满召开十一届三中全会，使中国经济社会面貌发生历史性变化；成功举办北京奥运会，让世界看到中国风采；大力建设“一带一路”，将合作共赢的发展理念带给世界；玉兔号首次登上月球背面，实现了科学与技术的重大跨越……七十春秋过，江山万里新，人民浴磨砺而更加坚勇，祖国历挫折而愈加繁荣！“艰难困苦，玉汝于成”，我们用事实向世人呐喊：“中国，站起来了！”

七十年的励精图治，让我国在航天领域取得了举世瞩目的成就：自东方红一号成功升空，我国又自主研制了多种不同用途的卫星，掌握了一箭多星的技术；神舟六号以来，载人航天技术也不断取得突破；月球探测技术更是走在了世界前列，实现了从追赶到引领的突破。近几年来，作为我国新兴产业发展的重点，航空领域也取得了诸多成绩：民营火箭成功发射，全球首款吨级货运无人机完成试飞，珠海航展惊艳世界……一次次的进步凝聚着无数科研人员逢山开路、遇水架桥的决心与上下求索、精益求精的耐心；一次次的突破预示着神州跃马、排云逐光的大好前方！

栉风沐雨七十载，我们作为祖国航空航天事业的接班人，正追随着前辈的脚步，走在这条大道上。未来在我们脚下，新的使命在我们肩头，正值千帆竞发、时不我待之时，我们理当脚踏实地、端正思想、牢记历史、砥砺自身。同时，我们也要保持清醒的头脑，看到进步，也看到祖国前行道路上的阻碍。虽然过去的种种我们不曾亲身经历，但未来的道路将由我们陪着祖国走过。让我们用年轻一代的行动挺起这个泱泱大国的钢铁脊梁，不畏艰险！

万里长江横渡，极目楚天舒。七十载光阴转瞬即逝，中国已然在这条辉煌大道上走出了自己的风采。未来，在我们脚下，让我们拿出年轻一代的热血与担当，继往开来，创造无限可能！

七十年峥嵘，砥砺前行；
七十载奋进，不忘初心

马克思主义学院　李思岩　韩佳伟　田　颖　王维通　代汝欣

第一篇　燃尽苦难，旭日初升

1949 年 10 月 1 日，随着毛主席振奋人心的那一句“中华人民共和国中央人民政府，今天成立了”，中国人民自此终于站起来了。我们从鸦片战争的硝烟里走来，双手满布来自陨落的圆明园的尘土；我们从五四运动的呐喊声中走来，满怀青年学生和无产阶级的一腔热血；我们从“七七事变”的惊雷中走来，撑起中华民族破损却坚挺的脊梁；我们从南京受害同胞的哀鸣声里走来，千万冤魂于新中国成立那一日终于得以安眠。

我们心系人民，1950 年土地革命率先奏响高歌，社会主义建立的基石自此层层垒起；我们坚守正义，1950 年 10 月，中国人民志愿军开赴朝鲜战场，在彭德怀元帅的带领下，中国军队一展雄风，为新中国成立后国内战后恢复工作竖起了坚实的城墙；我们追求法治，1954 年第一届全国人民代表大会颁布《中华人民共和国宪法》，奠定了社会主义民主政治的基本原则；我们自力更生，创造奇迹，1964 年我国第一颗原子弹爆炸成功，蘑菇云背后的烟尘，是无数科研人员非同常人的奉献；我们砥砺前行，1970 年《东方红》唱遍全球，“东方红一号”开创中国航天史新纪元；我们不惧孤立，1971 年我国恢复联合国合法席位，再次踏上走向世界中心的征程，联合国不再只是帝国主义控制下称霸全球的工具，正成为第三世界伸张正义的舞台；我们展露赤诚，1972 年中美、中日关系开始正常化，中国的战略地位更为重要；我们人杰地灵，1974 年“世界第八大奇迹”秦始皇陵兵马俑出土，如彗星炸裂时代天空；我们补偏救弊，1976 年十年“文化大革命”终于结束，黎明的曙光点亮中华民族富强的道路。

人民眼中的苦难终是燃尽，半坡瓦罐里的黄河水正滚滚而来。

第二篇　于无边深渊处，引万物生长

“青山缭绕疑无路，忽见千帆隐映来。”我们从未忘记过仰望星空。1978 年党的十一届三中全会召开，将全党工作重心转移到经济建设上来，正式拉开改革开放的序幕。在中国共产党的领导下，改革开放之风吹拂而来，无限生机终将点燃华夏大地：1980

年，经济特区成立，珠海、汕头、厦门、深圳四颗滨海珍珠连缀成璀璨星线，令东部沿海掀起发展巨浪；1993年，社会主义市场经济体制实施，束缚中国经济发展的制度枷锁正逐步粉碎，中国经济自此终与世界快道相连；1997、1999年，香港和澳门回归，迷路的婴孩再次被揽入祖国的胸膛，“一国两制”翻开治国新篇章；2001年，中国加入世界贸易组织，中国以不可阻挡之势涌向世界；2010年，上海世界博览会的举办，将世界精品荟萃于中国一堂，让世界领略到中国海纳之气量；2011年，三峡竣工，将七百里飞湍瀑流连成大写的一划，让三峡大坝筑在了人民的心头。

东风夜放花千树。更吹落、星如雨。宝马雕车香满路。凤箫声动，玉壶光转，一夜鱼龙舞。

第三篇　这盛世中国，终如您所愿

“古之立大事者，不惟有超世之才，亦必有坚忍不拔之志。”在自力更生、艰苦奋斗的道路上，中国从未迷路。看蛟龙入海卷潮起，在险象环生的马里亚纳海沟留下中国印记；赏嫦娥登月舒轻袖，揭开玉蟾蒙了亿万年的面纱。“神十”借力好风，直上青云，让课堂走向太空；航母深入海底，探向无限，翻开了中国海防的新篇章！

党的十八大以来，我国不断向世界散发着中国独有的魅力。冬奥会申奥成功、亚投行成功建立、我国自主设计的第六代深水半潜式钻井平台“海洋石油981”开始运行，令人应接不暇却又举世瞩目的辉煌成就，标志着我国终于实现了从富起来到强起来的伟大飞跃。

而这如彗星般闪耀的一切，不仅是我国国防实力、综合国力和国际影响力空前增强的事实，更是我国实力再现大国风采、重回世界舞台中央浓墨重彩的一笔。

2016年我国航天事业再突破，“长征火箭”三代同堂齐登场；同年，随着青海、陕西等多处地势险峻的隧道的完工，人们的出行更为安全便利；2017年C919客机成功首飞，如巨龙划破苍穹，实现了国产大型客机“零的突破”，让中国的“飞天梦”抖落一身星尘，重铸铮铮荣光；2018年，港珠澳大桥越过海风莽莽，巍然屹立在世人眼前，如贯日长虹，又如绵绵星河；“人造太阳”的重大突破，点亮雾霾厚重的天空，让人类从实验室朝着未来的清洁能源迈出了重大一步；2019年，五四青年唱响百年华歌，第二届“一带一路”国际合作高峰论坛牵起沿线各国，往日丝绸之路的辉煌再现人间；十九届四中全会以制度为靶心，瞄准更符合中国社会的璀璨未来。

七十年沧海桑田，旧貌换新颜；七十载峥嵘华秩，煮酒看人间。七十年来，勤劳的中华儿女在神州大地上谱写着属于中国的华章。我们目睹万丈高楼平地起，神州处处换新颜；我们骄傲快速高铁出国门，中国智造遍全球；我们欣喜，七十年岁月，中国已换了人间。

大鹏一日同风起，自要扶摇直上九万里。

七十年，中国在路上；未来，中国在路上！

青春的力量

轻工科学与工程学院　刘　昊

今天我想以我的视角来谈谈“青春的力量”。青春是什么呢？我想它是“青年的春天”，而“力量”则是责任与担当。夏多布里昂曾说：“青春似一日之晨，它冰清玉洁，充满着遐想与和谐。”人一生中最美好的时刻莫过于青春，比牡丹还浓艳，比金乌还绚曜的青春。但若是没了责任，没了担当，青春的斑斓又有何意义呢？只有对世界的开拓与创新充满干劲，为祖国的发展建设担当使命，青春的绚烂光芒才会愈发耀眼夺目。

每个人、每代人的青春都不相同，但都满载活力的新鲜血液。百年前有为民族危亡而奔走呼号的“五四”青年；有南湖红船上立志改变中国命运的青年；有为了祖国发展，奔赴西北、扎根西北的青年；有为中国航天梦坚定不移、不停拼搏的青年。从救亡图存到建设祖国，再到强国富民，每一代的青年都在共和国发展的壮丽画卷中挥毫泼墨，书写着自己绚丽的青春。

对于祖国来说，她又何尝不是正值青春年华呢？伟大的祖国正以一往无前的勇者之姿，踏平荆棘成大道，昂扬阔步行走在民族伟大复兴的漫漫征途中。世界的舞台上，有她叱咤风云的矫健身影，挥斥方遒；有她嘹亮高亢的歌喉，刺破苍穹。各行各业稳步向前推进，全国各族人民团结奋斗，顽强拼搏，共克时艰，在改革开放和现代化建设的道路上迈出了新的步伐。

我很庆幸自己生在世纪交接的时代，成长在祖国昂首阔步的年代。

我还记得小时候，回家的泥泞路，笨重的电视机，黑白屏的小灵通；我还记得因汶川地震中受灾民众而生出的揪心悲痛；我还记得一家人坐在沙发上收看 2008 年奥运会时为奥运健儿加油的场景，为祖国排在金牌榜首位油然而生的自豪感；我还记得 2009 年观看国庆阅兵时全身的澎湃热血撞击着我的胸膛。但是当时的我，又怎敢想我们的新中国才建立了短短 60 周年，又怎敢想我们的祖国才改革开放 30 多年，我又怎能憧憬那一抹鲜红未来会令世界震撼。但我又有何不敢想？脚下有根，身倚雄狮，为何不能肆意张扬我们自己的青春，接下前辈肩上的担子与使命，在这 960 万平方公里的土地上添上独属于自己的色彩，尽显我们的责任与担当？

祖国这一棵参天大树仍郁郁生长着，它蕴含的“青春力量”，渗透进我们每个人的血液中。近些年来，《战狼》《红海行动》等众多电影作品获得国内外观众的一致好评，票房屡创新高，这不仅是由于我们生活质量的提升，更是得益于小康社会建成后，我们思想意识层次的提升，这背后充分体现出我们对中国特色社会主义的道路自信、理论自信、制度自信和文化自信，这当中饱含着每一位国人对伟大的祖国最深沉的热爱。

2019 年是新中国成立 70 周年，我们为祖国庆祝生日，歌颂祖国的华诞。分列式阅兵、群众联欢游行，每一个方阵都让我热泪盈眶，对祖国心怀感恩、为之自豪的感情喷涌而出。上一个十年，我们在家庭的庇护下成长；而今，我们和祖国并肩成长。在从自然人转变成社会人的十年里，我们有幸见证祖国日新月异的变化，见证中华民族的繁荣和复兴。祖国是我们心中的灯塔，照亮我们前进的步伐；祖国是我们自信的源头，赋予我们无穷的力量。我们和祖国血肉相连！我们应努力奋斗，做新时代的有志青年！

经过几十年的艰苦建设，祖国已取得“乘长风、破万里浪”的迅猛发展。回首这七十年，祖国和人民在前进道路上虽步履蹒跚却又稳固坚定，每一步的背后都是一代人的心血和付出，变的是环境，不变的是传承。如今，众多科研团队的核心成员平均年龄不到三十，正是这些拥有硬核实力的青年，让祖国拥有领先世界的军事实力，更有代表中国速度的 5G、高铁。我坚信祖国会越来越好，一股股青春细流正源源不断地汇入祖国的河川中，形成气势磅礴的“青春巨浪”，终将令世界震撼！

回故乡的“路”

商学院　王羽洁

我的故乡是中国版图上如图钉般大小的一片群岛——舟山群岛。大海上的群岛白云茫茫，宛如思考了上亿年的头颅白发苍苍。故乡是一株生长了亿万年的树，根须紧扎广袤的东海，她岁岁年年增添着一圈圈的年轮，静默而欣慰地凝望着日渐繁荣的树冠，一晃就是几十年。

我因外出求学，匆匆别离故乡，转眼四年了。尽管每年也会零星地回去几趟，但对故乡却日益陌生。这几年来，我走过很多条路，跨过很多座桥，也驻足欣赏过无数美景，然而故乡的景色却难以忘怀，它就像埋藏在心底的一个绮丽的梦。无论身处何方，无论迷失何处，梦醒时分，游子总能找到回故乡的路。那些流逝的岁月，那些风尘仆仆的归途，祖祖辈辈回乡的路，一轮一轮如墙上剥落的日历，因亲手刻画而变得愈发清晰，历历在目。

祖辈时代，带人回故乡的是那一叶小渔舟。

1949年，也就是新中国成立那年，年仅12岁的外祖父成为一位渔民，迎来了人生中的第一次下海。那日渔船开向外海，在渔港上船的时候，激荡的海浪把船震得上下颠簸，落差丈余。在这惊涛骇浪中，年幼的外祖父好不容易上了船。在惊悸与骇浪间，船驶出港湾。眼前便是无边无际的大海，除了偶尔浮现几座岛屿，黝黑、嶙峋又孤独地孑立着，剩下的就是那碧蓝碧蓝，蓝得让人心醉、让人心凄的海水。涌浪掀动着蓝色彩绢，翻卷起伏，抖动扩展，平铺开去，又酝酿起新的涌浪。破陋的渔船在上面就如一条豆荚，挣扎着朝自己的方向前行，又不能自主地在浪尖摇晃。外祖父和同伴在船上缩成一团，显得更为渺小和无奈。除了肠胃的煎熬难受和那种“纵一叶之所如，凌万顷之茫然”的情绪，心头被占据的就是粼粼大海雄浑的蓝光和对陆地的强烈渴望。外祖父说，那时他就反反复复在心中默念：“抓完这一网就可以回家了，马上就可以回家了……”

第二天早晨，外祖父的渔船终于回港了。那一天风浪更甚，一只冲破涌浪从东福山驶来的船载来了一个不幸的消息，一个十六岁的年轻生命被僵硬地抬上了码头。外祖父立马认出来了，那是昨天在东极岛上遇到的两个铲淡菜（贻贝的别称）的少年之一，当时，他们扛着刚从深海打捞上来洋溢着海洋气息的贝类，热情地应答大家的提问，外祖父的同伴希望得到其中几个奇异的鲜贝，他们慷慨地一口答应。如今，一位少年却已躺在门板上，另一位紧紧拉着他的手，呼叫着他，可他再也不会答应了。一个年轻的生命，一个昨天还在眼前活灵活现的生命，却忽然离去了。第一次下海，外祖父就直面了渔人的辛劳、不安与痛苦。然而，次日，当外祖父听说那位刚失去伙伴的少年又像往常一样潜入海底去铲淡菜时，他愕然了。面对生命的威胁，面对死亡的逼近，渔人不是退却，而是进击，这是一种怎样的坚忍不拔和执着精神啊！外祖父从那个东极渔人面对死亡的从容中汲取了一种勇气，一种勇于承受辛劳、不安、痛苦的气概，一种顽强生存的力量。正是这样一种力量，支撑着外祖父几十年来，无数次的出港与回乡，这其中无人知晓的艰辛，仿佛只是一瞬间。

我不禁想起一些渔家亲戚，平日里聊天，他们总是大谈丰收的成就，或是能让人笑掉大牙的荒诞传闻，却从不轻易提及出海的艰辛，更别说与风浪搏击的危险。他们把失去亲友的哀恸深深埋在心底，而以生命的奔放与执着去追求未来。这种博大的深沉，就如风浪之下的大海深处那样平静寂寥。我想，正是舟山渔民的这种精神，才使故乡在短短几十年间从一个破败的小渔村，一跃成为中国最大的渔场。

父辈时代，带人回故乡的是那笨拙的摆渡船。

1997 年，我出生当年，父亲被调去了另一个市区，与家隔着一湾黄色的浅海。每次回家，父亲都要乘坐摆渡船，一晃就是十年。儿时的我十分厌恶摆渡船，船速极其缓慢，且时不时呜呜作响，吓得人心悸，而最令人生厌的便是只要海上的风浪稍大，那船便不得开动，徒留两岸的人空相望。

记忆最深的一次是我 8 岁生日那天，那是我上小学来的第一个生日。我在学校表现较好，功课优异，长辈决定为我办一次温馨的生日聚会作为鼓励。那天，母亲早早地下了班，将祖父祖母接来家中后，便在厨房中忙碌，不一会儿，丰盛的佳肴便摆满了桌子。收拾整理完毕后，全家人都围坐在沙发上看着电视，聊着天，等父亲跨市区回家。时间一分一秒过去了，饭桌上的热气渐渐消散，眼看父亲平时回家的时间差不多快到了，却还不见人影，家人不禁担忧起来。母亲按捺不住焦急，打了好几个电话却没能接通。过了好一会儿，电话铃终于响起，电话那边传来了嘈杂的人声和呼呼的风声。父亲焦急地解释道，因为风浪太大，渡船的航班取消了，今天不能回家了。于是，我 8 岁的生日晚餐中，父亲的座位是空着的，我一直无法忘却那冷冷清清的生日蛋糕和寂静房间中墙上滴滴答答摆动的时钟。

那个年代，一海之隔使回家的路变得如此艰辛，舟山岛四面东海环绕，整个城市被遮挡在东海绵长的臂弯里，一些人烟稀少的小岛，一星期才有一次船班。然而，正因为相见的不易，团聚才显得如此珍贵。

我的时代，带人回故乡的是那宏伟的跨海大桥。

2009 年，舟山跨海大桥正式通车，一朝天堑变通途，成为舟山人的梦之桥。而今，它已走过了十年的风雨，即将迎来十周年的庆典。我仍记得第一次坐车上大桥，前往父亲所在的市区——宁波市镇海区。上了高速，过了收费站，眼前突然出现了一片无垠的大海，海面上笼着薄薄的雾气，这就是东海。当车子驶上连接陆地与舟山岛的跨海大桥时，海上的雾气慢慢消退，淡淡的阳光穿过云雾照射在海面上。看车窗两边，波光粼粼，大桥仿佛被桥身上方伸出的无数钢丝绳悬空吊起，如一条无限延伸的缎带引领着我们在茫茫海面上穿行。恍惚间，我想起了《长恨歌》中的诗句：“忽闻海上有仙山，山在虚无缥缈间。”大约一小时过后，车子重回陆地，宁波便到了，整个旅程，短暂如一场梦。

自从外出求学后，我每次回故乡都要经过跨海大桥。车子一路前行，海平线就在眼前不远处，总觉得天似乎很低，仿佛天幕就低垂在山顶上，而山脊的剪影清晰地映衬在天幕下。放眼望去，山与山之间夹着小块的坳地里，建着高高低低的独立小楼。这些楼房大多是五六层，低于三层的很少，而前些年这儿明明都是砖砌的矮房。空中云朵堆积，海岛的风把云朵吹得飘来荡去，不断地变换着姿态……车子下了大桥后，驶进了市中心，一闪而过的楼房越来越多，越来越高，最高有二十来层。这里是舟山市新建的高新区，只见街道干净整洁，路面宽阔，行人车辆都不多。街区有高大的乔木、丛生的灌木、缤纷的花朵、绿茸茸的草坪，显得宁静而美丽。短短十年间，我的故乡似乎一切都改头换面了。

三代人的记忆谱成了一曲对故乡的赞歌，70 年就这样过去了。也许若干年后，我手上行李箱的滑轮碾过了城市的马路和街道，碾过了外面的精彩与无奈，终会碾到故乡的路上，那时候的故乡，定会是另一番令人向往的景象吧！

三尺筑讲坛，百年育英才

——四川大学商学院梁元第教授小传

商学院　王长久

我想和大家分享一位我院教授的一段具有见证性的人生经历，和大家一起通过这个故事去看看教师、教育行业、祖国这么多年发生的深刻变化。

首先，跟大家介绍一下主人公——梁元第教授。他是我们四川大学商学院的一位退休老师，但现在也时不时会来学院做一些督导工作。他是一位经过新中国成立以来教育事业坎坷发展至今的大浪洗礼的教师，也是一位睿智的充满了故事的老人，上一学期我有幸在一段机缘巧合中对他的故事有所了解，希望今天在此和大家共同分享。

我对梁老师在教育行业发展的亲身经历做了大致三个大的阶段的划分：①1968—1978 年；②1979—1985 年；③1986 年至现在。

梁老师的故事得从一句话开始。

在和梁老师的谈话中，我印象最深刻的一句话就是："那一天，得走了，我记得我在九眼桥上站了很久很久，就这样望着川大，望着。我真的不想离开，我喜欢这个地方。"

这句话，这个故事，就发生在 1968 年的那个夏天。

梁老师曾就读四川大学，那时的他十分热爱数学，一心想要从事数学研究，继续攻读研究生。但也就是他本科阶段快要毕业的时候，"文化大革命"的风暴席卷到了深居内地的四川高校。想在数学研究中做一番事业，却无可奈何，他毕业后的年代背景并没有允许他继续作为研究生从事数学研究，相反，他被直接分配到了玉门石油部做起了普通的石油工人。

在石油工人岗位，梁老师一干就是 10 年！不过期间梁老师并没有闲着，在岗时期一直不断自学石油地质院校教材，做了钻井队的司井，并且利用工作的空闲时间学习研究数学理论，保持着对数学的热爱。问他为什么做石油工人也一直保持着这份热情，他提得最多的就是——未来"四个现代化"要实现，就要相信祖国教育对知识和人才的尊重与发展。

终于，转机出现了。在"文化大革命"结束后，在梁老师的反复争取下，1979 年梁老师被领导任命为教改组长，去帮助当地的子弟学校做教育工作。接下任务的梁老师在一年内培养出了 5 个本科生、8 个专科生，同时自己也因为优秀的工作成绩得到了考取研究生的资格。

果然，皇天不负有心人，梁老师一直以来的努力和坚持没有白费，他在一年后成功考上了当时著名偏微分方程专家陈庆益老师的研究生，在教育回归正常轨道的政策下，终于获得了继续数学研究的机会。他坚信自己可以在数学研究中做出贡献，成为国家需要的人才！

1982年，他一边做着数学研究，一边开始担任兰州大学的老师。后来，他被调回成都工作，并且以面试第二名的成绩进入了成都科技大学继续从事教学与科研工作。再到后来因为教育改革，高校合并，梁老师最终回到了四川大学，来到了商学院。

后来，梁老师回忆起在四川大学任教的日子，非常肯定学生的学习态度，说："看到青年人这样爱学习，也就知道了教育事业的努力没有白费，火炬正在一代代传递。"记得他回忆说："有一次平安夜，同学们本是计划出来玩的，结果听说还有微分方程组详细解释便放弃了出游计划，在课后挤满了教室，连过道都坐满了人来听高数。"

随着互联网的普及，以及"互联网+"教育的兴起，退休的梁老师常利用网络平台整理资料，发布教学课程，继续帮助考研的学子，直到今天。

让我们回顾梁老师在教育事业走过的这段历程，从学生到工人、从工人到老师、重做学生再到老师……这一路走来，我们跟随梁老师的足迹，看到了祖国从对人才与知识的偏离，到教育事业再次回到正轨，高校合并、教育改革，青年学子续火填薪，"互联网+"教育推广普及……这是一条教育发展之路，也是对知识人才的尊重之路。我们在感叹祖国教育发展的这条辗转的道路时，也不得不感慨教育事业这么多年的发展成果。

前辈的沉淀与汗水，为我们打造了一个多么幸运的舞台啊！广大青年作为这场新时代舞台剧的主角，应以此共勉，为教育的发展续火填薪，在这个华丽的舞台上大展宏图，大放异彩！

牢记光辉历史　传承爱国精神

少数民族预科班　简渝珂　袁佳佳　居丽德斯　晁韦霖　龙松士

“你是中国人吗？你爱中国吗？你愿意中国好吗？”这三问是历史之问，也是时代之问，更是未来之问。七十年来，中国经历无数风雨坎坷才成长为如今闪耀在世界舞台的大国。为了祖国的发展，无数中国人默默奉献自我。他们来自五湖四海，从事各行各业；他们从不追求名利，只为社会主义事业添砖加瓦，只为国家的富强……新时代的我们，应不忘历史使命，传承前辈的爱国精神，走着我们这一代人的长征路。而那些闪耀在历史长河里的故事，我们讲给你听。

一、跨越世纪的告白

我九十五岁高龄的曾祖母，曾经作为一名抗日战士，在那个战火纷飞、炮声满天的年代，奔赴在抗战前线。我记得她讲述自己亲手杀敌时眼里发出的光，也记得她讲述战友牺牲时眼里饱含的泪。我问她：“你怕吗？”她说：“我怕。”我又问她：“那你为什么能坚持到最后？”她说：“因为我爱这个国家，所以无论是生是死，我都会拼到最后。还好，我活下来了，我看到了今天繁荣的祖国，我好想对我死去的战友说，如今人民幸福安康，再也不用饱受饥寒。你们的牺牲，都是值得的。”我想，我永远也忘不了她对我说的这些话。那是一个革命者，一个中国人，对祖国最深情的告白。

二、开拓者

我爷爷是土生土长的农民，通过苦读成为西南农业大学的一名大学生。20 世纪 60 年代时，他被任命到四川最偏远的少数民族地方之一——甘孜州新龙县。他开着拖拉机翻山越岭，把第一辆拖拉机开进了那个鲜为人知的小县城，投入建设少数民族地区的事业之中。有句话说得好——“要致富，先修路”，他本学农，但为了建设新龙，他又自学理工科，为新龙画出一道又一道新的桥梁和道路。在山川之间，在几千米海拔的高原上，新的路途正在建造，崭新的未来蓝图正徐徐向高原的藏民展开。但他从不以此为傲，也从不和小辈谈自己曾经的贡献，他的故事是其他人告诉我的。爷爷是那种默默做事的人，但我想，正是因为中国有那么多像他一样默默做事、默默奉献，和祖国共同成长的人，我们的国家才发展得越来越好。

三、来自边疆的坚持

我的父亲在哈萨克族牧区工作了二十三年。他曾在寒风刺骨的冬天开车给牧民开路，车开不动的地方就用铲子铲路。他曾徒步四个小时走到山上牧民家中，只为将政府的补贴第一时间送到他们手中，走到时汗水已经浸透了他的衬衫。他曾因一个牧民的房子被洪水冲走而东奔西走，为他免费争取到了一套安置房。他经常没日没夜地工作，常常十天半个月才回一次家。吃饭吃到一半就被叫走是常态，困了扛着工作也是常态。每当她的女儿打电话问他："爸爸你不能回来陪陪我吗?"他总说："这里的牧民需要我。"

我的父亲是一位普普通通的新疆干部，一个为祖国人民奉献自己的新疆干部，一个为七十周年的光辉成就默默出力的普通人之一。二十三年来，他坚持着、奋斗着，只因他热爱这个国家，只因他热爱那些人民，更因他相信祖国将越来越好。我想正是因为有千千万万个他，我们的祖国才得以如此发展。

"身既死兮神以灵，魂魄毅兮为鬼雄"，革命烈士不屈不挠的斗争精神已然传承至今；新中国成立伊始，无数青年毅然决定报效祖国，那些无私奉献的爱国精神在新时代中国熠熠生辉；"天眼"探空，"蛟龙"潜海，"墨子"传信，"北斗"领航，中国在科技高速发展过程中，攻坚克难，愈挫愈勇的创新精神也越显光芒！

时代潮流，浩浩荡荡，唯有弄潮儿能勇立潮头。

历史车轮，滚滚向前，唯有奋斗者能乘势而上。

如今，我们已经迎来祖国七十周年华诞，在倍感自豪的同时，我们更应该清醒地意识到，奋斗的接力棒，已然交到我们每一位青年学子的手中。我们永远都要记住：你所站在的地方正是你的中国，你怎么样，中国便怎样；你是什么，中国便是什么；你有光明，中国便不再黑暗！吾辈青年定会发扬爱国精神，牢记历史使命，与祖国共成长，更助祖国茁壮成长。

纵有千古，横有八荒。前途似海，来日方长！

七十载变迁：一滴水、一条溪、一片洋

外国语学院 白雨桐 王晓蕾 张兰心 王雪纯 周沛瑶

我出生那年刚好是改革开放二十周年，当年奔向 2000 年的口号正在大街小巷中传唱着。那时候，家里唯一的电器就是电灯。村里的路坑坑洼洼，每逢下雨，出门上学时便有满脚的污泥……现在，改革开放已走过第四十一个年头了。我们家早已搬进高高的楼房，家中也早已换上智能家电；重回老家，我曾经就读的破旧的村小已焕然一新，教室里是崭新的桌椅和多媒体教学工具……

这些天翻地覆的变化，犹如雨后春笋无声冒出，又在阳光的滋润下长成一片令人叹为观止的翠林。从土房到瓦房再到高楼大厦，从“大哥大”到“小灵通”再到普及的智能手机，日新月异的变化，无一不生动地体现在我生活中的一点一滴。改革开放带来的变化，深深植根在我们每一个人的生活中、生命里。解决温饱问题、允许“傻子瓜子”这样的个体户先试一试……改革开放，从一开始就是与“每个人”绑定的，从一开始就将提高个人生活质量、成就个人发展梦想作为落脚点。每个人饱含时代温度的生活片段，一同拼接成气势恢宏的历史画卷。

当然，这种时代变迁不仅仅有每个人的独家记忆，也有集体回忆。无数个家庭都是翻天覆地变化的见证者，无数个集体的故事让这段宏大的历史生动而鲜活。

几十年前，临近每个小家盼望团圆的春节时，回家，对于在外拼搏的游子来说，都极为辛苦：要在摩肩接踵的绿皮车中拥挤地度过几十个小时，忍受着汗味和疲劳……至于头等大事年夜饭，由于物资匮乏，对于不少家庭来说，过年的一碗面条或一锅白馒头在当时都已是最大的快乐。

而现在，春运进入智能服务时代，从移动支付到刷脸进站，团圆变得不再那么艰难。人们的生活水平提高了，便捷的物联网将全国各地的美食轻松运输……诸如看灯会、逛庙会的传统习俗也发展出了崭新的形式，实现了传统与革新的结合。每个小家相似又不同的春节故事，藏在春联的字里，藏在麦香浓郁的酒里，藏在皮薄馅大的饺子里，更藏在每个人喜气洋洋的笑脸里。最终，这些藏起来的幸福喜悦，汇成改革开放后的这个时代甘甜的记忆。

共和国七十载，今时的幸福早已不同往日的贫苦，这些变化，体现于家庭里的每个人、社会中的每个家，还体现于世界里的中国。

1983 年，服装设计大师皮尔・卡丹身穿一件黑色大衣，行走在北京的大街上。他的左方是一个拎着皱巴巴布袋的老年农民，右方是一个穿着对襟棉袄的年轻人，两人都不约而同地向这个长相、穿着迥异的洋人张望着。在那个春寒料峭的三月，两个世界就这样别扭地交汇在了一起。一头，是棉裤蓝袄的中国；另一头，是风情万种的巴黎。

1991年，在北京民族文化宫临时搭起的T型台上，正举行着设计师皮尔·卡丹的服装表演会，12位外国模特在观众新奇的目光下穿梭往返。转眼近三十年过去了，2019年，在这个曾对服装展倍感新奇的地方，举办了第二届中国国际进口博览会。除千千万万时尚品牌以外，更有消费电子、医疗器械等各种产业纷纷亮相。这一次，两个世界的交汇不再别扭。我们已然在欣赏世界的同时，更加主动地将中国文化和中国故事带往世界。

进口博览会只是七十年来我们所取得成就的小小缩影。一分钟，一小时，一天，一个月，一年……时间加速前进，时代浩浩荡荡。

“一分钟”能够做什么？1998年，中国电商“第一单”交易额为166万元。那时的人们一定想不到，2019年，我国网上商品零售额平均每一分钟就高达1865万元，并且轻轻松松买遍全球。

“一小时”意味着什么？多年前，北京地铁仅建成1号线，一小时仅有6辆列车通过；2018年，北京城区地铁高峰时期行车间隔已缩短至两分钟，1小时通过列车的数量增加至30辆。“中国速度”正成为每一个中国人的骄傲。

“一天”又有着何种变化？1978年，车马很慢，邮件很远，“鸿雁传书”般的日子里，人们习惯了漫长的等待；2019年，快递小哥一天收发快递超过了1亿件。分分秒秒，时时刻刻，点点星火，灿烂山河。在这片广袤的华夏土地上，无时无刻不在演绎着变化与奇迹。

每个人的故事，就好像一滴滴水。从个人到家庭，再到整个中国，这一滴滴水汇集到一起，成为小溪，成为海洋，映见着无数个人命运的发展改变，诠释着改革开放不断涌现的励志故事，书写着七十年来鼓荡的时代大潮和宏伟的壮丽史诗。这一滴滴水也可以映见，中国的改革开放发展史不是一条平静的“内流河”，而是时刻与全球经济交融激荡的“世界性洋流”！

站在时代的交汇点上，我们深感当今世界与中国正处于前所未有之大变局。正如习近平总书记指出的：“改革开放是一项长期的、艰巨的、繁重的事业，必须一代又一代人接力干下去。”我们期望推进“人类命运共同体”建设，构建更美好的“地球村”，但是迎面而来的阻碍和困难并不少。

“大鹏之动，非一羽之轻也；骐骥之速，非一足之力也。”改革开放是每个人的事业，是亿万人民的共同事业。置身更为广阔的成长天地和梦想空间，每一个“我”都应当振奋精神行动起来，找到个人成长和国家发展的交汇点，积极投身改革，与国家共发展，共同点亮历史的星空。

向前展望，我仿佛见到这七十年来艰辛耕耘的前辈，他们在我眼前粲然一笑却又挥袖走远，只留给我一个个遥远却又清晰、坚定而又有力的背影，这些背影汇入一条浩浩荡荡人潮汹涌的道路之中，向着共同目标行进。这条道路叫改革开放，这人潮就是我们自己。

壮丽七十年

——从成都轨道交通谈起

文学与新闻学院　蒋海清　黎静荷　彭梓君　刘子齐

春去秋来，寒来暑往，我们时常可以听见或兴奋或无奈，或渴望或失望的声音，这些音色各不相同、情绪几经变化的声音最后都汇聚成同一句话：“江安到底好久才有地铁哦?”为什么用方言呢？因为大家入学两年半，方言都已经学了几手，但地铁还没准备露两手。

2019年9月19日，随着成都地铁8号线一期工程双桥路站—万年路站左线盾构机破土而出，轨道交通8号线一期工程全线“洞通”。2019年9月27日，成都轨道交通8号线一期工程全线车站封顶。2019年10月30日，成都地铁8号线一期工程首列车已抵达元华车辆段并完成卸车及车辆编组。

而“川大江安校区站到了，请从左（右）侧车门下车”终于要在2020年底成为广大江安学子心头最动人的一条语音。

成都的轨道交通如此高速发展，离不开宏大的钢筋水泥背后微小的发力者，正是他们夜以继日的辛勤工作，才撑起了地铁崛起的脊梁。我的叔叔是一名高级工程师，参与了成都地铁7号线、10号线的修建。他在规划7号线的施工方案时，曾一个月没回过家。后来他在吃饭时带着笑意平淡地提起，太平园站是他修过最难的站点。

为什么说这是“最难站点”呢?

因为城市的地下管线错综复杂，而这个车站范围内需要迁改的各类管线达到了9公里！不仅迁改管线多，而且需要实施原位保护的管线也不是“省油的灯”——途经这里的一条220千伏电力隧道是成都市市区三条主供电线路之一，在施工过程中，这条电力隧道整体沉降变形只允许在3毫米以内!

谈话渐渐专业了起来，他终于还是满怀感叹地告诉我：“确实好麻烦，那时候为了保障路面交通，车站上头还加了个盖子，我们就在盖子里头挖，所以你看为啥子修了那么久嘛，还是要保障安全啊。所以啊，就只能螺丝帽里做道场，往精细里做。”

叔叔的辛勤工作让我们走得更远了。你们去过最远的地方是哪里？是跨了省，还是出了国？答案各不相同，但是大家共同承认的是只要我们想，我们就能抵达很远的地方。

但是，我奶奶却并非如此。因为严重的晕车，在2018年以前她去过最远的地方是她的娘家。在她年轻的时候成都的交通很不发达，道路坑坑洼洼，公交摇摇晃晃，各种味道混杂在一起，她上车没几分钟就头昏脑胀、恶心想吐。所以，我从小到大最常听到她说的一句话就是“不不不，我不去，坐车太恼火了”！去年，我家门口通了地铁，好说歹说奶奶才去感受了一下孙女口中“完全不会晕车，空气很流通”的地铁。那天，一位老人踏出了自己生活了几十年的圈子，看到了很多自己从未看过的事物。回来后她说：“你说这个修地铁的人真的还是凶，他们怎么想得出来在地底下修嘞些东西噢，还跑得那么快!”

从此以后啊，奶奶不再把自己关在小小的镇里，她开始期盼去更远的地方。老年公交卡不再是压在抽屉最底下的一张废卡，它代表的是天府广场，是春熙路，是人民公园，也代表着军屯锅盔、双流老妈兔头，甚至是四川大学望江校区的中快餐厅……更为重要的是，它代表着一位被困在狭小生活圈的老人向这个新的世界迈出了坚定的一步。轨道交通高速发展的成果使“世界那么大，我想去看看”不再是心怀“诗和远方”的年轻人的专属，行动不便的老年人也能轻松出行。我们可以说：“奶奶，世界那么大，我想带您去看看。”

新中国成立后，铁路飞速发展。1949 年对原有铁路进行修缮，1952 年新中国第一条铁路——成渝铁路建成。克服了种种困难，在 20 世纪末，中国绝大部分的铁路网络都已建成。2006 年青藏铁路全面开通。2008 年 8 月 1 日京津城际铁路正式通车，我国进入高铁时代。时至今日，我国已建成五纵三横、形式多样、极其发达的铁路网络。

“要想富，先修路”，铁路是国之重器，是社会的动脉，一个现代国家要谋求发展，怎能不建设铁路？然而，建设铁路又谈何容易？新生的中国，前方的道路被遮掩在重重迷雾之中。人才、技术、资金，发展的道路上处处是困难！

七十年艰苦追梦路漫漫，不觉回首遍地百花开。伟大的变革离不开一代又一代中华赤子的追梦奋斗。从 1952 年新中国第一条铁路——成渝铁路建成通车，中国的脚步从未停下。从乡间小路到条条大道，从“小车推出来的胜利”到“坐地日行八万里”，个人生活的改善折射出的是一个国家的崛起。

不仅铁路交通、航天事业迅速发展，整个科技领域乃至思想文化亦是节节攀升，中国人总是善于筚路蓝缕而开天辟地。或许在新中国成立一百年时，建成社会主义现代化强国的中国梦已实现，但请年轻的人们不要忘却了那些追梦的时代。听从改革创新之号角，顺应时代浩浩汤汤之大潮，前进！